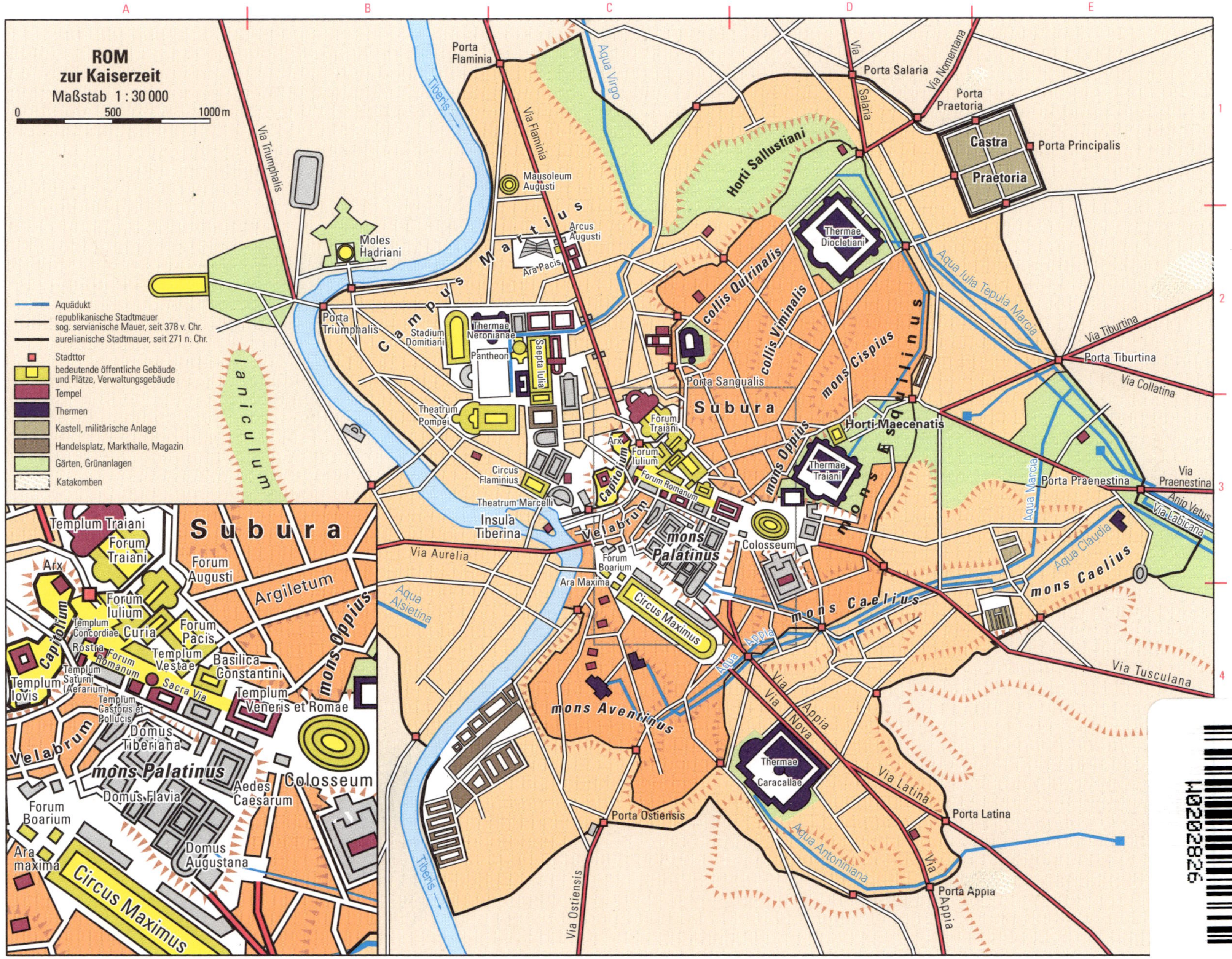
ROM
zur Kaiserzeit
Maßstab 1 : 30 000
0
500
1000 m
Aquädukt
republikanische Stadtmauer
sog. servianische Mauer, seit 378 v. Chr.
aurelianische Stadtmauer, seit 271 n. Chr.
Stadttor
bedeutende öffentliche Gebäude und Plätze, Verwaltungsgebäude
Tempel
Thermen
Kastell, militärische Anlage
Handelsplatz, Markthalle, Magazin
Gärten, Grünanlagen
Katakomben
Via Triumphalis
Moles Hadriani
Porta Triumphalis
Ianiculum
Campus Martius
Porta Flaminia
Via Flaminia
Tiberis
Mausoleum Augusti
Arcus Augusti
Ara Pacis
Aqua Virgo
Horti Sallustiani
Via Salaria
Porta Salaria
Via Nomentana
Porta Praetoria
Castra Praetoria
Porta Principalis
Thermae Diocletiani
collis Quirinalis
collis Viminalis
mons Cispius
mons Esquilinus
Aqua Iulia Tepula Marcia
Via Tiburtina
Porta Tiburtina
Via Collatina
Stadium Domitiani
Thermae Neronianae
Pantheon
Saepta Iulia
Porta Sangualis
Subura
Horti Maecenatis
Theatrum Pompei
Forum Traiani
Arx
Forum Iulium
Capitolium
Forum Romanum
mons Oppius
Thermae Traiani
Porta Praenestina
Aqua Marcia
Via Praenestina
Anio Vetus
Via Labicana
Circus Flaminius
Theatrum Marcelli
Insula Tiberina
Velabrum
mons Palatinus
Colosseum
Aqua Claudia
mons Caelius
Via Aurelia
Forum Boarium
Ara Maxima
Circus Maximus
Aqua Alsietina
Aqua Appia
Via Appia
Via Nova
mons Aventinus
Thermae Caracallae
Via Latina
Porta Latina
Via Tusculana
Porta Ostiensis
Via Ostiensis
Aqua Antoniniana
Porta Appia
Templum Traiani
Forum Augusti
Argiletum
Templum Concordiae
Curia
Forum Pacis
Rostra
Templum Vestae
Basilica Constantini
Templum Saturni (Aerarium)
Templum Iovis
Sacra Via
Templum Veneris et Romae
Templum Castoris et Pollucis
Domus Tiberiana
Domus Flavia
Aedes Caesarum
Domus Augustana
A
B
C
D
E
1
2
3
4

CURSUS 2

Texte und Übungen
Ausgabe B

Herausgegeben von Prof. Dr. Friedrich Maier und
Dr. Stephan Brenner

Bearbeitet von Britta Boberg, Reinhard Bode,
Dr. Stephan Brenner, Prof. Andreas Fritsch,
Michael Hotz, Prof. Dr. Friedrich Maier,
Wolfgang Matheus, Ulrike Severa,
Hans Dietrich Unger, Dr. Sabine Wedner-Bianzano,
Andrea Wilhelm

Berater: Hartmut Grosser

Oldenbourg
C.C. Buchner
Lindauer

Inhalt

Hinweise zur Benutzung des Buches

6 Übungen zum Stoff der Lektion

▶ kennzeichnet ein Arbeitsbeispiel in den Übungen.

? kennzeichnet eine Lücke im Text, die nicht im Buch ausgefüllt werden soll. Der Text soll ins Heft übertragen werden, sodass die Lücken dort ergänzt werden können.

Blau unterlegter Text kennzeichnet Übungen zum Übersetzen aus dem Lateinischen.

ÜV kennzeichnet Übersetzungsvorschläge auf den Wortschatzseiten.

! kennzeichnet leicht ableitbare Wörter, die auch in späteren Lektionen nicht gelernt werden, z. B. *artes magicas*!.

→ kennzeichnet einen Verweis auf eine Lektion, in der eine nicht zum Lernwortschatz gehörige Vokabel in den Fußnoten erläutert wird, z. B. *sues* (→ 22 L): Dieses Wort wird in den Fußnoten zum Lektionstext 22 erläutert.

\- Ein Bindestrich kennzeichnet erschließbare Komposita bereits gelernter Verben, z. B. *con-currite*: *con-* (zusammen) und *currite* (lauft).

Eigennamen werden nicht an der jeweils gegebenen Stelle erklärt, sondern im Eigennamenverzeichnis.

Bildquellenverzeichnis

S. 6: Scala, Florenz – S. 9.1: Chr. Haußner – S. 9.2: Staatliche Museen, Kassel/Foto: Brunzel – S. 10: Skulpturensammlung Dresden/Albertinum – S. 13.1: Bernard Andreae – S. 13.2: The Bridgeman Art Library, London – S. 14: Museum of Art and Archaeology, University of Missouri-Columbia. Gift of the MU Student Fee Capital Improvements Committee – S. 17: Scala – S. 18: aus: Andrea Carandini/Rosella Capelli: Roma: Romolo, Remo e la fondazione della cittá, Electa, Milano 2000, S. 242/© A. Carandini, P. Brocato – S. 21.1: Scala – S. 21.2: Deutsches Archäologisches Institut, Rom – S. 24.1: Interfoto, München – S. 24.2: Reinhard Bode, Mechterstädt – S. 25.1/2: Scala – S. 25.3: akg-images, Berlin – S. 28: Scala – S. 32: Reinhard Bode – S. 35.1: Scala – S. 35.2/3: Museo Nazionale, Taranto – S. 36: aus: Die athenische Triere. Geschichte und Rekonstruktion eines Kriegsschiffs der griechischen Antike./Foto: JFC/John F. Coates – S. 39.1: Achim Norweg, München – S. 39.2: dpa-Sportreport, Hamburg – S. 40: The Bridgeman Art Library – S. 43.1: akg-images – S. 43.2: Achim Norweg – S. 47: Fototeca Unione, Rom – S. 50: picture-alliance/akg-images/Erich Lessing – S. 53.1: aus: Paolo Moreno/Chiara Stefani: The Borghese Gallery, Touring Club Italiano, Milano 2000, S. 159 – S. 53.2: Reinhard Bode – S. 54.1: Scala – S. 54.2/3: picture-alliance/akg-images/Erich Lessing – S. 57: Dr. Peter Grau, Eichstätt – S. 58.1: VICTORY/De Angelis Produktion „Julius Caesar“, Kaufbeuren – S. 58.2: Kapitolinische Museen, Rom – S. 61.1: picture-alliance/akg-images – S. 61.2: © Salvador Dalí, Fundació Gala-Salvador Dalí/VG Bild-Kunst, Bonn 2008 – S. 61.3: Prof. Dr. Wolfram Hoepfner, Berlin – S. 62.1: akg-images – S. 62.2: © 2004 Les Éditions Albert René/Goscinny-Uderzo – S. 65.1: picture-alliance/akg-images – S. 65.2: Achim Norweg – S. 66: Leipziger Handschrift – S. 68: Prof. Dr. Hartwig Schmidt, Karlsruhe – S. 69.1: Archäologische Staatssammlung, München – S. 69.2: mit Genehmigung der Staatlichen Antikensammlung und Glyptothek, München – S. 71: Landesinstitut für Pädagogik und Medien (LPM), Saarbrücken – S. 72: Scala – S. 75.1: Bildarchiv Otto, Oberhausen – S. 75.2: Limes Museum, Aalen/Foto: Ulrich Sauerborn, Aalen – S. 75.3: Markt Titting, Titting – S. 75.4: Stadt Weißenburg; Achim Norweg (Hintergrundkarte) – S. 76.2: Scala – S. 79: picture-alliance/akg-images/Rainer Hackenberg – S. 80.1: Archiv Dr. Karkosch, München – S. 80.2: Scala – S. 83.1: Hans Dietrich Unger, Bad Brückenau – S. 83.2/3: picture-alliance/akg-images – S. 84 aus: Becker, Werner; Kretzschmar, Harald (Hrsg.): Honoré Daumier: Das Lächeln der Auguren, Berlin (Eulenspiegelverlag) 1986, Tafel 38. Jetzt: Eulenspiegel. Das Neue Berlin Verlagsgesellschaft mbH & Co. KG, Berlin – S. 87.1/2: dpa, Frankfurt/M. – S. 87.3: zefa, Düsseldorf; Reinhard Bode (Hintergrundbild) – S. 93: Werner Thiel, Hamburg – S. 111: Scala – S. 142.1/3: Hans Dietrich Unger – S. 142.2: Interfoto – S. 142.4: picture-alliance/akg-images – S. 142.5: akg-images – S. 142.6: Kapitolinische Museen, Rom – S. 142.7: Plurigraf, Narni/Italien – S. 142.8: Bildarchiv Preußischer Kulturbesitz, Berlin – S. 143.1: Markt Titting, Titting – S. 143.2: Archiv Gerstenberg, Wietze – S. 143.3: The Bridgeman Art Library – S. 143.4: Astrofoto, Sörth – S. 143.5: Scala – S. 143.6: picture-alliance/akg-images – S. 143.7: Johannes Schmidt-Thomé, Fürstenfeldbruck – S. 143.8: Reinhard Bode

Umschlagfotos vorne: Bridgeman Art Library, London – VICTORY/De Angelis Produktion „Julius Caesar“, Kaufbeuren – Dr. Peter Grau, Eichstätt
hinten: Reinhard Bode, Mechterstädt – Skulpturensammlung Dresden/Albertinum
Vorsatz/Nachsatz: P & G Büro f. Produktion u. Gestaltung, Weilheim

Textquellenverzeichnis

S. 44: Robert Payne: Der Triumph der Griechen. Das antike Griechenland und seine Kultur (übers. von Ilse Winger u. Maria von Czedik). Stuttgart: Günther Verlag, 1966; S. 86: Friedrich Schiller: Die Bürgschaft (1799). In: Sämtliche Werke in fünf Bänden, hg. von Gerhard Fricke u. Herbert G. Göpfert. München: Carl Hanser Verlag, 3. Aufl. 1962.

Liebe Schülerinnen und Schüler!

Herzlich willkommen zu eurer zweiten Entdeckungsreise durch die Welt der Antike. **Im ersten Band** habt ihr gemeinsam mit Quintus und Flavia das **Leben** in Rom und an anderen Stätten des riesigen Römischen Reiches zur Zeit des Kaisers Hadrian kennen gelernt. **Nun** wollen wir euch auf eine **Zeitreise** durch fast 1000 Jahre mitnehmen und euch mit **Gestalten** vertraut machen, die für die römische und griechische Welt von großer Bedeutung waren.
Kluge, tapfere, starke Männer und mutige, entschlossene, schöne Frauen führen euch von der mythischen Vorzeit Roms und Griechenlands in das erste Jahrhundert unserer Zeitrechnung. Dabei steht jede Geschichte unabhängig für sich; sie bietet euch ein Abenteuer aus dem Mythos, ein historisches Ereignis oder eine Lebenserfahrung. Die Gestalten sind sich oft in ihrem Verhalten ähnlich oder stehen zueinander in Gegensatz. Sie zeigen euch, wie sich die römische Lebens- und Gedankenwelt im Laufe der Jahrhunderte verändert hat, aber auch, wie eng sie mit der griechischen Welt verknüpft ist. Deshalb werden bisweilen bewusst Römer und Griechen gegenübergestellt.

Bevor ihr euch aber auf die Zeitreise begebt, möchten wir euch wieder einige Tipps mit auf den Weg geben.

- Auf der ersten Seite jeder Lektion werdet ihr durch Informationen zum Inhalt, Abbildungen und eine Grammatikeinführung auf den Lektionstext vorbereitet.
- Diesen findet ihr auf der folgenden Seite, auf der ihr stets ein „Schlüsselerlebnis" der Person miterleben könnt.
- Den neuen Grammatikstoff könnt ihr mit den Übungen auf der dritten Seite festigen.
- Eine Vertiefung des Kulturthemas erwartet euch auf der vierten Seite.
- Die Vokabeln findet ihr auf den Wortschatzseiten am Ende des Buches. Sie sind wieder in überschaubaren Einheiten dargeboten, damit ihr sie besser lernen könnt. In Wortschatzübungen werden sie zusätzlich aufbereitet.
- Nach jeweils vier Lektionen haben wir für euch die „Leseinsel" eingerichtet.
- Das Grammatikwissen wird euch in der Begleitgrammatik kapitelweise erklärt.

Jetzt kann es wieder losgehen, eine gute Reise wünschen euch die Autorinnen und Autoren.

Das Autorenteam, das Rückmeldungen aus der Praxis gerne berücksichtigt, bittet Lehrer/innen und Schüler/innen, ihre Wünsche und Beobachtungen dem federführenden Verlag* mitzuteilen. Es dankt allen für solche Mühe im Voraus.

*Oldenbourg Schulbuchverlag, Lektorat Alte Sprachen, Postfach 80 13 60, 81613 München

Laokoon-Gruppe, Vatikanische Museen, Rom.

Der lange Kampf um Troia

Discordia, die Göttin der Zwietracht, war nicht zur Götterhochzeit eingeladen worden; deshalb sorgte sie mit dem goldenen Apfel für Streit zwischen den Göttinnen Juno, Minerva und Venus. Paris, ein Sohn des troianischen Königs Priamus, entschied sich in diesem Streit für Venus, die ihm Helena, die schönste Frau der Welt, versprochen hatte. Er musste diese allerdings aus Sparta entführen. Daraufhin kam es zum Troianischen Krieg: Wie Homer in seinem Epos *Ilias* erzählt, rief König Menelaos, der König von Sparta und Helenas Mann, die anderen Könige Griechenlands auf, mit ihm zusammen die von Paris geraubte Helena aus Troia zurückzuholen. Sie zogen nach Troia und belagerten zehn Jahre lang die Stadt, die von gewaltigen Mauern umgeben war.

Geheim SACHE

Wir belauschen zwei Griechen, die sich am Strand von Troia über einen geheimen Plan des Odysseus (Ulixes, -is) *unterhalten ...*

„Audivi Ulixem novam r-em cogitavisse. Ea r-e Troianos tandem superabimus."

„R-es mihi non placet. Num putas Troianos stultos esse? Periculum eius r-ei mox sentient, ei r-ei non credent."

„Ulixes iam multas r-es eius generis cogitavit, vir est magnae sapientiae et magna vi corporis. Nonne Graecos iam saepe e r-ebus adversis servavit?"

„Ulixes tempus r-erum secundarum destinare non potest, sed Minerva nobis favebit."

a Um welche Geheimsache geht es?

b Lüfte das Geheimnis der neuen Deklination, indem du anhand des Textes eine Deklinationstabelle erstellst. Die beiden fehlenden Formen kannst du als Lateinspezialistin oder -spezialist leicht erschließen.

c Durch welche Kasus werden die Eigenschaften des Odysseus ausgedrückt?

Der Anfang vom Ende

Zehn Jahre hatten die Troianer der Belagerung durch die Griechen standgehalten, da sahen sie eines Morgens das Lager der Feinde verlassen daliegen. Voll Freude verließen sie die Stadt und fanden am Strand ein riesiges hölzernes Pferd. Staunend standen sie davor und wollten es schließlich in die Stadt ziehen, da sie es für ein Weihgeschenk an die Göttin Minerva hielten.

Tum Laocoon sacerdos, vir summae prudentiae, ex urbe in litus accurrit et procul clamavit: „O miseri! Quam adversa res! Si hostes decessisse creditis, erratis. Num putatis Graecos nobis donum reliquisse? Num spes vos tenet eos dolo ac fraude carere? Furor est Graecis fidem habere! Aut viri armaque in equo latent aut alia fraus instat. Timete Graecos, etsi dona dant! Praecipitate equum in mare!“ Iam homines sententiam sacerdotis probabant, iam Laocoon spem habebat se civibus persuasisse, cum subito duo dracones[1] per mare ad litus contenderunt. Statim Laocoonta[2] et duos filios, qui iuxta eum stabant, petiverunt. Primo corpora filiorum implicaverunt[3]. Deinde corripuerunt patrem, qui filiis auxilium dabat, et spiris[4] ingentibus ligaverunt[3]. Laocoon, qui magna vi corporis erat, nodos divellere[5] contendit, sed vires eum defecerunt. Dracones[1], postquam sacerdotem eiusque filios necaverunt, in templum Minervae discesserunt. Ea re homines in magno timore erant, incerti in litore stabant. Tandem Thymoëtes, vir summa auctoritate: „Nonne ea res vobis oculos aperuit? Equus est donum Minervae; Graeci eum pro reditu[6] aedificaverunt. Nonne mihi creditis, cives? Eius rei signum est mors Laocoontis. Is enim iram Minervae moverat et ob eam rem dea dracones[1] misit. Proinde dividite[7] muros et ducite equum in urbem!“

1) **dracō, -ōnis** m: Drache, große Schlange 2) **Lāocoonta:** *Akk. zu* Lāocoōn
3) **implicāre/ligāre** (*m. Akk.*): sich wickeln (*um etw.*) 4) **spīra, -ae** f: Windung
5) **nōdōs dīvellere:** die Knoten aufreißen 6) **reditus** (*Abl.* **reditū**): (glückliche) Heimkehr 7) **dīvidere:** einreißen

- ▶ Wie versuchen Laokoon und Thymoëtes jeweils, die Bürger von ihrer Ansicht zu überzeugen? Untersuche die Reden auf ihren Inhalt hin. Welche überzeugt dich mehr? Begründe.
- ▶ Stelle die Wörter und Wendungen zusammen, die den Überraschungsangriff der Schlangen beschreiben.

1 KN ohne G

Setze die Wortpaare in Klammern jeweils in den gleichen Kasus und Numerus.

▶ multos servos (nova res) → novas res

hominem clementem (omnis spes) – voce gravi (fides vera) – iudiciis acribus (res ingens) – eius temporis (magna spes)

2 Bestimme und gib die deutsche Bedeutung an.

-es:	habes, eques, vires, breves
-us:	animus, incitabamus, rebus, salus, currimus, genus, egimus
-um:	forum, liberum, medicorum, virum
-e:	mane, fide, amice, edere, mare

3 Menschen mit Eigenschaften

Ordne zu und übersetze.

IS, ...	... EST.
1. qui cuncta scit,	A. summae auctoritatis
2. qui omnibus placet,	B. magnae prudentiae
3. cui cuncti parent,	C. egregiae formae
4. qui omnes superavit,	D. summae humanitatis
5. qui semper auxilium dat,	E. magna vi corporis

4 „Der, die, das" noch mal

a Kannst du das Pronomen *is, ea, id* noch sicher aufsagen? Versucht es im Wettbewerb und auf Zeit.

b Setze die richtige Form von *is, ea, id* dazu.

regis – signa – opus – oppidis – cura – rebus – iram – dolo – sententiae – hostium – fraus – muros

5 Gesucht: Nomen ...

1. eius sacerdotis, qui Graecis fidem non habuit. – 2. eius regis, cuius filius in Graeciam navigavit. – 3. eius urbis, in qua rex Menelaus vixit. – 4. eius deae, quae pretium formae accepit.

6 Wandle um.

consul novus → Pl. → Akk.→ Sg. → Abl. → Pl. → Gen. → Sg. → Dat.

magna res → Gen. → Pl. → Dat. → Sg. → Abl. → Pl. → Akk.

amica felix → Akk. → Pl. → Gen. → Sg. → Abl. → Pl. → Nom.

7 Wortarten-Meer

Fische heraus: a Adjektive, b Adverbien.

acer ad ager agere amare arma aut bonus
brevis caput cito cum de debere deinde
donum dum duo durus ego et etsi felix filius
genus gravis hic hodie ire ita iter ius meus
miser mittere mortalis mos mox nolle nunc
per pons priusquam procul quattuor ripa
saepe sedere semper si sol tenere terra
trans ubique verus vester

Alles Lüge

1. Diu Troiani dubitaverant equum in urbem trahere. 2. Subito virum Graecum conspexerunt, qui se in magno timore esse contendebat. 3. Eum corripuerunt et ad regem Priamum duxerunt.
4. Postquam rex eum interrogavit: „Tu, quis es? Cur Graeci equum aedificaverunt?", fraude ac dolo respondit: 5. „Ego sum Sinon. Graeci me sacrificare in animo habebant. 6. Ob eam rem ego spem in fuga posui et adhuc latui. 7. Sed tu es vir summae auctoritatis, tibi fidem habeo ..."
8. Postremo: „Si equum in muros vestros duxeritis", inquit[1], „dei Graecos relinquent."
9. Sic Troianis persuasit. 10. Nocte autem Sinon equum aperuit et hostes urbem deleverunt.[2]

1) **inquit:** sagte er 2) **dēlēre** (*Perf.* **dēlēvī**)**:** zerstören

Iram cane, dea, Pelidae Achillis ... – Der Troianische Krieg

1 Heinrich Schliemann (1822–90) glaubte, dass das antike Troia unter dem Hügel Hissarlîk im Nordwesten der Türkei liegen müsse. Noch heute wird der Hügel vor allem von deutschen Archäologen intensiv erforscht. Die heutigen Ausgräber stellen sich Troia am Vorabend des Troianischen Krieges (um 1250 v. Chr.) als blühende Handelsstadt vor.

Informiere dich über das Leben Heinrich Schliemanns und stelle ihn in einem Kurzvortrag vor.

Rekonstruktion des Stadtbildes von Troia für die Zeit um 1300 v. Chr.

2 Der griechische Dichter Homer, der vielleicht um die Mitte des 8. Jh.s v. Chr. lebte, schildert in seiner *Ilias* 50 Tage aus dem sagenhaften zehnjährigen Krieg der Griechen gegen die Troianer. In der Antike kannte jeder die Geschichten vom Parisurteil und vom Troianischen Pferd. Daher kann sich Homer auf den kleinen Zeitausschnitt beschränken, als es zu einem Streit zwischen zwei griechischen Anführern gekommen war: dem Helden Achill und dem König Agamemnon. Beleidigt zog sich Achill vom Krieg zurück und trat in den Streik. Daraufhin gewannen die Troianer die Oberhand, viele Griechen verloren ihr Leben. Erst als sein bester Freund Patroklos gefallen war, stürzte sich Achill wieder in die Schlacht. In blinder Wut tötete und verstümmelte er den Troianer Hektor, einen Sohn des Königs Priamus. Doch am Ende, als Priamus ganz allein zu Achill geht und ihn um den Leichnam seines Sohnes bittet, damit er ihn begraben kann, und beide weinend das grausame Schicksal der Menschen beklagen, spürt man die Menschlichkeit und Friedenssehnsucht in Homers Dichtung.

Was ist auf dem griechischen Vasenbild (6. Jh. v. Chr.) zu sehen?
Wie stellt der Maler die Hauptfiguren dar?

Amphore aus Athen, um 540 v. Chr.

3 Der erste von 15 693 Versen der *Ilias* lautet auf Griechisch und in einer sehr wörtlichen lateinischen Übersetzung des 16. Jh.s so:

ΜΗΝΙΝ ΑΕΙΔΕ, ΘΕΑ,
ΠΗΛΗΙΑΔΕΩ ΑΧΙΛΛΗΟΣ ...
Iram cane, dea, Pelidae Achillis ...
Die Wut besinge, Göttin, des Peleussohnes Achilleus ...

Eine Heimfahrt auf Umwegen

Die Zauberin Circe mit einem Gefährten des Odysseus, Vase aus Athen, um 460 v. Chr.

Nach zehn Jahren hatten die Griechen endlich Troia erobert. Unter den siegreichen Männern befand sich auch Odysseus, der König von Ithaka, einer Insel im Westen Griechenlands. Odysseus war dafür bekannt, dass er mit seiner Schlauheit und Beredsamkeit stets einen Ausweg aus Gefahren fand. Der Dichter Homer beschreibt in seinem Epos *Odyssee*, wie es Odysseus gelang, auf der zehn Jahre dauernden Heimfahrt große Abenteuer zu bestehen. Auch als er Ithaka erreicht hatte, war er noch nicht in Sicherheit; denn er traf in seinem Palast auf viele junge Adlige, die seine Frau Penelope umwarben und nach der Herrschaft über die Insel strebten; der König galt nämlich als verschollen. Mithilfe der Göttin Athene gelangte Odysseus in den Palast. Er mischte sich als Bettler verkleidet unter die Adligen, die sein Vermögen verprassten, und nahm an ihnen Rache.

Was sieht Kassandra – ADJEKTIV oder ADVERB ?

Nicht nur Laokoon warnte die Troianer. Auch die troianische Seherin Kassandra sagte Schlimmes voraus:

Rem gravem vobis narro.

Acres sunt hostes.

Hostes ver-e non dicunt.

Mors misera vobis instat.

Num libent-er Troiam Graecis traditis?

Graeci acr-iter nos petent.

Ego veris verbis vos appello, Troiani.

Num libentes servi laborare vultis?

Miser-e peribitis.

Grav-iter hostes nos opprimen.

a Wiederhole die Einteilung der Adjektive nach Deklination und Anzahl der Endungen.
b Ordne Kassandras Adjektive der richtigen Gruppe zu.
c Formuliere nun für jede Gruppe eine Regel, nach der ihre Adverbien gebildet werden. Kassandras Voraussagen helfen dir dabei.

Fauler Zauber

Auf dem Weg in die Heimat war Odysseus auf die Insel Aiaia verschlagen worden. Bei einem Erkundungsgang über die Insel erblickte er Rauch, doch er kehrte zum Schiff zurück. Durch das Los wurde Eurylochus dazu bestimmt, mit der Hälfte der Männer die Insel zu erkunden. Nur widerstrebend zogen die Männer los.

Mox Eurylochus solus rediit et: „Horreo“, inquit, „eas res narrare, quae acciderunt, sed recte et vere narrabo:
Ad magnam regiam[1] veneramus.
Subito mulier pulchra apparuit, nos verbis blandis in regiam[1] invitavit.
Ego ad portam constiti, quod fraudem atque insidias metuebam.
Mulier sociis praebuit potionem[2], quam libenter acceperunt.
Statim se in sues[3] verterunt.“
Ulixes, ubi has res audivit, gladium sumpsit et ad regiam[1] contendit.
Ei occurrit Mercurius:
„Hunc locum non salvus relinques,
hac ex insula socios non incolumes abduces nisi auxilio deorum.
Proinde hoc remedium tecum porta! Vi huius remedii artes magicas' Circae evades.“
Ulixes, ubi ad regiam[1] venit, Circam foras e-vocavit.
Haec statim apparuit, eum intro[4] duxit, potionem[2] praebuit.
Ulixes eam bibere non dubitavit.
Tum Circa: „Abi hinc in haram[5]!“, eumque virga[6] tetigit.
Stupens[7] Ulixem aspexit. Hic figuram' suis[3] non sumpsit,
sed acriter gladium strinxit et se eam necare simulavit.
Circa se ei ad pedes proiecit et hoc modo oravit:
„Tene iram, sine me vivere!
Mercurius praedixerat[8] me omnes mortales mutare posse praeter Ulixem.
Si tu es Ulixes, es mihi amicus!“
Ad haec Ulixes, quamquam amore iam ardebat, aspere respondit:
„Qui tibi fidem habere possum? Priusquam tibi amicus sum, iura per Stygem[9]:
‚Desinam tibi nocere sociisque tuis figuras' humanas reddam‘.“

1) **rēgia, -ae** f: Palast 2) **pōtiō, -ōnis** f: Getränk; (Zauber-)Trank 3) **sūs, suis** m: Schwein 4) **intrō:** nach innen, hinein 5) **hara, -ae** f: Schweinestall 6) **virga, -ae** f: Stab 7) **stupēns:** verblüfft 8) **praedīcere:** vorhersagen 9) **per Stygem:** beim Styx (*Unterweltfluss*)

- ▶ Odysseus kann folgendermaßen charakterisiert werden: hilfsbereit – mutig und entschlossen – nicht hochmütig – energisch – klug und überlegt – vernünftig. Suche Belege dafür aus dem Text.
- ▶ Beschreibe die Zauberkraft Circes. Wieso wirkt sie bei Odysseus nicht?

1 Wörter-Kombi

a Verbinde die Wortanfänge mit den möglichen Wortenden.

clement- fid- brev- auctoritat- stult- disced- ben- miser- fraud-

e iter itis ite er is

b Ordne die gefundenen Adverbien nach ihrer Bildungsart.

2 Sortiere die Adverbien

nach *Ort, Zeit, Art und Weise* und gib die deutschen Bedeutungen an.

bene – dure – procul – feliciter – graviter – huc – iucunde – numquam – stulte – postremo

aspere – clementer – deinde – diu – mox – egregie – publice

quondam – satis – ubique – ibi – fortasse – saepe – longe – primo – utiliter

Bilde die entsprechenden Adjektive, wo dies möglich ist.

3 Adverb gesucht

Füge jeweils ein passendes Adverb in die Lücken und übersetze.

acriter – dure – egregie – feliciter – vere

1. Saepe Ulixes cogitat: Iterum atque iterum gaudeo me ? e Troia evasisse. 2. Sed fortuna Troianorum ? misera est. 3. Decem annos ? pugnaverunt et viros se praebuerunt. 4. Nunc servi sunt et pro dominis ? laborare debent. 5. Nos autem in Troianos dolo meo ? pugnavimus.

4 Dies und das mit KNG

Ordne zu und übersetze.

hac – hae – haec – hanc – has – his – hoc – horum – huic – huius	dolo – fidei – fraudem – hostium – litora – locis – portae – res – spe – sacerdoti

5 Wandle um.

hi pedes → Gen. → Sg. → Akk. → Pl. → Abl. → Sg. → Dat.

has mulieres → Abl. → Sg. → Akk. → Gen. → Pl. → Dat. → Nom.

his operibus pulchris → Akk. → Sg. → Dat. → Pl. → Gen. → Nom. → Sg.

6 Immer nur Befehle

Wandle um und übersetze den Imperativ.

▶ rogo → rogas → roga

aperio – appello – credo – decedo – desino – destino – invado – iubeo – teneo – muto

▶ rogamus → rogatis → rogate

oramus – paramus – perturbamus – promittimus – relinquimus – speramus – tacemus – tangimus – tenemus – videmus

Noch eine List

1. Ulixes, postquam Circam reliquit, multa alia pericula feliciter superavit. 2. Ita cum sociis per mare navigavit atque etiam Sirenis appropinquavit. 3. Hae pulchre ac blande cantare[1] solebant et hac re multos nautas delectare et sollicitare poterant. 4. Sed cum nautae harum insulam intraverant, mors eis certa[2] erat. 5. Itaque omnes homines Sirenas metuebant. 6. Tamen Ulixes has audire voluit et hunc dolum ex-cogitavit: 7. Sociis cera aures obturavit[3] et hi eum vincire[4] debuerunt. 8. Sic praeter[5] insulam navigaverunt et incolumes ex his insidiis evaserunt.

1) **cantāre:** singen 2) **certus, -a, -um:** sicher, gewiss 3) **cērā aurēs obtūrāvit:** er verstopfte die Ohren mit Wachs 4) **vincīre:** fesseln 5) **praeter** (hier): an … vorbei

Held mit List – Unterwegs mit Odysseus

1 Bei den Kyklopen

Auf seiner Irrfahrt gelangte Odysseus auch in das Land der Kyklopen, der Riesen mit einem einzigen Auge auf der Stirn. Sie hausten in großen Höhlen und lebten von der Schafzucht. Mit zwölf seiner Gefährten war Odysseus in die Höhle des Kyklopen Polyphem eingedrungen. Als dieser mit seiner Schafherde in seine Behausung zurückgekehrt war, verschloss er die Höhle mit einem riesigen Felsbrocken – die Griechen waren gefangen und bekamen die Grausamkeit des Kyklopen zu spüren: Er verspeiste morgens und abends je zwei Gefährten. Wieder war eine List des Odysseus die Rettung: Er bot Polyphem Wein an und sagte ihm, er heiße „Niemand". Als der Kyklop betrunken eingeschlafen war …

Beschreibe anhand der Abbildung, was mit dem schlafenden Polyphem passierte, und informiere dich in einem Sagenbuch, wie das Abenteuer endet.

Polyphem-Gruppe in der Grotte des Kaisers Tiberius in Sperlonga, moderne Rekonstruktion.

Odysseus und die Sirenen (1891), John W. Waterhouse (1849–1917), National Gallery, Melbourne.

2 Die Sirenen

Ein weiteres Abenteuer des Odysseus und seiner Gefährten ist die Begegnung mit den Sirenen.

Beschreibe, was du auf der Abbildung siehst. Informiere dich und erzähle dann die Geschichte. Der Übersetzungstext auf S. 12 kann dir eine Hilfe sein.

Dido trifft eine Entscheidung (1989), David Ligare (* 1945).

Wie sich die Schicksale gleichen.

Nach dem Fall Troias irrte nicht nur der Grieche Odysseus über die Meere: Äneas, einer der überlebenden Troianer, floh aus seiner zerstörten Stadt. Venus, seine Mutter, hatte ihm den Auftrag gegeben, mit seinem Vater Anchises, seiner Frau, die aber auf der Flucht starb, und seinem Sohn Julus eine neue Heimat zu suchen.
Wohin sollten sie jedoch segeln? Eine Weissagung nannte Italien als Ziel. In Vergils Epos *Äneis* wird geschildert, wie die Troianer immer wieder vom Kurs abgebracht wurden; denn Juno, die immer noch hasserfüllt war, befahl Äolus, dem Gott der Winde, die troianische Flotte nicht ans Ziel kommen zu lassen. So landete Äneas' Flotte statt in Italien in Nordafrika.

Partizip Perfekt Passiv schon ge-lernt?

1 lernen ⇨ *ge-lernt*

Bilde entsprechend:	besiegen	hören	einnehmen	zurücklassen	befehlen
	⇩	⇩	⇩	⇩	⇩
	supera-t-i	audi-t-a	cap-t-a	relic-t-us	ius-s-um

Woran erkennt man das lateinische PPP? Nach welchem Muster wird es dekliniert?

2

Troiani a Graecis superati sunt.	Die Troianer sind von den Griechen **besiegt worden.**

Verba Cassandrae audita non sunt. *Troia* dolo Ulixis capta est. *Equus* in litore relictus est. *Quid* ab Ulixe iussum est?

Erschließe aus **2**: Welches Tempus kannst du mit dem PPP und dem Präsens von *esse* bilden? Wonach richtet sich die Endung des PPP? Wie wird die Person, von der die Handlung ausgeführt wird, ausgedrückt?

Die Flucht des Äneas

In Karthago, der mächtigsten Stadt Nordafrikas, wurden Äneas und seine Gefährten freundlich aufgenommen. Die Königin Dido verliebte sich in Äneas. Es dauerte nicht lange und die beiden lebten wie Eheleute miteinander. Äneas vergaß darüber seinen Auftrag. Deshalb entschlossen sich die Götter einzugreifen.

Mercurius a Iove iussus est Aeneam de voluntate deorum monere; mox ducem Troianorum sic appellavit: „Respice novam patriam, quae tibi in Italia destinata est, respice novam gentem, cuius fatum est Italiam ac totum orbem regere. Coge socios ad litus, para classem, naviga!“ Aeneas, quod Didonem relinquere nolebat, animo perturbatus est; dolorem eius et furorem praesentiebat[1]. Tum eum cupiditas fugae invasit. Statim socios ad litus coegit eosque classem parare iussit; Didonem de profectione[2] postea docere constituit. Regina autem dolos praesensit[1] et Aeneam asperis verbis adiit: „Mene fugis, crudelis? Num speravisti te tantum nefas dissimulare[3] et tacitum[4] mea terra decedere posse? Nonne te tenet amor noster neque fides, quam dedisti, neque Dido moritura[5]? Vide has lacrimas et miserere[6], muta, oro te, mentem!“ Aeneas quidem dolore Didonis vehementer tactus est, tamen diu tacebat eiusque oculos vitavit. Tandem: „Tene lacrimas, regina, tene iram! Erras, si credis te a me deceptam esse. Numquam ego tibi nuptias promisi, nihil dissimulare[3] volui. Desine et me et te querelis[7] tuis incendere. Non mea sponte te relinquo; a deis coactus sum abire. Quae dei mandaverunt, ea facere debeo.“

1) **praesentīre:** (im Voraus) spüren, ahnen 2) **profectiō, -ōnis** f: Abreise 3) **dissimulāre:** verheimlichen 4) **tacitus, -a, -um:** stillschweigend 5) **moritūra:** die dem Tod geweiht ist 6) **miserēre:** habe Mitleid, erbarme dich 7) **querēla, -ae** f: Klage

- Gliedere den Text in passende Sinnabschnitte, indem du die handelnden Personen beachtest. Fasse die Abschnitte jeweils kurz zusammen.
- Beschreibe und beurteile das Verhalten des Äneas der Königin Dido gegenüber.

1 Alles PPP?

aetati – alti – amati – arti – clamati – clementi – cuncti – iura – iurata – iussa – iuxta – laetus – liberatus – litus – menti – multi – mutati – paratae – piratae – portatae – salutati – saluti – satis – sitis – sortis – tactum – totum – servati – servituti – vocatis – vultis

a Schreibe alle PPPs in dein Heft und führe sie auf den Infinitiv Präsens Aktiv zurück.
b Bestimme die restlichen Formen nach Wortarten und nenne jeweils ihre Lernform.

2 Vom Aktiv ins Passiv

Setze die Verbformen in die entsprechende Form des Passivs. Richte das Genus des PPP nach den Substantiven in Klammern. Übersetze dann.

► appellav**isti** (serv**us**) → appellat**us es**

vocavisti (*iudex*) – superaverunt (*hostes*) – spectavistis (*servae*) – exspectavimus (*parentes*) – iussit (*silentium*) – rogavi (*homo*) – explanaverunt (*fabulae*) – apportaverunt (*arma*) – invitavit (*iuvenis*)

3 Kassandra klagt um Troia.

Setze die PPPs passend ein und übersetze.

audita – capta – collocatum – decepti – abductae – necati – relictus

1. „Equus ingens in litore Troiae ? est. 2. Graeci dixerunt id donum Minervae ? esse, sed ? estis, Troiani, quod verba mea ? non sunt. 3. Iam Troia ? est, iam viri ?, iam feminae in servitutem ? sunt.“

4 Zuerst die Lernform

Nenne zu den Passivformen jeweils den Infinitiv Präsens Aktiv und übersetze dann.
1. Socii Ulixis a Circa *tacti* et in sues (→ 22 L) *mutati sunt*. 2. Ulixi autem a Mercurio remedium *datum est*. 3. Hoc remedio Circa ab Ulixe *superata est*. 4. Statim ab ea formae humanae sociis *redditae sunt*. 5. Tum insula Circae a Graecis cito *relicta est*.

5 Abräumen

a Ordne den Formen von *errare* jeweils die entsprechende Form von *esse* zu. Notiere die Buchstaben-Zahlen-Kombination und übersetze.

► c 3 (er, sie, es irrte) → d 1 (er, sie, es war)

b Welche Formen lassen sich nicht zuordnen?

c Vier Formen von *esse* fehlen. Welche?

	a	b	c	d
1	errabunt	eras	errabitis	erat
2	eris	errabo	erimus	errabam
3	errabimus	eram	errabat	erunt
4	eratis	errabas	ero	errabis

Weitere Abenteuer des Äneas

1. Postquam Troia deleta[1] est, Aeneas per multas terras et maria errabat. 2. Tandem classis eius ventis secundis in Italiam portata est. 3. Prope[2] Cumas Aeneas a Sibylla ductus est ad inferos[3]. 4. Ibi Anchises, pater mortuus, ei apparuit, qui ei futurum[4] imperium gentis Romanae ante oculos posuit. 5. Deinde Aeneas in Latium venit, ubi a rege Latino acceptus est. 6. Is filiam habebat, quam Turno, regi Rutulorum, promiserat. 7. Sed tum a patre huic hospiti novo in matrimonium data[5] est. 8. Hac re in Turno vehemens ira incensa est. 9. Turnus vehementer cum Aenea armis pugnavit, sed in hac pugna crudeliter necatus est.

1) **dēlēre** (*PPP* **dēlētum**): zerstören
2) **prope** (*m. Akk.*): nahe bei, in der Nähe von
3) **ad īnferōs:** in die Unterwelt
4) **futūrus, -a, -um:** (zu)künftig
5) **in mātrimōnium dare:** (*jmdn. zur Ehefrau geben*) verheiraten mit

Apud inferos – In der Unterwelt

1 *Dido mortua* – Begegnung in der Unterwelt

Nachdem Äneas Dido verlassen hat, schlägt deren Liebe in Hass und Verzweiflung um. Sie verflucht Äneas und nimmt sich das Leben.
Als Äneas zu einem späteren Zeitpunkt in die Unterwelt hinabsteigt, begegnet er dort nochmals Dido. Bei ihrem Anblick bricht er in Tränen aus und spricht liebevoll: „Unglückliche Dido, ich bin die Ursache deines Todes gewesen. Ich schwöre es bei den Göttern: Ungern bin ich weggegangen. Aber die Befehle der Götter trieben mich. Ich ahnte nicht, dass ich dir so furchtbaren Schmerz bereitete. Bleib stehen und lass dich anschauen! Geh nicht weg!“ Dido aber meidet seinen Blick und läuft fort.

a Wie wird die Verstorbene dargestellt?
b Inwiefern ergibt sich hier eine Umkehrung der Abschiedsszene im Lektionstext?

2 Wie sieht die Unterwelt aus?

Deckengemälde (Ausschnitt) von Luca Giordano (1632–1705), Palazzo Medici-Riccardi, Florenz.

An der Pforte der Unterwelt wacht der dreiköpfige Höllenhund Zerberus.
Um dorthin zu gelangen, müssen die Verstorbenen zuerst den Totenfluss Acheron überqueren. Charon, der Fährmann, bringt die Toten ans andere Ufer zum Tor der Unterwelt.
Als Fährgeld verlangt er einen *obolus*, eine Geldmünze, die die Menschen ihren Verstorbenen unter die Zunge legen.
Als besonders heilig gilt der Fluss **Styx**.

In der Unterwelt gibt es verschiedene Bereiche:

Tartarus

In der Burg des Tartarus müssen Verbrecher wie Sisyphus streng bewacht hinter Mauern ihre Strafen verbüßen.

***lugentes campi* – Felder der Trauer**

Hier verweilen die Seelen derer, die zu früh verstorben sind, z. B. Kinder und Selbstmörder.

***sedes beatae* – Elysium**

Im Elysium dürfen alle Helden und Frommen ihr glückliches Dasein genießen.

a In welcher Gegend trifft Äneas Dido?
b Auf der Abbildung ist eine Darstellung der Unterwelt zu sehen. Beschreibe, was du darauf erkennst.

Roms göttlicher Ursprung

Die Römer sahen im Troianer Äneas, dem Sohn der Venus, ihren Stammvater; denn er hatte einen Teil der überlebenden Einwohner Troias nach Italien geführt, wo sein Sohn Julus schließlich die Stadt Alba Longa gründete. Dort herrschten mehrere Jahrhunderte friedlich die Nachkommen des Äneas, bis König Numitor von seinem Bruder Amulius vertrieben wurde. Numitors Tochter Rea Silvia gebar, obwohl sie als Vestalin jungfräulich sein sollte, dem Gott Mars die Zwillinge Romulus und Remus. Diese wurden von Amulius auf dem Tiber ausgesetzt, aber von einer Wölfin gerettet. Die Zwillinge zogen, als sie herangewachsen waren, gegen Amulius in den Krieg und töteten ihn.

Die erste Siedlung auf dem Palatin, 8. Jh. v. Chr., moderne Rekonstruktion.

Tausche im Passiv.

Präsens ↳ Imperfekt ↳ Futur I.

Aeneas a Mercurio monitus est ↳ erat ↳ erit.

Tausche die *esse*-Formen aus und versuche zu übersetzen. Welche Tempora ergeben sich jeweils? Formuliere Regeln, wie sie gebildet werden.

Tausche Komma gegen ↳ Punkt.

Dido lacrimis suis non movit AENEAM, ↳ . QUI socios iam iusserat classem parare.

Übersetze vor dem Tausch. Um welche Satzarten handelt es sich? Was ändert sich daran nach dem Tausch? Finde eine passende Übersetzung für QUI.

Eine Stadt wird gegründet.

Nachdem Romulus und Remus das Volk von Alba Longa dazu gebracht hatten, ihren Großvater Numitor wieder als König anzuerkennen, verließen sie die Stadt.

Romulus et Remus in eis locis, ubi expositi erant, urbem condere cupiverunt. In eo loco, in quo a lupa[1] inventi et nutriti[2] erant, moenia exstruere constituerunt. Iam summo studio in opere occupati erant, cum Remus rogavit: „Uter novae urbi nomen dabit? Uter hanc urbem reget?“ Mox fratres vehementer inter se certaverunt, quod de his rebus non consentiebant; nam uterque cupiditate regni captus erat. Postremo alter ex fratribus: „Quoniam inter nos non convenit, auxilio deorum nobis opus est.“ Itaque ambo augurium[3] egerunt – Romulus in Palatio, in Aventino Remus. Priori Remo sex vultures[4] apparuerunt. Qui statim clamavit: „Ego sum rex!“ Sed paulo post duplex[5] numerus vulturum[4] se ostendit Romulo. Qui regnum sibi vindicare non dubitavit et: „Non probo“, inquit, „augurium[3] tuum, frater. Numerus enim avium momentum facit, non tempus. Qua de causa ego urbi nomen dabo, ego regam urbem, ubi moenia exstructa erunt.“ Tum Remus ira commotus est et fratrem irrisit. „Quemadmodum“, inquit, „urbem a periculis defendes, si muris tam parvis circumdata erit?“, et novos muros transiluit[6]. Quam ob audaciam iratus frater eum interfecit. Ita solus obtinuit regnum Romulus, ita urbs nova nomine Romuli appellata est Roma.

1) **lupa, -ae** f: Wölfin 2) **nūtrīre:** säugen, ernähren
3) **augurium, -ī** n: Augurium (*Beobachtung und Deutung von Vorzeichen, insbesondere des Vogelflugs*)
4) **vultur, -uris** m: Geier 5) **duplex, -plicis:** doppelt (so groß) 6) **trānsilīre** (*Perf.* **trānsiluī**): überspringen

- Suche aus dem Text Wörter und Wendungen, die zum Sachfeld „Stadtgründung“ gehören. Achte darauf, wo dieses Sachfeld im Text gehäuft vorkommt. Versuche daraufhin, die Themenschwerpunkte des Textes zu erkennen.
- Mit welchen Argumenten beansprucht jeder der beiden Brüder die Herrschaft über Rom für sich?

1 Vor der Vergangenheit

Setze folgende PPPs in der richtigen Form ein, damit Plusquamperfekt-Passiv-Formen entstehen.

mutatum – missum – abductum – captum – aedificatum

1. Menelaus Helenam, quae a Paride ? erat, in Graeciam reduxit. – 2. Troiani equum, qui a Graecis ? erat, in oppidum traxerunt. – 3. Aeneas ex oppido, quod a Graecis ? erat, fugit. – 4. Ulixes socios, qui a Circa ? erant, servavit. – 5. Mercurius, qui ab Iove ? erat, Aeneam de voluntate deorum monuit.

2 Vor der Zukunft

Setze die Formen des Futur II an die passende Stelle und übersetze.

servati erimus – aditum erit – vocatus ero – rogati eritis – superati erunt

1. Ubi a te ?, veniam. – 2. Ubi hostes ?, laeti erimus. – 3. Ubi e servitute ?, liberi erimus. – 4. Ubi oraculum ?, voluntatem deorum audiemus. – 5. Ubi ab imperatore ?, tacebitis.

3 Anschluss an Satz gesucht

Suche im Lektionstext 23 die Stellen, an die die folgenden Sätze mit relativischem Satzanschluss passen könnten.

1. Quam valde amabat. – 2. Quorum voluntati semper parere debemus. – 3. Qui subito Aeneam petivit. – 4. Cuius lacrimas iam videre potuit. – 5. Qui voluntatem deorum ignorabant.

4 Verben-Würfel

Bastelt zwei Verben-Würfel (z. B. durch Bekleben).

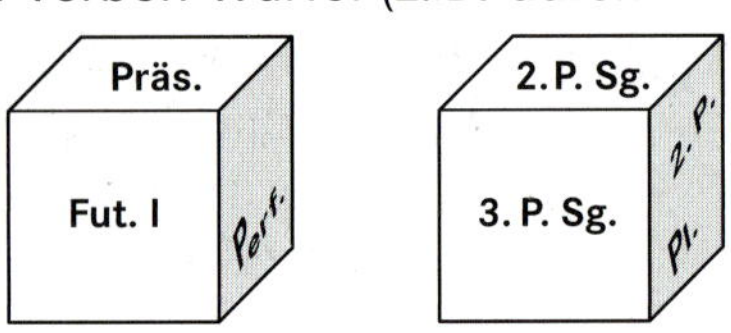

Würfelt Formen zum Bilden aus, z. B. zu *monere, relinquere, dare, ire, velle.*

5 Der Raub der Sabinerinnen

Setze die passenden Einleitungen der Gliedsätze ein.

dum – nisi – postquam – quamquam – qui – qui – quoniam – ubi

1. Urbs, ? condita est, cito crevit, nam Romulus omnes, ? patriam novam quaerebant, in urbem novam accepit. 2. Sed viri soli venerunt. 3. Qui ? neque feminas neque filios filiasque habebant, uxores ducere voluerunt. 4. Sed aliae civitates, ? saepe a rege Romulo rogatae erant, negaverunt. 5. Itaque Romulus dolum paravit Romanisque dixit: 6. „? nobis puellas dare volunt, nos eas abducemus. 7. Spectacula dabimus omnesque invitabimus. 8. ? vobis signum datum erit, con-currite virginesque abducite!“ 9. Et profecto Romani, ? ii, ? invitati erant, per urbem ambulant, accurrerunt virginesque abduxerunt.

Ein versöhnliches Ende

1. Sabini, quod filiae eorum a Romanis abductae erant, bellum paraverunt. 2. Nam hac re vehementer laesi erant. 3. Post paucos[1] menses in agros Romanorum invaserunt eosque armis petiverunt. 4. Diu et acriter pugnatum est. 5. Tum filiae Sabinorum – nunc uxores Romanorum – hanc pugnam finire[2] voluerunt, quod mortem aut patrum aut virorum suorum metuebant. 6. Quam ob rem in eum locum cucurrerunt, ubi viri certabant, et cum lacrimis oraverunt: „Desinite pugnare! 7. Mox eritis aut avi aut patres liberorum[3] nostrorum. 8. Si vos interfecti eritis, liberi[3] nostri non habebunt aut avos aut patres.“ 9. Quibus verbis viri commoti sunt et pacem[4] fecerunt. 10. Sic ambo populi audacia feminarum in unam civitatem coniuncti[5] sunt.

1) **paucī, -ae, -a:** wenige 2) **fīnīre:** beenden
3) **līberī, -ōrum** m: Kinder 4) **pāx, pācis** f: Frieden
5) **coniungere** (*PPP* **coniūnctum**): verbinden, vereinigen

Die Etrusker – Eine geheimnisvolle Kultur

Reichtum und Luxus

In einer an Bodenschätzen reichen, fruchtbaren Landschaft entwickelten die Etrusker eine blühende Stadtkultur. Der Handel ermöglichte der etruskischen Oberschicht ein Leben in Reichtum und Luxus.

Rom und die Etrusker

Rom wurde in der Frühzeit zeitweilig von Etruskern beherrscht. Zwei Könige Roms trugen den etruskischen Namen Tarquinius. Die Vertreibung des letzten Königs Tarquinius Superbus war vielleicht eine Befreiung von etruskischer Herrschaft. Nach langen Kriegen konnten die Römer 396 v. Chr. die etruskische Nachbarstadt *Veii* erobern. Das Gebiet der Etrusker geriet nach und nach in den römischen Machtbereich. Im 1. Jh. v. Chr. verschwand die selbstständige etruskische Kultur.

Totenkult

Die Etrusker glaubten an ein Leben nach dem Tod. Sie errichteten für ihre Verstorbenen aufwändige Totenstädte. Die reich ausgemalten Gräber der Etrusker berichten viel über den Alltag dieses Volkes.

a Von luxuriöser Lebensweise zeugt die abgebildete Tänzerin vor allem durch ihre raffinierte Kleidung. Beschreibe sie.
b Die Chimäre aus Arezzo zeigt die dunkle, bedrohliche Seite der etruskischen Religion. Beschreibe, wodurch diese Wirkung erreicht wird.

Etruskische Tänzerin, Abzeichnung von einer Grabmalerei in Tarquinia, 5. Jh. v. Chr.

Chimäre aus Arezzo, Bronze, um 400 v. Chr.

Toskana

Die Etrusker lebten vor allem in Mittelitalien im Gebiet der Flüsse Arno und Tiber. Bei den Griechen hießen sie *Tyrrhenoi*, bei den Römern *Etrusci* oder *Tusci*. Ein Teil ihres ehemaligen Gebietes heißt heute Toskana und das Meer davor das Tyrrhenische Meer.

Informiere dich im Internet oder mit einem Reiseführer über Städte in der Toskana, die eine etruskische Vorgeschichte haben, z. B. Volterra, Cerveteri, Vulci, Tarquinia, Arezzo.

Spurlos verschwunden

Der Geschichtsschreiber Livius (59 v. –17 n. Chr.) berichtet über das dramatische Ende des Romulus.

Als Romulus nach vielen unsterblichen Taten auf dem Marsfeld beim so genannten Ziegensumpf eine Versammlung abhielt, um das Heer zu mustern, brach plötzlich ein gewaltiges Gewitter mit lautem Krachen und Donnern los. Außerdem schüttete es derart heftig, dass der König von diesem Platzregen wie eingehüllt erschien und so den Blicken der Versammlung entzogen war.

Als der Regen nachgelassen hatte, war Romulus nicht mehr da. Der erste Schreck beim römischen Volk legte sich schließlich, als sich nach diesem heftigen Unwetter schnell die Wolken verzogen und die Sonne wieder ruhig und heiter vom Himmel strahlte. Dann aber sahen sie, dass der Platz des Königs leer war. Zwar glaubten die Senatoren, die in unmittelbarer Nähe von Romulus gestanden hatten, dass der Sturm ihn in die Höhe gerissen und weggetragen habe – trotzdem standen alle eine Zeitlang wie gelähmt da, vom Gefühl ergriffen, ohne König seien sie wie Waisenkinder.

Dann fingen auf einmal ein paar Männer an zu rufen, Romulus, der ja von einem Gott gezeugt worden war, sei nun selbst zum Gott geworden, und grüßten ihn als König und Vater der Stadt Rom; sie baten ihn um seinen Beistand, dass er seinem Volk gnädig und gewogen sei und es immer beschützen möge.

Allerdings, glaube ich, gab es damals auch einige Leute, die hinter vorgehaltener Hand die Senatoren beschuldigten, sie hätten den König während des Unwetters eigenhändig beseitigt und verschwinden lassen. Denn auch dieses Gerücht wurde, wenn auch immer nur in vagen Andeutungen, verbreitet.

Jene andere Version aber, die von der Vergöttlichung des Romulus, setzte sich letztlich aufgrund der Bewunderung, die dieser Mann genoss, und des Schreckens, der die Menschen damals gepackt hatte, allgemein durch.

Die „Heimkehr“ des Äneas

Urbem Romam a Romulo conditam esse accepimus. Sed de hac re iam Romani antiqui[1] dubitabant. Nam nihil certi[2] sciebant. Alii narrabant urbem ab Aenea conditam esse, alii dicebant a Romulo. Multi scriptores[3] origines[4] Romae cognoscere studebant et in his studiis libere fabulas excogitaverunt[5]: Aeneam quondam ex urbe Troia fugisse et per multas terras multaque maria erravisse et primo in Africam, deinde in Italiam venisse tradunt. Vergilius autem, summus fortasse poeta[6] Romanorum, narrat reges Troiae originem[4] habuisse a Dardano. Qui erat filius Iovis et feminae mortalis et ante multa saecula[7], ut Vergilius narrat, ex Italia in Asiam venerat et ibi filiam primi regis Troiae uxorem duxerat. Quam ob rem Dardanus pater totius populi Troiani appellatus est ac Troiani „Dardani“ vocati sunt. Itaque Aeneas, cum in Italiam venit, quasi[8] in patriam antiquam[1] patris Troianorum rediit. Sic Romani originem[4] suam non modo ex Asia, sed etiam ex Europa duxerunt. Ab Aenea Lavinium conditum est. Multis annis post Iulus, filius eius, Albam Longam condidit. Ibi post longum tempus Romulus et Remus nati sunt. Quorum mater erat Rea Silvia, filia Numitoris, regis Albae Longae. Post multa saecula[7] Gaius Iulius Caesar, vir summae prudentiae, dixit nomen gentis suae originem[4] habere a Iulo, filio Aeneae. Sed has res nemo certe scit. Hoc quidem certe scimus: Roma non est uno die[9] condita.

1) **antīquus, -a, -um:** alt
2) **nihil certī:** nichts Genaues
3) **scrīptor, -ōris** m: Schriftsteller
4) **orīgō, -ginis** f: Ursprung
5) **excōgitāre:** (sich) ausdenken
6) **poēta, -ae** m: Dichter
7) **saeculum, -ī** n: Jahrhundert
8) **quasi:** gewissermaßen
9) **diēs, diēī** m: Tag

Zeus' Söhne und andere Helden

Von den folgenden Helden gibt es viel zu erzählen. Unten findet ihr schon einige Hinweise auf ihre Geschichten. Lest diese angefangenen Geschichten in einem Sagenbuch nach und erzählt sie der Klasse. Bespprecht, wie man eine mündliche Erzählung am besten gestaltet.
Arbeitet in Gruppen und teilt euch die Geschichten auf.
Fertigt zu jedem Helden einen Steckbrief an, auf dem zu lesen ist, wer seine Mutter war, welche besonderen Erlebnisse er in der Kindheit hatte, welche Abenteuer er bestehen musste, wen er dabei traf und wie sein Leben zu Ende ging.

1 Herkules

Herkules (*griech.* Herakles) ist besonders dadurch bekannt, dass er zwölf Arbeiten verrichten musste. Eine davon war das Ausmisten eines riesigen Stalles. In diesem Stall des Königs Augias hatte sich ein solcher Schmutz angesammelt, dass man nicht glaubte, dass ein Mensch diesen Stall jemals wieder sauberbekommen könne.

Herakles reinigt den Augias-Stall, Reliefplatte am Zeus-Tempel in Olympia, um 460 v. Chr.

2 Theseus

Theseus reiste als junger Mann nach Athen zu seinem Vater. Auf dem Weg dorthin vollbrachte er einige Taten.

Theseus mit dem besiegten Minotaurus, Schale, um 440 v. Chr.

Er befreite die Stadt Athen von einer schlimmen Plage. Denn die Athener mussten jedes Jahr dem König Minos auf Kreta 14 junge Leute (je sieben junge Frauen und junge Männer) schicken, die dem Minotaurus geopfert wurden. Der Minotaurus lebte in einem Labyrinth, aus dem man nicht mehr herausfand. Ariadne aber, die Tochter des Königs Minos, hatte eine gute Idee …
Möglicherweise hat sie es später bereut, dass sie Theseus geholfen hat. Und Theseus hat es bestimmt bereut, dass er auf der Rückfahrt nach Athen vergessen hatte, weiße Segel zu setzen.

3 Perseus

Perseus wurde die Aufgabe übertragen, das Haupt der Medusa zu bringen.

Medusa (1590), Caravaggio (1573–1610), Uffizien, Florenz.

Die Gefährlichkeit dieser Aufgabe bestand darin, dass der Blick der Medusa alle, die sie ansah, versteinerte. Perseus gelang es, der Medusa den Kopf abzuschlagen.

Perseus (um 1550), Statue von Benvenuto Cellini (1500–1571) in Florenz.

Dioskuren auf dem Kapitol in Rom.

4 Kastor und Pollux, die Dioskuren

Die Römer haben eine besondere Beziehung zu den Dioskuren, den unzertrennlichen Brüdern:
Auf dem Forum Romanum gibt es einen Kastor-und-Pollux-Tempel.
Kastor soll sterblich, Pollux dagegen unsterblich gewesen sein. Als Kastor bei einem Streit mit zwei Königssöhnen ums Leben kam, machte Pollux Zeus einen ungewöhnlichen Vorschlag.

Über folgende Begriffe und Themen weißt du nun Bescheid:

- Homer, Ilias; Priamus, Achill; Heinrich Schliemann, Troia
- Odysseus (Kyklopen, Sirenen)
- Äneas, Dido
- Orte und Gestalten der Unterwelt
- Etrusker
- Gründungssage Roms
- Herkules, Theseus, Perseus, Dioskuren

Lektion 1–21

1 Welche Formen gehören zu *res*?

rem rex reis
rerum
re redi
reo rei
rege
regnum
rebus

Bestimme die restlichen Formen.

2 Verschieden verwendet!

Übersetze.

Da mihi *spem*! – *Spes* nobis non est. – Auxilium est in *spe*. – Contra[1] *spem* domum venistis.

1) **contrā** *(m. Akk.):* gegen

3 Hier sind acht Formen von Substantiven der ē-Deklination versteckt. Finde und übersetze sie.

S	F	R	R	S
P	I	E	E	P
E	D	S	R	E
R	E	B	U	S
S	P	E	M	E

4 Antworte auf Lateinisch.

1. Graeci ante Troiam magnam *rem* reliquerunt. Quid fuit? 2. Paris Veneri *rem* iucundam dedit. Quid fuit? 3. Homerus de *re* ingenti narrat. Quid est?

5 Welche Eigenschaft passt zu ihm?

vir
summae prudentiae
magna vi corporis
egregiae formae
magna fide

Lektion 1–22

6 Bilde Adverbien.

brev-
public-
clemen-
ver-
asper-

} **-e** oder **-(i)ter**?

7 Wo war Odysseus?

Füge die passenden Adverbien ein. Zwei bleiben übrig. Die markierten Buchstaben ergeben der Reihe nach das Lösungswort.

acriter - inhumane - longe - libere - feliciter - pulchre - libenter

1. Ulixes ex insula Circae ? evasit. 2. Sirenes ? cantaverunt[1]; ita omnes perturbaverunt. 3. Ulixes haud ? a Scylla et a Charybdi navigavit. 4. Polyphemus socios Ulixis ? necavit. 5. In Ithaca Ulixes cum in-imicis ? pugnavit.

1) **cantāre:** singen

8 Porträt

Wessen Bild gehört in den Rahmen?

1. Haec summa fide fuit. 2. Huius vir diu et longe a patria afuit. 3. Quis Graecorum huic non favit? 4. Hanc etiam hodie homines sciunt. 5. De hac Homerus narrat.

9 Welche Formen entsprechen sich nach Kasus, Numerus und Genus?

eis – ea – eas – is – eorum – ea – eius – earum – id – eae – ei

horum – hoc – his – hac – hae – has – huic – haec – hic – harum

Welche Form hat keine Entsprechung?

Lektion 1–23

10 Perfekt-Graffiti

Bilde aus den Graffiti Formen des Perfekt Passiv. Führe sie auf den Infinitiv Präsens zurück und übersetze sie.

11 Ordne den Subjekten jeweils das passende Prädikat zu und übersetze.

Naves	a.	1.	relictus est.
Equus	b.	2.	apertae sunt.
Auxilium	c.	3.	necati sunt.
Urbs	d.	4.	incensae sunt.
Filii	e.	5.	petitum est.
Portae	f.	6.	incensa est.

12 Äneas in der Unterwelt

1. Aeneas a Sibylla ad inferos[1] ductus est. 2. Ibi inter mortuos Dido visa est. 3. Statim ab eo appellata est. 4. Sed Aeneas ab ea neque aspectus neque auditus est. 5. Itaque animo valde perturbatus est.

1) **īnferī, -ōrum** m: die Unterirdischen, die Unterwelt

13 Führe die Perfektformen auf den Infinitiv Präsens zurück und übersetze.

A quo Aeneas de voluntate deorum monitus et Carthagine decedere iussus et Didonem relinquere coactus est?

14 Ungleiche Paare

CAPTA – CAPITA; MOTA – MONITA; COACTA – COGITA; TERRA – TERRITA

Lektion 1–24

15 Kombiniere zu sinnvollen Sätzen.

Moenia	a fratre	defensa erat.
Remus	a Circa	aedificatus erat.
Urbs	a Graecis	exstructa erant.
Socii	a Troianis	interfectus erat.
Equus	a periculis	in sues[1] mutati erant.

1) **suēs, suum** m:

16 Romulus überlegt …

Setze die passenden lateinischen Formen ein.

incensus ero – datum erit – captae erunt – paratum erit – factus ero – circumdata erit

1. Si urbs moenibus (*umgeben wird*), periculis vacabimus.
2. Si regnum mihi (*gegeben wird*), urbem novam omnibus viribus defendam.
3. Cum rex (*gemacht werde*), salutem civium defendam.

17 Quis scit VIRUM?

1. … cui frater acer erat. 2. … a quo urbs nova condita est. 3. … cuius nomine urbs appellata est. 4. … qui urbem moenibus circumdedit. 5. … quem dei mortuum in caelum sustulerunt.

18 Setze anstelle des Demonstrativ-Pronomens jeweils den relativischen Satzanschluss.

1. … urbes; eae ➪ ? magnae erant.
2. … Troiani; eorum ➪ ? fugam Dido sensit.
3. … homines; eis ➪ ? fidem habemus.
4. … res; eas ➪ ? libenter fecisti.
5. … dona; eis ➪ ? gaudetis.

19 Dieselbe Form für drei verschiedene relativische Satzanschlüsse. Wie lautet sie?

1. Videsne ibi virginem?	?	Romam venit.
2. Spectat multa templa[!].		alta sunt.
3. Ambulat cum amicis.		in urbe vivunt.

7 – 5 – 3: Kroch Rom da wirklich aus dem Ei?

Schon lange bevor Livius sein Geschichtswerk schrieb, versuchten römische Historiker, das Gründungsjahr der Stadt Rom festzulegen. Sie stellten mehrere Berechnungen an. In der Kaiserzeit setzte sich schließlich als Gründungsjahr Roms das Jahr 753 v. Chr. durch. Freilich war bekannt, dass die Latiner schon lange vor diesem Datum auf den Hügeln am Tiber siedelten. Erst als das uralte Volk der Etrusker ihr Herrschaftsgebiet nach Süden ausdehnte, wurden die Siedlungen der Latiner zu einer Stadt vereinigt, die den Namen Rom erhielt. In dieser Stadt sollen 244 Jahre lang Könige geherrscht haben. Der letzte König war Tarquinius Superbus.

Bildnis eines Redners namens Aulus Metellus, um 100 v. Chr., Museo Archeologico, Florenz.

Dem PARTIZIP auf der Spur

1 *Romulus et Remus*	, qui a lupa[1] inventi et servati erant,	urbem novam condiderunt.
	a lupa[1] inventi et servati	
2 *Urbs Roma*	, postquam a Romulo condita est,	cito crevit.
	a Romulo condita	
3 *Urbs Roma*	, quod muris circumdata erat,	in periculis non erat.
	muris circumdata	
4 *Urbs Roma*	, quamquam ab hostibus petita erat,	capta non est.
	ab hostibus petita	

1) **lupa, -ae** f: Wölfin

a Übersetze die Sätze **1 – 4**, folge dabei zunächst der grünen Spur und stelle fest, um welche Satzarten es sich im grauen Kasten jeweils handelt.
b Decke nun jeweils die grüne Spur ab, verfolge die blaue Spur und übersetze genauso.
c Übersetze folgenden Satz auf vier verschiedene Arten, indem du nacheinander allen grünen Spuren folgst. Geben alle einen Sinn?

Urbs nova etiam a Remo condita nomine Romuli appellata est.

Wer zuletzt lacht . . .

Tarquinius Superbus hatte mithilfe Tullias, seiner Geliebten, deren Mann und seine eigene Frau umgebracht. Tullia hatte auch ihren Vater, den König von Rom, beseitigen lassen. Daraufhin war Tarquinius in der Stadt an die Macht gelangt. Er lebte jedoch in ständiger Angst vor Racheakten und scheute vor nichts zurück, wenn es darum ging, seine Herrschaft zu erhalten.

Tarquinius rex superbe ac crudeliter imperabat; itaque Superbus appellatus erat. Quem plebs ad magnos labores coacta non amabat. Etiam multi patres a muneribus publicis prohibiti ei inimici erant. Tarquinius timore insidiarum motus principes civitatis sustulit. Etiam nepotes suos timebat: alterum interfecit, vitae alterius pepercit, quia nullum periculum ab eo instare putabat. Qui se stultum esse simulaverat et iniurias regis aequo animo sustinuerat. Etiam cognomen Bruti[1] non abnuerat[2]. Itaque a Tarquinio non perspectus vitam tutam vivebat. Sed quodam[3] die rex portento[4] terribili sollicitatus Brutum sic appellavit: „Statui duos filiorum meorum Delphos mittere; oraculum de sorte mea consulent. Tu, Brute, comes eorum eris.“ Brutus magno gaudio affectus nihil dixit. Mox filii regis cum Bruto Delphos contenderunt. Postquam eo venerunt, mandata patris perfecerunt. Deinde fratres oraculum de sorte sua consulere cupiverunt. Coram[5] Bruto alter ex eis: „Uter nostrum[6]“, inquit, „aliquando summum imperium Romae habebit?“ Vix finiverat, cum hoc responsum est: „Is, o iuvenes, summum imperium Romae habebit, qui primus vestrum[6] matri osculum[7] dederit.“ Statim fratres magna spe agitati Romam properare constituerunt. Subito Brutus ad terram cecidit eamque ore tetigit. Quam ob rem filii regis Brutum irriserunt, is autem molliter subrisit[8]. Paulo post Tarquinios pepulit et summum imperium ad eum venit.

1) **cognōmen Brūtī:** den Beinamen Brutus (*d. h. der Schwachsinnige*) 2) **abnuere** (*Perf.* **abnuī**): zurückweisen
3) **quīdam** (*Abl.* **quōdam**): ein (gewisser) 4) **portentum, -ī** n: (Wunder-)Zeichen der Götter
5) **cōram** (*m. Abl.*): in Anwesenheit (*von*) 6) **nostrum/vestrum:** von uns/von euch
7) **ōsculum, -ī** n: Kuss 8) **subrīdēre:** lächeln

- ▶ Trage die Wendungen zusammen, die die Herrschaft des Tarquinius beschreiben. Achte darauf, wo du sie findest. Welchen weiteren inhaltlichen Schwerpunkt kannst du feststellen?
- ▶ Warum ist der Beiname Brutus für diesen Neffen des Tarquinius höchst unpassend?

1 Was passt?

Setze die passenden PPPs ein, begründe deine Entscheidung und übersetze.

capti – circumdatae – actum – expositi – exstructa – missum – servati

1. Romulus et Remus ab Amulio ? a lupa[1] inventi sunt. 2. Fratres a lupa[1] ? in eo loco urbem condiderunt. 3. Tum cupiditate regni ? vehementer certaverunt. 4. Tandem auxilium a deis ? accipere volebant. 5. Romulus autem augurium[2] a fratre ? non accepit: 6. „Ego urbi moenibus ? nomen dabo!" 7. Remus autem moenia a fratre ? irrisit.

1) **lupa, -ae** f: Wölfin
2) **augurium, -ī** n: Augurium, Prophezeiung

2 Bilde passende PPPs und übersetze.

1. Plebs ad magnos labores (cogere), sed a muneribus publicis (prohibere) Tarquinio inimica erat. 2. Etiam principes civitatis irati erant, quod rex timore insidiarum (movere) multos eorum interfecerat. 3. Vita autem Bruti ab omnibus (irridere) tuta erat. 4. Aliquando Tarquinius signo deorum (sollicitare) filios suos Delphos misit. 5. Delphis autem filii regis non modo mandata perfecerunt, sed etiam curis (agitare) oraculum consuluerunt.

3 Das Partizip-Chamäleon

Finde für die Partizip-Konstruktionen möglichst viele sinnvolle Übersetzungen.

1. Mercurius a Iove missus Aeneam de voluntate deorum monuit. 2. Aeneas animo perturbatus Didoni consilia deorum non aperuit. 3. Sed cupiditate fugae incensus socios classem parare iussit. 4. Regina autem magnis curis sollicitata eum adiit. 5. Sed Aeneas dolore Didonis commotus oculos eius vitavit. 6. Tandem dixit: „Magno amore motus tamen te relinquere debeo."

4 Da stecken PPPs drin.

p.S. a.Chr.n. Datum
a.u.c.

5 Kannst du's noch aktiv?

Setze in die jeweilige Zeit des Präsensstammes (Perf. → Präs., Plqupf. → Impf., Fut. II → Fut. I) und übersetze dann.

contenderant – audiverant – posuerunt – prohibuerint – coegimus – praebuit – traxerant – poposcit – censuerant – terruistis – ceperit – necaveritis – abduxeritis

Gleiches Recht für alle!?

1. Tarquinius Superbus ex urbe pulsus ad Etruscos fugit. 2. Civitas autem Romana a Bruto liberata feliciter crevit, sed multos hostes habebat. 3. Cum quibus Romani saepe contendebant. 4. Non modo patres, sed etiam plebs urbem fortiter[1] defendit. 5. Plebs autem a patribus superbis despecta[2] aliquando iura scripta petivit. 6. Sed patres hoc negaverunt. 7. Quam ob rem plebs ex urbe decessit nec redire voluit. 8. Tum Menenius Agrippa a patribus ad plebem missus fabulam de stomacho[3] et membris[4] narravit: Ut corpori et pedibus et stomacho[3] opus est, ita civitati et plebe et patribus opus est. 9. Hac fabula commoti homines in urbem redierunt.

1) **fortis, -is, -e:** tapfer 2) **dēspicere** (*PPP* **dēspectus**): geringschätzen, verachten 3) **stomachus, -ī** m: Magen 4) **membrum, -ī** n: Glied, Körperteil

res publica Romana – Die römische Republik

res publica libera – Die neue Staatsordnung der Römer

Nach der Vertreibung des letzten Königs entfaltete sich eine neue Staatsordnung: die *res publica libera*. In der Frühzeit der Republik lag die Macht in den Händen des Adels (Patrizier), erst allmählich erlangten auch die Nichtadligen (Plebejer) Zugang zu politischen Ämtern. Es wurden sogar besondere Volksvertreter, die Volkstribunen (*tribuni plebis*), eingesetzt.

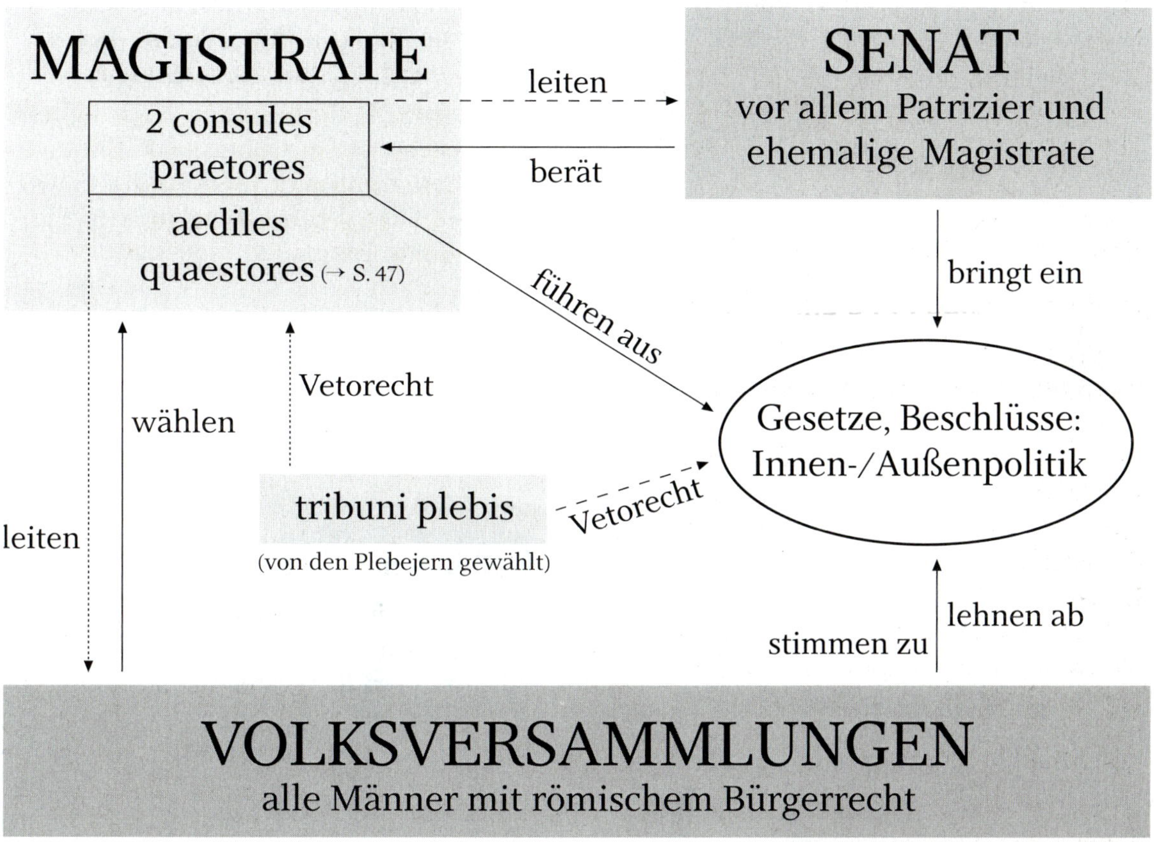

a Welche Bevölkerungsgruppen wurden von der Politik gänzlich ausgeschlossen?

b Wenn ein Amtsträger Einspruch erheben wollte, rief er „*veto*". Übersetze und informiere dich anhand des Schaubildes, wer dieses Recht besaß.

c Die Abkürzung **SPQR**, d. h. *senatus populusque Romanus*, wurde zum Inbegriff der römischen Verfassung und Macht. Erläutere dies mithilfe des Schaubildes.
Das Kürzel findet sich auch heute noch, hier z. B. auf einem Kanaldeckel in Rom.

Die Gallier kommen!

Der römische Staat, die *res publica libera*, war von Anfang an großen Spannungen im Inneren ausgesetzt. Zu Beginn lagen Macht und Regierung in den Händen alter Adelsfamilien, das einfache Volk strebte aber zunehmend nach mehr Einfluss. Zu den inneren Unruhen kamen um 400 v. Chr. große Gefahren von außen. Gallier hatten sich – möglicherweise infolge einer Hungersnot in ihrer Heimat – auf die Suche nach einem neuen Siedlungsgebiet gemacht und waren bis nach Mittelitalien vorgedrungen. Lange Zeit hatten die Römer diese Eindringlinge kaum beachtet. Als sie sich ihnen schließlich entgegenstellten, erlitten sie an der Allia, einem Nebenfluss des Tibers, eine schreckliche Niederlage. Dieser Unglückstag ging als *dies ater* („schwarzer Tag") in die Geschichte ein. Die Gallier griffen nach ihrem Sieg sogar Rom an.

Die Gänse vom Kapitol, Reliefbruchstücke aus Ostia.

Passiv im Präsens-STAMM

servor servaris servatur servamur servamini servari servantur terreor terreris terretur terremur terremini terrentur terreri audior audiris auditur audimur audimini audiuntur audiri ducor duceris ducitur ducimur ducimini ducuntur duci capior caperis capitur capimur capimini capiuntur capi servabar servabaris servabatur servabamur servabamini servabantur terrebar terrebaris terrebatur terrebamur terrebamini terrebantur audiebar audiebaris audiebatur audiebamur audiebamini audiebantur ducebar ducebaris ducebatur ducebamur ducebamini ducebantur capiebar capiebaris capiebatur capiebamur capiebamini capiebantur servabor servaberis servabitur servabimur servabimini servabuntur terrebor terreberis terrebitur terrebimur terrebimini terrebuntur audiar audieris audietur audiemur audiemini audientur ducar duceris ducetur ducemur ducemini ducentur capiar capieris capietur capiemur capiemini capientur

a Nenne die Person-Zeichen des Passivs im Präsens-STAMM.
b Gelten die Tempus-Zeichen, die du vom Aktiv her kennst, auch im Passiv? Kontrolliere.
c Inwiefern tanzen die gekennzeichneten Formen aus der Reihe? Übersetze sie.

Die kapitolinischen Gänse

Dem Angriff der Gallier war das römische Heer nicht gewachsen. Es wurde besiegt, die Gallier verfolgten die Reste der Truppen bis Rom und drangen schließlich in die Stadt ein. Der Teil der Bevölkerung, der die Stadt nicht verlassen hatte, und die Truppen zogen sich auf den mons Capitolinus, *ein steil aufragendes Felsplateau, zurück. Die Gallier begannen daraufhin die Belagerung.*

Tum arx Romae Capitoliumque in ingenti periculo erant.
Nam Galli, quoniam urbem ceperant, etiam montem Capitolinum expugnare studebant.
Cives autem Romani se natura loci in arce tutos putabant.
Saepe haec verba audiebantur:
„Quare tot vigiliae ponuntur? Cur arx tam diligenter custoditur?
Aditus[1] ad arcem angustus est; hostes a paucis facile prohibebuntur.
Arx natura loci munita expugnari non potest.
Cur vigilias agere cogimur? Cur somno privamur?“
Quadam[2] autem nocte Galli magno silentio ad montem successerunt.
Tandem saxum ascensui[3] idoneum animadverterant.
Unus ex eis viam temptavit, ceteri post eum ascenderunt:
Sublevabant invicem[4] et alii alios trahebant, ut locus poscebat.
Ita in summum[1] pervenerunt.
Iam se vigilias, immo canes fefellisse censebant,
cum anseres[5] Iunonis sacri clamaverunt.
Qui in summa inopia cibi mactati[6] non erant.
Clamore anserum[5] excitatus M. Manlius, vir fortis et acer, arma rapit
et his verbis in hostem ruit:
„Sumite arma, iuvenes, accurrite! A Gallis oppugnamur!
Defendite mulieres ac liberos! Defendite patriam!
Cur cessatis? Num a Gallis terremini?
Arx capietur, vos necabimini, in servitutem abducemini, nisi properabitis!
Ego periculo mortis non terreor!“
Tum Gallum primum, qui iam in summo[1] constiterat, de arce praecipitat.
Cuius casu[7] tota acies Gallorum in praeceps delata est[8].

1) **aditus:** Zugang 2) **quaedam** (*Abl.* **quādam**): eine (gewisse) 3) **ascēnsuī:** für den Aufstieg
4) **sublevāre invicem:** sich gegenseitig hochschieben 5) **ānser, -eris** m: Gans 6) **mactāre:** schlachten
7) **cāsus** (*Abl.* **cāsū**): Fall, Sturz 8) **in praeceps dēferre** (*PPP* **dēlātum**): in die Tiefe reißen

- Welche Gefühle beherrschen die römischen Bürger auf dem Kapitol? Gib Gründe und Belege dafür an.
- Gliedere den Text in Abschnitte und formuliere jeweils eine passende Schlagzeile.

1 Infinitiv Präsens Passiv immer dabei!

a Unterscheide und übersetze.

reddi – reddidi – relinqui – reliqui – timori – timeri – perfici – perfeci – mitti – missi – exstrui – exstructi – posci – poposci – cogi – coegi – clamori – clamari – sumi – summi

b Lass dich nicht täuschen, denn es geht nicht nur um den Infinitiv Präsens Passiv. Übersetze.

duci
statui
consuli
emi
regi

2 Präsens – Imperfekt – Futur

Ordne die Aktivformen nach den drei Tempora, verwandle sie dann in die entsprechende Form des Passivs und übersetze.

finiebat – capis – irridebis – custoditis – audiam – expugnabant – apportatis – cogimus – ponet – spectabatis – capietis – mittebas – prohibemus – tangent – tenebam

3 Exklusivreportage vom Kapitol

Du stehst als Reporter auf dem Kapitol und berichtest live vom Angriff der Gallier. Verändere die Verbformen dementsprechend und trage deine Reportage der Klasse vor.

Roma magno in periculo erat. Romani a Gallis valde territi sunt, nam urbs capta est. In arce ubique vigiliae positae sunt, tamen arx non satis custodiri potuit. Capitolium a Gallis petitum est. Subito ibi clamores anserum (→ 26 L) auditi sunt. Omnes ad arma vocati sunt. Statim a M. Manlio arma rapta et mulieres liberique fortiter defensi sunt. Galli primi, qui montem ascenderant, de arce praecipitati sunt. Summis viribus acies Gallorum oppressa et patria Romanorum servata est.

4 Durchhalteparolen auf dem Kapitol

Übersetze und nenne zu den Passivformen jeweils die Lernform.

1. Timore non frangemur, Romani. 2. A viris nostris Capitolium bene custodietur. 3. Hic locus a Gallis terribilibus numquam capietur. 4. Urbs ab eis oppugnata est, sed arx nostra non expugnabitur.

5 DEKLINATIONEN – Aufräumaktion

Leere den Kasten und ordne die Substantive nach Kasus und Numerus in eine Tabelle ein. Ergänze die restlichen Formen.

mulier – porta – litoris – viri – modo – spem – comite – voto – victores

Eine getäuschte Verräterin

1. Sabinos quondam hostes Romanorum fuisse audivimus. 2. Eo tempore in urbe Roma Tarpeia virgo vivebat, de qua haec fabula narratur: 3. Dum urbs a Sabinis oppugnatur, Tarpeia tamen saepe oppidum relinquit, quod aquam extra[1] urbem petere[2] solet. 4. Ibi non paucos Sabinos convenit, in quorum bracchio[3] sinistro pulchra ornamenta[4] aurea[4] animadvertit. 5. Puella cupiditate auri[5] commota hostibus promittit: „Si mihi ea, quae in bracchio[3] sinistro habetis, dederitis, a me nocte in arcem munitam ducemini." 6. Hoc Sabinis placet. 7. Ita hostes a puella Romana in oppidum custoditum ducuntur. 8. Sed Tarpeia ab hostibus fallitur; neque enim ornamenta[4] virgini dantur. 9. Immo scuta[6], quae Sabini bracchio[3] sinistro tenent, in eam mittuntur. 10. Ita Tarpeia crudeliter interficitur et urbs a Sabinis expugnatur.

1) **extrā** (*m. Akk*): außerhalb 2) **petere** (hier): holen
3) **bracchium, -ī** n: Arm
4) **ōrnāmentum (-ī) aureum (-ī)** n: goldenes Schmuckstück 5) **aurum, -ī** n: Gold
6) **scūtum, -ī** n: der Schild (eines Soldaten)

Vae victis! – Rom erobert Italien.

1 Zunächst hatten die Gänse die Gefahr vom Kapitol noch einmal abgewendet. Doch die Belagerung dauerte noch Monate, sodass schließlich Hunger und Erschöpfung auf beiden Seiten zu Verhandlungen zwangen. Die Gallier waren gegen eine vereinbarte gewaltige Menge Gold zum Abzug bereit. Man trug das Gold zusammen, doch die Gallier wogen mit falschen Gewichten. Ein Tribun protestierte gegen die Ungerechtigkeit. Darauf ließ der Anführer der Gallier Brennus noch sein Schwert in die Waagschale der Gewichte legen mit den Worten: „*Vae victis* – Wehe den Besiegten!“

Erkläre mit deinen Worten, was der Ausspruch *Vae victis* bedeutet. Findest du in unserer heutigen Welt Beispiele dafür, dass er immer noch gilt?

2 Die Kette der Kriege der Römer gegen ihre Nachbarvölker riss nicht ab. Teilweise mussten sie schwere Niederlagen hinnehmen. Doch am Beginn des 3. Jh.s v. Chr. beherrschten sie Mittelitalien und dehnten ihre Macht weiter nach Süden aus. Schon hatten sie Italiens Südküste erreicht und einige der alten Griechenstädte erobert. Doch die reiche Handelsstadt Tarent leistete Widerstand. Die Tarentiner riefen den König Pyrrhus von Epirus von der anderen Seite des adriatischen Meeres zu Hilfe. Pyrrhus kam und mit ihm 25 000 Söldner und 20 Elefanten. In der ersten Schlacht errang Pyrrhus einen sicheren Sieg. Auch eine zweite Schlacht konnte er für sich entscheiden. Aber angesichts seiner großen Verluste soll er ausgerufen haben:

> „Wenn ich noch einen solchen Sieg erringe, bin ich verloren.“

Im Jahr 275 endete das italische Abenteuer des Königs mit einer völligen Niederlage bei Benevent. Drei Jahre später war Tarent Teil des römischen Machtbereichs.

Porträt des Königs Pyrrhus von Epirus.

Erkläre mit eigenen Worten, was ein „Pyrrhus-Sieg“ ist.

vorne: *Kopf der Göttin Juno.*

Goldmünze aus Tarent:

hinten: *Einer der Stadtgründer.*

Themistokles denkt voraus.

Fast 100 Jahre vor dem Angriff der Gallier auf Rom war auch das demokratisch regierte Athen in größter Gefahr. Als die Perser ihr Großreich nach Westen ausdehnen wollten, war Themistokles der führende Mann in Athen. Er ließ 200 neuartige Schiffe bauen, die ca. 37 m langen und nur 5 Meter breiten Trieren, wo auf drei Ruderdecks 170 Ruderer saßen. Diese wurden speziell trainiert, um die feindliche Flottenreihe zu durchbrechen und dabei die gegnerischen Schiffe manövrierunfähig zu machen, indem sie deren Ruder abbrachen. Mit dem metallenen Rammsporn am Bug konnten sie auch Schiffe versenken. Bald sollte die Strategie des Themistokles für Athen sehr nützlich sein …

Athener Triere, moderne Rekonstruktion.

HOC et ILLUD – dieses und jenes über römische Heere

hic exercit-us

Dux huius exercit-us fortis est. Et dux illius exercitus?
Huic exercit-ui hostes cedent. Et illi?
Hunc exercit-um cuncti metuent. Et illum?
Hoc exercit-u hostes superabimus. Et illo?
Haec acies honorem sibi parabit. Et illa?

ille exercit-us

Was denkt der Kaiser?

Hostes exercit-us meos timent, nam vim exercit-uum meorum iam saepe cognoverunt.
Quam ob rem meis exercit-ibus fidem habeo, nam exercit-us mei hostibus non parcent.
His exercit-ibus cunctos populos superabo.

Stelle anhand der Sätze zwei „Schlachtreihen“ auf: eine für das Demonstrativ-Pronomen ille und eine für das Substantiv exercit-us der neuen Deklination. Gib dieser einen Namen nach dem Vokal, der in ihren Signalteilen am häufigsten vorkommt.

Hölzerne Mauern

Gegen die zu Wasser und zu Land anrückenden Perser hatten die griechischen Stadtstaaten gemeinsame Truppenverbände aufgestellt. Während die gewaltige Flotte der Perser Athen ansteuerte, vernichteten ihre Heere die griechische Abwehr bei den Thermopylen, einem Gebirgspass in Nordgriechenland.

Statim Xerxes, magnus ille rex Persarum, exercitus suos Athenas duxit.
Ibi Themistocles exercitui classique praeerat.
Hic civibus impetum illius sustineri non posse persuasit.
Itaque Athenienses urbem reliquerunt seque Salamina[1] receperunt,
ubi communis Graeciae classis constituta erat.
Xerxes, postquam Athenas pervenit, non modo urbem incendio delevit,
sed etiam illam arcem Minervae sacram.
Tum classiarii[2], ubi flammas viderunt, metu territi domum discedere parabant.
Sperabant enim se moenibus defendi posse.
Themistocles unus restitit:
„Manete!“, inquit, „dispersi[3] nos omnes peribimus.
Non pares illis esse poterimus nisi universi.
Cogitate illud oraculum a Pythia editum:
‚Munite vos moenibus ligneis[4]!‘
Nonne intellegitis navem significari murum ligneum[4]?
Proinde ponite spem salutis non in moenibus vestris, sed in navibus nostris!
Non superabimus, nisi in angusto mari, opportuno nobis loco, cum Persis pugnabimus.“
Sed ceteris ducibus non persuasit.
Itaque media nocte ad Xerxem misit servum fidelissimum[5]
eumque iussit illi haec nuntiare:
„Adversarii tui fugere parant.
Si discesserint, eos singulos cum exercitibus tuis superare cogeris.
Sin brevi tempore vincere vis, statim committe proelium cum universis.“
Persae profecto postridie[6] iniquo sibi loco cum Graecis conflixerunt[7].
Hi moenibus ligneis[4] muniti magnam victoriam pepererunt,
illi, quia multitudinem navium explicare[8] non potuerant, cladem gravem acceperunt.
Sic unius viri prudentia Graecia omnis liberata est.

1) **Salamīna:** *Akk. zu* **Salamīs** (*Insel und Stadt gegenüber von Athen*) 2) **classiārii, -ōrum** m: Flottenbesatzungen 3) **dispergere** (*PPP* **dispersus**): zerstreuen 4) **līgneus, -a, -um:** hölzern 5) **fidēlissimus, -a, -um:** überaus treu 6) **postrīdiē:** am nächsten Tag 7) **cōnflīgere** (*Perf.* **cōnflīxī**): den Kampf beginnen 8) **explicāre:** entfalten, wirksam einsetzen

- Untersuche die Rede des Themistokles. Wie versucht Themistokles, die anderen Flottenbesatzungen zum Bleiben zu bewegen? Achte auf die Form der Prädikate, ihr Tempus und die Personen.
- In welchen Handlungen zeigt sich die Klugheit des Themistokles?

1 So – wie

▶ filia ← filiam – lux → lucem

? ← exercitui – socius → ?
? ← arcem – impetus → ?
? ← signorum – exercitus → ?
? ← metu – consul → ?
? ← bellis – exercitus → ?
? ← metum – opus → ?

2 Der hier – der dort

Setze die Formen von *hic* und *ille* zu den Substantiv-Paaren.

▶ *hos* servos/*ille* dominus

dominam/servis – equum/canum – iudicis/testi – aetate/temporibus – horae/anni

3 Wandle um.

exercitus magnus → Pl. → Akk. → Sg. → Abl. → Gen. → Pl. → Dat. → Sg.

equus pulcher → Gen. → Abl. → Pl. → Akk. → Dat. → Sg. → Akk.

impetus acer → Akk. → Abl. → Pl. → Nom. → Gen. → Sg. → Dat. → Pl.

4 Alle mal hersehen!

Übersetze. Lege dir zwei Blätter mit der Bezeichnung der beiden Tempel hin, lies den Text laut und zeige jeweils auf die Tempel.

Spectate forum Romanum! Videtis multa templa!. Hic est templum! deae Vestae, ibi est templum! Iani dei. Hoc templum! a rege Numa Pompilio aedificatum est, illud templum! etiam e temporibus regum constare[1] apparet. Hoc templum! intrare nemini nisi virginibus Vestae licet, illi templo! duae portae sunt, quod Ianus in utramque partem[2] spectat. Ex hoc templo! feminae Romanae initio[3] anni novam flammam petunt, illud templum! clauditur[4], cum toto orbe terrarum bella finita sunt.

1) **cōnstāre:** bestehen 2) **pars, partis** f: Seite, Richtung
3) **initium, -ī** n: Anfang 4) **claudere:** schließen

5 Einpassen

Setze die richtigen Formen der Substantive in die Sätze ein. Nimm alle, die von der Bedeutung her passen, und überlege, ob Singular oder Plural sinnvoll ist.

socius – exercitus – patria – consul – liberi – hostis – arx – homo – equus

1. Magna multitudo ? capta est.
2. ? nuntiatum est hostes urbem petere.
3. Defendite ? !
4. Oppidum a/ab ? oppugnatum est.

6 KNG muss passen.

Ordne die Substantive und Adjektive zu Paaren, die in KNG zusammengehören.

dominis – homo – mulierum – sorte – regi – gentem – res – itinera – tempus – victorem

Romanam – diligens – communes – fortium – clementibus – felicem – difficilia – breve – communi – crudeli

Undank des Vaterlandes

1. Xerxes, ille rex Persarum, postquam consilio Themistoclis victus est, cum universo exercitu suo in Asiam rediit. 2. Deinde Themistocles urbem Athenas muris altis munire volebat. 3. Hoc enim modo impetus omnis generis ab urbe prohiberi posse sperabat. 4. Sed huic rei principes urbis Spartae vehementer restiterunt, quia potentiam[1] et Athenarum et Themistoclis metuebant. 5. Deinde etiam cives Athenarum, quod auctoritatem Themistoclis timebant, eum ex urbe pepulerunt. 6. Qui metu mortis commotus per multa loca fugiebat. 7. Postremo autem ad regem Persarum, filium illius regis, quem vicerat, venit eique vitam suam commisit. 8. Et ab illo ut amicus receptus est.

1) **potentia, -ae** f: Macht

Regnum Persarum – Das Großreich im Osten

1 Kyros (6. Jh. v. Chr.)

Herrschaft über die Persis (heutiger Iran). Eroberung der Meder und dann der Lyder unter deren König Kroisos (*lat.* Croesus).

Das Orakel von Delphi an Kroisos: *„Kroisos, wenn du den Halys überschreitest, wirst du ein großes Reich zerstören."*

a Informiere dich, was dieses Orakel für Kroisos bedeutete.

b Wodurch ist Kroisos berühmt geworden?

2 Dareios (6./5. Jh. v. Chr.)

Organisator eines Großreiches, das vom heutigen Bulgarien bis Indien, vom Kaukasus bis Ägypten reicht. Einheitliche Verwaltung der Völker in Provinzen (Satrapien). Gut funktionierendes Fernstraßennetz. Einheitswährung: Dareikos. Neue Hauptstadt Persepolis mit riesigem Palast.

Dareios' Ausgreifen nach dem Westen endet in der Niederlage bei Marathon 490 v. Chr. Hier erstmals – bereits nach antiker Vorstellung – Auseinandersetzung zwischen Asien und Europa.

Inwiefern muss man die Leistung des Dareios bei der Organisation seines Reiches als großartig bezeichnen?

3 Xerxes (5. Jh. v. Chr.)

Sein Versuch, die Niederlage der Perser zu rächen, endet 480 v. Chr. mit der Vernichtung der persischen Flotte bei Salamis.

4 Eroberung des Perserreiches

im 4. Jh. v. Chr. durch Alexander den Großen, der – wie ein antiker Autor berichtet – nach „einer doppelten Herrschaft, über Europa und Asien" strebte.

Informiere dich, warum und wie es zum Marathonlauf gekommen ist.

Der Marathonlauf, heute eine Wettkampfdisziplin.

Ein Fluch erfüllt sich.

Der Eid des Hannibal, Gemälde von Jacopo Amigoni (1682–1752).

Als Äneas Karthago verließ, hatte Dido den Fluch ausgesprochen, zwischen seinen und ihren Nachkommen solle ewige Feindschaft bestehen. Im Jahre 264 v. Chr. wurde der mythische Fluch geschichtliche Realität: Rom und Karthago standen sich im Ersten Punischen Krieg als Feinde gegenüber – die Landmacht Rom gegen die Seemacht Karthago. Zu dieser Auseinandersetzung kam es, als die Römer ihre Herrschaft nach Süden ausdehnten und dort auf Karthago trafen, die führende Handelsmacht im westlichen Mittelmeerraum. Auf der Insel Sizilien stießen die Machtinteressen beider direkt aufeinander. Wie die Griechen in der Auseinandersetzung mit den Persern auf den Bau einer Flotte gesetzt hatten, so baute nun Rom erstmals eine Flotte – und gewann den Seekrieg. Karthago verlor seine Macht auf Sizilien.

Partizip Präsens Aktiv learn-ing spiele-nd

specta-ns
audie-ns
gaude-ns
lege-ns
capie-ns

a Erkläre, wie das lateinische Partizip Präsens gebildet wird.
b Wähle das lateinische Partizip, das dir am besten gefällt, und dekliniere es nach dem Muster *diligens, diligentis*. Vorsicht, eine Form unterscheidet sich. Finde sie mithilfe der Begleitgrammatik.
c Für die Übersetzung gibt es dieselben Möglichkeiten wie beim PPP. Wende Gelerntes an und übersetze auf verschiedene Weise:

Galli Romanos arcem cum paucis viris custodientes nocte invaserunt.

WELCHE Pronomina sind das?

QUIS exercitus suos Athenas duxit?
QUI rex exercitus suos Athenas duxit?

QUID ille rex ibi delevit?
QUOD aedificium ille rex ibi delevit?

a Beantworte alle Fragen.
b Die Formen des neuen Pronomens müssten dir bekannt vorkommen. Mit welchem Pronomen stimmen sie überein? Übrigens gilt das für alle Formen! Wiederhole sie und stelle deinen Klassenkameraden lateinische Fragen mit dem neuen Pronomen.

Der Schwur

Die Karthager sannen auf Rache. Hamilkar Barkas, der Feldherr der Karthager, wollte sein Heer nach Spanien übersetzen, um sich dort eine Ausgangsbasis für den Kampf gegen die Römer zu schaffen. Am Vorabend seines Aufbruchs …

Obscura luce columnae[1] templi[1] Iovis Optimi Maximi[2] vix cernebantur;
in ara flamma lumen parcum dans micabat[3];
interdum simulacrum dei auro fulgebat[4].
Subito Hamilcar Barcas, vir ingenti corporis magnitudine, apparuit
filium, puerum novem annorum, manu tenens.
Ille hunc consistere iussit et solus ad aram accedens interrogavit:
„Timesne, Hannibal?“ – „Quam ob rem, pater?“ –
„Sumus in aede Iovis Optimi Maximi[2]!“ –
„Non ignoro.“ – „Qua de causa te huc duxi, mi fili[5]?“ –
„Nescio; certe eam mihi aperies.“
At Hamilcar filio diligenter audienti haec dixit:
„Quae gens avaritia ardens omnia rapit?
Cuius gentis senatus parentibus nostris Siciliam Sardiniamque eripuit?
Qui populus ceteris imperare vult?“ – „Sunt Romani, pater.“
„Vere dixisti: Sunt Romani imperium omnium terrarum petentes!
Nos eos ab Africa arcere necesse est.
Itaque exercitus nostros in Hispaniam traiectos contra eos ducam;
in finibus ipsorum[6] cum eis contendam.“
Deinde Hamilcar Iovi Optimo Maximo[2] sacrificare instituit.
Subito filium ardentibus oculis aspiciens rogavit:
„Visne mecum in castris esse?“
Statim Hannibal dignitatem loci neglegens ex-clamavit:
„Duc me, pater, tecum in Hispaniam, fac me militem tuum!“
Tum Hamilcar: „Faciam, si mihi fidem, quam postulo, dederis“,
et Hannibalem ad aram adduxit dicens: „Tange aram sacram!“
Postremo filium aram tenentem sic iurare iussit:
„Numquam ego in amicitia cum Romanis ero.“
Hannibal, ubi verba patris odio ardentis audivit, respondit: „Iuro.“

1) **columna, -ae** f: Säule
2) **Iūppiter (Iovis) Optimus (-ī) Māximus (-ī):** Jupiter, der beste und größte (hier: *römischer Name für Baal, den obersten Gott der Karthager*) 3) **micāre:** flackern 4) **fulgēre:** aufleuchten, funkeln 5) **mī fīlī** (*Vokativ*): mein Sohn
6) **ipsōrum:** ihr eigenes

- Wie gelingt es Hamilkar, seinen Sohn dazu zu bringen, Rom zu hassen?
- Gliedere den Text, indem du die Konnektoren (Verbindungswörter, vgl. Begleitgrammatik, S. 56–58) heraussuchst und beschreibst, was durch sie jeweils zum Ausdruck gebracht wird.

1 Bilde die Formen

des Partizip Präsens Aktiv (PPA) im Nominativ und Ablativ Singular und gib jeweils die Bedeutung an.

accipere – apparere – aspicere – bibere – clamare – consistere – dare – dicere – ducere – facere – interrogare – iubere – petere – tenere

cenare – crescere – cupere – destinare – disserere – exercere – incipere – laedere – nescire – nolle – poscere – recusare – redire – ridere

2 Partizip-Klammer

Bilde Substantiv-Partizip-Verbindungen nach folgendem Muster und übersetze:

▶ Athenienses/urbem/relinquere
→ Athenienses urbem *relinquentes*
→ *während/als/weil* die Athener die Stadt verließen

1. civibus/ad aram/accedere
2. Romanis/imperium/petere
3. oculos/furore/ardere
4. cives/pugna/perire
5. filio/verba patris/audire
6. vobis/oraculum/intellegere
7. exercitum/urbem/capere
8. militum/domum/discedere

3 Lichte den Nebel.

Suche die Partizip-Präsens-Formen, bilde die Infinitive und gib die deutschen Bedeutungen an.

adducente – arcentium – cernentes – contentum – eripienti – ingentium – instituentibus – intellegentes – parentum – postulantes – resistentis – traicientium

committente – custodientem – delentis – expugnantes – mutante – parienti – pervenienti – rapientium – sapientia – succedentis – terrentes – vincentem

4 Bitte genauer

▶ **amicum** invito → Quem amicum invitas?

1. **Amico** occurri. 2. **Epistulam** reddere volo. 3. **Insidias** metuo. 4. **Remediis** medicus me servavit. 5. Ad pedes **imperatoris** me proieci. 6. Consiliis **hominum** nocui.

5 Aus eins mach zwei und übersetze.

▶ Nemo Xerxem Athenas petentem arcet.
→ Xerxes Athenas petit; *sed* nemo eum arcet./*Dum* Xerxes Athenas petit, nemo eum arcet.

1. Themistocles impetum Xerxis timens cives urbem relinquere iubet. 2. Xerxes urbem delens arci Minervae non parcit. 3. Themistocles solus homines desperantes bono animo esse iubet. 4. Spem in navibus ponens magnam victoriam parit.

Hannibal bleibt sich treu.

1. Hannibal puer cum patre in Hispaniam traiecit. 2. Hanc terram Poeni expugnare studentes multa proelia committebant. 3. Sed Romani libertatem oppidi Sagunti postulantes eis restiterunt. 4. Post mortem patris Hannibal primo equitatui[1], deinde universo exercitui praeerat. 5. Odio Romanorum ardens nec pericula timens etiam patriam hostium petivit. 6. Ita milites suos trans Alpes[1] duxit et in Italiam pervenit. 7. Tum cives Romae ab hoste appropinquante valde territi sunt. 8. Multi iam finem vitae metuentes clamabant: „Hannibal ad portas! Quae fortuna nobis instat?“ 9. At ille urbem neglegens in alias partes[2] Italiae invasit et ad Cannas Romanis ingentem cladem paravit. 10. Sed quia Romam non ceperat, a comite vituperatus[3] est: „Vincere scis, Hannibal, victoria uti[4] nescis.“

1) **equitātus, -ūs** m: Reiterei 2) **pars, partis** f: Teil
3) **vituperāre:** tadeln 4) **ūtī** (*m. Abl.*): (aus)nutzen

Hannibal ante portas! – Rom contra Karthago

Hannibals Entscheidungsschlacht, anonymes Gemälde (um 1521).

Wenn du die Auszüge aus dem Tagebuch eines Römers während des Zweiten Punischen Krieges in die richtige Reihenfolge bringst, ergeben die vier Buchstaben den Namen der Stadt, bei der die Entscheidungsschlacht stattfand.

A ANTE DIEM V IDVS MAIAS

„Hannibal ad portas!“ Der Ruf geht durch die ganze Stadt. Die schreckliche Niederlage bei Cannae steht allen noch vor Augen. Nach der Belagerung von Capua ziehen seine Soldaten nun gegen Rom! Wir sind verloren.

A ANTE DIEM III IDVS APRILES

Jetzt müssen wir uns auf eine Belagerung gefasst machen. Der lacus Trasimenus, an dem Hannibal unser Heer geschlagen hat, ist nur etwa C Meilen entfernt. Konsul Flaminius ist tot; wir werden Q. Fabius Maximus zum Diktator ernennen. In der Stadt werden Vorbereitungen zur Verteidigung getroffen; morgen werden die Brücken über den Tiber abgerissen.

Z ANTE DIEM VII KALENDAS NOVEMBRES

In der Stadt sagt man, dass Hannibal seit einigen Tagen am Padus sei. Wie hat er es nur geschafft, mit 50 000 Soldaten und XXXVII Elefanten die montes Alpes[1] zu überqueren? Diese Elefanten sollen ganz lange Zähne haben, an denen sie Säbel tragen.
Bestimmt bringt unser Konsul Scipio einige mit, wenn er nach dem Sieg über Hannibal nach Rom zurückkehrt.

M NONIS SEXTILIBVS

Die Stadt ist wie gelähmt. Trauer und Entsetzen überall. Hannibal hat unsere Heere bei Cannae geschlagen; nicht einmal ein Viertel unserer Soldaten soll diese Schlacht überlebt haben. Was wird nun aus Rom?

Ein sensationeller Fund – Themistokles' Evakuierungsbefehl

Der griechische Bauer Anagyras Titires entnahm 1932 aus einem Kindergrab im Friedhof seines Dorfes einen Stein, um damit in seinem Garten eine Steinstufe zu bauen. Weil auf dem Stein aber Schriftzeichen eingeritzt waren, brachte er diesen bald ins Ortsmuseum. Ein Jahr darauf gelangte der Fund in die Hände eines amerikanischen Forschers, der die Inschrift identifizierte: Es handelt sich um den wörtlichen Evakuierungsbefehl, den Themistokles am 14. September 480 v. Chr. vor der Schlacht bei Salamis an seine Mitbürger erließ. Daraus sind nachfolgend wichtige Passagen zitiert:

DIE GÖTTER.
BESCHLUSS DER VERSAMMLUNG ÜBER DEN VORSCHLAG DES THEMISTOKLES, SOHN DES NEOKLES, DIE STADT DER HERRIN VON ATHEN UND ALLEN GÖTTERN ANZUVERTRAUEN, AUF DASS SIE ATHEN VERTEIDIGEN UND DIE BARBAREN VERTREIBEN MÖGEN. DIE ATHENER SELBST UND DIE IN DER STADT LEBENDEN FREMDEN HABEN IHRE FRAUEN UND KINDER NACH TROIZEN ZU SCHAFFEN...

DIE ALTEN MÄNNER UND ALLE BEWEGLICHE HABE SIND NACH SALAMIS ZU VERBRINGEN. DIE SCHÄTZE UND DIE PRIESTERINNEN VERBLEIBEN AUF DER AKROPOLIS, UM DAS EIGENTUM DER GÖTTER ZU SCHÜTZEN.

ALLE ANDEREN ATHENER UND FREMDE IM WEHRTÜCHTIGEN ALTER HABEN SICH AUF EINES DER 200 WARTENDEN SCHIFFE ZU BEGEBEN, UM GEGEN DIE BARBAREN – UM IHRER UND DER FREIHEIT ALLER GRIECHEN WILLEN – GEMEINSAM MIT DEN LAKEDÄMONIERN, KORINTHERN, ÄGINETEN UND ALLEN DENJENIGEN, WELCHE DIE GEFAHR TEILEN WOLLEN, ZU KÄMPFEN.

SOBALD DIE BEMANNUNG DER SCHIFFE VOLLENDET IST, HABEN SICH IHRER HUNDERT BEI ARTEMISION IN EUBOIA DEM FEIND ZU STELLEN, WÄHREND DIE ANDEREN HUNDERT NAHE VON SALAMIS UND DEM ÜBRIGEN ATTIKA VOR ANKER ZU GEHEN UND DAS LAND ZU BEWACHEN HABEN.

AUF DASS ALLE ATHENER IN DER VERTEIDIGUNG GEGEN DIE BARBAREN VEREINT SEIEN, HABEN DIEJENIGEN, WELCHE FÜR ZEHN JAHRE INS EXIL GESCHICKT WURDEN, NACH SALAMIS ZU GEHEN UND DORT ZU VERBLEIBEN, BIS DIE VERSAMMLUNG ÜBER SIE BESCHLOSSEN HAT.

Hannibals Ende

Hannibal a Romanis apud Zamam victus Hadrumetum fugit
ibique novum proelium paravit.
Sed interea[1] Carthaginienses cum Romanis pacem[2] fecerunt.
At paulo post Hannibal a civibus re-vocatur
eique iterum imperium exercitus committitur;
immo cives eum regem faciunt!
Quae res Romanis non placuit.
Qua de causa nuntios Carthaginem miserunt.
Hannibal autem illos procul cernens secum cogitabat:
„Quam ob rem illi homines veniunt? Quid in animo habent?
Certe me hostibus tradi poscent.
At cur dubito? *Numquám períclum[3] síne períclo[3] víncitúr!*“
Itaque navem clam[4] ascendit[5]
et in Syriam ad regem Antiochum fugit.
Sed post multa pericula superata Hannibal in patriam redire
regnumque recuperare[6] studebat.
Cives autem eum punire[7] volebant.
Itaque ille ad regem Prusiam in Pontum fugit
et cum eo bellum contra Romanos paravit.
Etiam alios reges ad bellum incitare studebat,
sed eis non persuasit.
Romani autem, postquam illum apud Prusiam esse cognoverunt,
nuntios ad regem miserunt et illum tradi poposcerunt.
Sed rex respondit: „Hannibal hospes meus est;
qua de causa eum vobis non tradam.
Tamen eum facile invenietis.“
Ac profecto Romani eum cito in castello[8] haud procul sito invenerunt.
Hannibal autem multitudinem armatorum[9] ante castellum[8] conspiciens statim intellexit eos esse milites ac finem vitae suae adesse.
Tum secum cogitavit:
„Ego numquam in manus adversariorum cadam.
Me illis eripiam. Vir magni animi numquam hostibus tradetur.
Vita mea cum dignitate finietur.“
Deinde venenum[10], quod semper secum habere solebat, sumpsit.
Sic ille vir fortis metum mortis neglegens
anno aetatis suae septuagesimo[11] procul a patria vita decessit.

1) **intereā:** inzwischen
2) **pāx, pācis** f: Frieden
3) **perīclum** ~ perīculum
4) **clam:** heimlich
5) **ascendere** (hier): besteigen
6) **recuperāre:** wiedergewinnen
7) **pūnīre:** bestrafen
8) **castellum, -ī** n: Kastell
9) **armāre:** bewaffnen
10) **venēnum, -ī** n: Gift
11) **septuāgēsimus, -a, -um:** der siebzigste

secessio plebis – Die Plebejer streiken für Gleichberechtigung

1 Die erste *secessio plebis*

Nach Beendigung der Königsherrschaft übernahmen die Patrizier in Rom die Macht. Der Großteil der freien Bürger (Plebejer) aber, ob reich oder arm, besaß keine politischen Rechte. Ungerechte Verteilung des Besitzes, ständige Kriege sowie die Verweigerung politischer Macht erregten bei den Plebejern Unmut. Geschlossen zogen sie aus Protest auf den „heiligen" Berg außerhalb der Stadt (*secessio plebis* „Weggang/Auswanderung des Volkes"). Da Rom aber gerade wieder Krieg drohte und die Patrizier auf die militärische Hilfe der Plebejer angewiesen waren, schickten sie – so erzählt Livius – Menenius Agrippa zu den Aufständischen. Dieser soll folgende Geschichte erzählt haben:
„Zu der Zeit, als beim Menschen die Körperteile noch nicht wie heute harmonisch zusammenarbeiteten, ärgerten sich die Gliedmaßen über den Magen. Sie warfen ihm vor, er liege faul in ihrer Mitte und verschlinge nur das, was ihm die anderen lieferten, während sich Füße und Hände abrackerten. Sie beschlossen zu streiken. Als der Magen keine Nahrung mehr erhielt, wurde der ganze Körper schwach. Da wurde den Körperteilen klar, dass der Körper nur durch das harmonische Zusammenspiel aller gut funktionieren kann."
Agrippa hatte mit seiner Fabel Erfolg, die Plebejer kehrten nach Rom zurück.

Was wollte Agrippa mit seiner Geschichte den Plebejern klarmachen? Inwiefern hat euch die Geschichte überzeugt? Findet ihr auch Gegenargumente?

2 Warum streikten die Plebejer?

Im Laufe weiterer Auseinandersetzungen, der sog. Ständekämpfe, streikten die Plebejer mehrmals, um ihren Forderungen Nachdruck zu verleihen. Folgendes hätte man auf diesen Demonstrationen vermutlich hören oder lesen können:

3 Was brachte die *secessio*?

Damit die Plebejer nach Rom zurückkehrten, machten die Patrizier Zugeständnisse. Die Gleichberechtigung aber wurde erst im Laufe der andauernden Auseinandersetzungen erreicht.
Wichtige Etappen zwischen dem 5. und 3. Jh. v. Chr. waren:

Das **Eheverbot** zwischen Patriziern und Plebejern **wird aufgehoben.**

Die Plebejer richten eine **eigene Volksversammlung** und das **Volkstribunat** zur Durchsetzung ihrer Interessen ein.

Niemand darf wegen seiner Schulden **versklavt** werden.

Concordia-Tempel: Symbol der Eintracht der römischen Bürger.

Zwölftafelgesetze
Das Recht wird aufgezeichnet und damit für alle kontrollierbar.

Die Plebejer haben **Zugang zu allen politischen Ämtern.**

Plebejer können **Konsul** werden.

4 *cursus honorum* – die Ämterlaufbahn

Seit Ende der Ständekämpfe durchlief ein Politiker die Ämter meist in einer festen Abfolge: dem *cursus honorum.* Dabei wurden die einzelnen Ämter mindestens doppelt besetzt (Kollegialität). Zudem wurde jährlich gewählt (Annuität). Eine Person durfte nie mehrere Ämter zugleich bekleiden und musste je nach Amt ein Mindestalter haben.

a Außerhalb des *cursus honorum* gab es weitere Ämter (Zensor, Diktator). Informiert euch über deren Funktion und gestaltet ein Wandplakat, auf dem alle Ämter zu finden sind.
b Weshalb legten die Römer auf Kollegialität und Annuität großen Wert?

quaestores: Finanzverwaltung.	**aediles:** Polizei, Organisation der öffentlichen Spiele und der Getreideversorgung.	**praetores:** Vertretung der Konsuln, Rechtsprechung.	**consules:** Staatsleitung, Heerführung, Vorsitz im Senat.

Über folgende Begriffe, Themen und Sprüche weißt du nun Bescheid:

- ▶ res publica libera (*cursus honorum, tribuni plebis*), SPQR
- ▶ Punische Kriege, Hannibal
- ▶ Pyrrhus-Sieg
- ▶ Perser, Marathon, Kroisos

Hannibal ante portas! Vae victis!

Lektion 1–25

1 als – weil – obwohl

Übersetze das Partizip jeweils mit einem Gliedsatz.
1. Urbs Troia capta diu ardebat. 2. Amore commotus Aeneas Didonem reliquit.
3. A deis coacti Troiani fugae se dederunt.

2

EUROPA
a Iove abducta
nomen suum
continenti[1] nostro
dedit.

Finde die beste Übersetzung.

3 Aus eins mach zwei!

Bilde jeweils zwei Sätze und übersetze.

▶ Urbem petitam defendimus.
→ Urbs petita est; eam defendimus.

1. Monumentum perfectum spectabimus.
2. Laboribus actis omnes gaudent. 3. Quis homini periculis oppresso auxilium non dat?

4a Führe alle Partizipien auf den Infinitiv Präsens zurück und übersetze sie.

factum – incitati – offensus – data – liberati – iuratum – iussum – mota – superati – incensus

b Setze aus den vorgegebenen Partizipien die passenden ein. Das Lösungswort ist der Name einer Göttin, die für die Troianer gefährlich war.

?	?	?	e	?	a	t	i
i	?	?	?	u	m		
?	?	?	e	n	?	?	s
?	?	t	a				

Lektion 1–26

5 Ordnung im Passiv!

Zeichne eine Tabelle, ordne die Passivformen nach Präsens, Imperfekt und Futur ein und übersetze sie.

cogeris – ponebamur – appellor – afficieris – rapiebaris – ducetur – fallimur – amabamini – audiar – tanguntur – finimini – timebantur – capiemur – pellentur – custodiebar – movetur – terrebimini – tenebatur

6 Wo steckt der Infinitiv Präsens Passiv?

duc-
ven-
amor-
miss-
reg-
ib-
cap-
amar-
capt-
mitt-

Finde und übersetze alle Infinitiv-Präsens-Passiv-Formen.

Bestimme die anderen Formen und stelle fest, wo es zwei mögliche Lösungen gibt.

7 Warum kombiniert Krösus falsch?

1. A Croeso, rege Lydorum, oraculum Delphicum consulitur. 2. „Quis post bellum contra[1] Persas factum victor appellabitur?" 3. Respondetur a Pythia: „Croese, si Halyn transieris, magnum regnum opprimetur." 4. Croesus secum cogitat: „Hoc oraculo ad bellum incitor." 5. Itaque pugnat cum Persis; sed mox regno suo privatur.

1) **contrā** (*m. Akk.*): gegen

8 Heilige Gänse

Ab anseribus[1], qui in Capitolio alebantur[2] neque necabantur, quod Iunonis sacri habebantur, Roma servata est.

1) **ānser, -eris** m: Gans
2) **alere:** ernähren

Lektion 1–27

9 Führe die Formen auf den Nominativ Singular zurück. Bestimme und übersetze sie.

puerum – iterum – furum – marium – proelium – rerum – mortuum – metum – forum – exercitum – aequum – impetum – nondum – exercituum – equum – tum

Welche Formen passen nicht in die Reihe?

10 DIES ATER[1]

Romanorum exercitus impetum Gallorum ad Alliam non sustinuerat et cladem gravem acceperat. Ita cives Romae summo metu affecti mortem exspectabant. Urbs tum quidem feliciter servata est. Sed ille „dies ater[1]" a Romanis semper memoria tenebatur[2].

1) **āter, -tra, -trum:** schwarz
2) **memoriā tenēre:** im Gedächtnis behalten

11 Welchen besonderen Sinn hat hier das Demonstrativ-Pronomen *ille*? Übersetze.

Goldmünze 1. Jh. v. Chr.

1. Socrates, *ille* philosophus[1] Graecorum ...
2. Alexander, *ille* imperator terrarum ...
3. Iuppiter, *ille* custos[1] deorum atque hominum ...
4. Hercules, *ille* vir magna vi corporis ...

1) **custōs, -ōdis** (< custōdīre) m: Wächter

12 Diese und jene

Ein Römer vergleicht seine Landsleute mit den Germanen:

1. Hi civitatem iure et imperio regunt, illi magna cum libertate vivunt. 2. Horum mores ab omnibus egregii appellantur, illorum audacia ab omnibus timetur. 3. His humanitas, illis furor est. 4. Hos dei dominos terrarum fecerunt, illos ceterae gentes horrent.

Lektion 1–28

13 Welche Verbindungen sind möglich? Übersetze die Partizipien.

e-	d-	tang-	ag-	-a-ntes
ru-	st-	sc-	fug-	-e-ntes
voc-	vid-	fin-		-ie-ntes
rap-	fall-	aud-		-u-ntes

14 Roms Retter?

Füge aus dem Kasten die passenden Partizipien ein.

ponens – pervenientes – clamantes – im-pellens – rapiens – petentes – timentes – audientem – euntes

1. Galli in summum arcis ? a canibus non animadvertebantur. 2. Anseres[1] autem ? Manlium excitaverunt. 3. Is arma ? et ceteros milites ad pugnam ? in hostem ruit. 4. Milites periculum mortis ? tamen in Gallos arcem ? properaverunt eosque superaverunt.

1) **ānser, -eris** m: Gans

Die markierten Buchstaben ergeben in der Reihenfolge der Sätze gelesen das Verhalten der von Manlius zum Kampf angespornten Soldaten.

15 Hannibal vor Rom

Sein General Adherbal stellt Fragen:

1. „Qua re, Hannibal, urbem expugnare non temptas? 2. Quo timore a capite Romanorum arceris? 3. Quae moenia tibi resistere possunt? 4. Quibus rebus commotus aspicis, sed non oppugnas Romam?"

Vom Volkshelden zum Staatsfeind

Coriolan vor den Mauern Roms (1750/53), Giovanni Battista Tiepolo (1696–1770), Martin-v.-Wagner-Museum, Würzburg.

Am Beispiel Hannibals zeigt sich, wie stark ein Sohn von seinem Vater beeinflusst werden kann. Ebenso wird in einer anderen Geschichte der Einfluss einer Mutter auf ihren Sohn deutlich. Veturia und Coriolan waren für die Römer das schlagende Beispiel dafür: Als sich Rom von den Volskern bedroht sah, griffen die Römer deren Stadt Corioli an. Gaius Marcius, ein junger Patrizier, eroberte die Stadt schnell. Zur Erinnerung an seine Heldentat bekam er den Beinamen „Coriolanus". Als in Rom eine Hungersnot ausbrach, machte Coriolan den Vorschlag, das aus dem Ausland gesandte Getreide nur unter der Bedingung an die Plebs abzugeben, dass sie wieder auf das Volkstribunat verzichtete. Darüber war die Plebs wütend. Die Patrizier, die einen bewaffneten Aufstand fürchteten, verbannten Coriolan.

Der ? ? AKTIV

Ordne den lateinischen Sätzen der Reihe nach die Übersetzung der Gliedsätze zu. Die umrandeten Buchstaben lösen die Fragezeichen in der Überschrift auf.

Hannibal spricht zu seinen Soldaten:

Omnes sciunt, quid de Romanis cogit-e-m.	, **dass** Karthago siegt. KTI
Pugnate, ne Romani patriam capi-a-nt!	, **was** ich über die Römer denke. KON
Orate deos, ut Carthago vinc-a-t!	, **dass** ihr Italien angreift. ENS
In Italiam ibimus, ut vim Romanorum fini-a-mus.	, **dass** die Römer uns fürchten. AES
Tam fortes sumus, ut Romani nos time-a-nt.	, **damit** die Römer die Heimat nicht erobern. JUN
Impero, ut Italiam oppugn-e-tis.	, **damit** wir die Gewalt der Römer beenden. VPR

a Beschreibe, wie die neuen Verbformen in den *fünf Konjugationen* aufgebaut sind. Woher kennst du ihre Person-Zeichen? Wie werden sie in den Gliedsätzen übersetzt?
b Um welche Art von Gliedsätzen handelt es sich?

Die Macht einer Mutter

Coriolan war zu den benachbarten Volskern ins Exil gegangen, von wo aus er einen Krieg gegen Rom organisierte. Schon war er mit seinen Truppen vor der Stadt aufmarschiert. Fest entschlossen, sich an Rom zu rächen, hatte er zwei römische Gesandtschaften abgewiesen. Der Krieg schien unvermeidbar.

Tum matronae ad Veturiam, matrem Coriolani,
et ad Volumniam uxorem frequentes convenerunt.
Una ex eis dixit:
„Quoniam viri urbem armis defendere non possunt,
nos Coriolanum adibimus, ut eum ab urbe arceamus.
Vos oramus atque obsecramus, ne nobis auxilium negetis.
Omnis spes in vobis est.
Vos solae et filium et maritum movebitis, ut se armis abstineat.
Adiungite vos ad nos!
Venite nobiscum, ut furorem Coriolani a pernicie civitatis avertamus!“
Neque Veturia neque Volumnia negavit.
Brevi ingens mulierum agmen ad castra Coriolani venit.
Qui neque precibus earum neque lacrimis de consilio suo deductus est.
Subito unus e familiaribus: „Nisi fallor“, inquit, „mater, coniunx, liberi adsunt.“
Coriolanus consternatus[1] de sede sua exsiluit[2] matrique complexum ferebat[3].
Quae vehementer irata: „Priusquam complexum[3] tuum accipio“, inquit, „fac, ut sciam,
utrum ante hostem stem an ante filium,
utrum in castris tuis captiva an mater sim.
Cur senectutem meam infelicem reddidisti?
Cur tam durus es, ut hanc terram, quae te genuit atque aluit, vastes?
Nonne, cum Roma in conspectu fuit, tibi succurrit[4]
‚Intra illa moenia domus ac penates[5] mei sunt, mater, coniunx liberique‘?
Si pergis, filios tuos aut immatura[6] mors aut longa servitus manet.“
Denique verba matris, complexus[3] uxoris ac liberorum, fletus[7] mulierum
animum Coriolani fregerunt.

1) **cōnsternātus, -a, -um:** entsetzt 2) **exsilīre** (*Perf.* **exsiluī**): aufspringen
3) **complexus, -ūs** m: Umarmung/**complexum ferre** (*m. Dat.*): (*jmdn.*) umarmen wollen
4) **succurrere:** einfallen, in den Sinn kommen 5) **penātēs, -tium** m: Penaten
6) **immātūrus, -a, -um:** vorzeitig, zu früh 7) **flētus, -ūs** m: Weinen, Schluchzen

- Bestimme den inhaltlichen Schwerpunkt der Z. 1–10. Suche Wörter und Wendungen heraus, die diesen Schwerpunkt belegen.
- Wie gelingt es Veturia, Coriolan umzustimmen?

1 Scrabble

Suche alle Konjunktivformen heraus. Setze aus ihren zweiten Buchstaben Einleitungen für Gliedsätze zusammen, die den Konjunktiv erfordern. Übersetze die restlichen Formen.

stet – statuet – intras – intres – incipit – incipiet – incipiat – restant – ruant – stat – putent – putant – putabant – pones – imponant – imponunt – petes – petas – petis

2 Akkusativ oder Konjunktiv ...

Führe auf die Lernform zurück.

fugiam/fugam – curram/curam – vitam/vitem – liberam/liberem – ducas/duces – sumas/summas

... oder sogar beides?

vocem – iudices – labores – salutem

3 Ein guter Lateiner SEIN WOLLEN

Ordne den Formen von *esse* der Reihe nach die entsprechenden von *velle* zu. Welche Personen unseres Buches haben etwas mit dem Lösungswort zu tun?

ero – sis – sunt – sim – erit – es
velis (f) – volunt (r) – vis (a) – velim (i) – volam (a) – volet (c)

4 Mama ante portas!

a Füge *ut*, *ne* oder *ut non* ein und setze die Infinitive in die passende Form des Konjunktiv Präsens.

1. Veturia: „Te obsecramus, Coriolane, ? Romam armis (petere). 2. Quis tam durus esse potest, ? patriam suam (opprimere)? 3. Venimus, ? perniciem (avertere) ab urbe. 4. Uxor tua, liberi tui tam infelices sunt, ? lacrimas iam tenere (posse). 5. Cura, ? Volsci libertate nos (privare)! 6. Fac, ? Roma tuta (esse)!“

b Übersetze deine Sätze.

5 Sag, Coriolan!

Bilde sinnvolle Sätze und übersetze sie.

Dic, Coriolane,	utrum	patria tua sit.
	num	senectutem matris infelicem reddas.
	cur	ante hostem an filium meum stem.
	quae	uxor liberique tui te moveant.

6 Subjunktionen

Wähle aus, setze ein und übersetze.

cum – priusquam – postquam – quoniam – quamquam – dum – ubi

1. Apud Volscos bellum parabatur, ? agmen mulierum castra accessit. 2. Coriolanus, ? matrem cognovit, cito ei occurrit. 3. Veturia autem, ? complexum (→ 29 L) filii accepit, rogavit: „Esne filius meus, ? ut hostis nobiscum agis?“ 4. Tum Coriolanus, ? Volscis fidem dederat, Romam non petivit.

Ein mutiges Mädchen

1. Post multas pugnas Romani cum Etruscis tandem pacem[1] faciunt. 2. Etrusci poscunt: „Date nobis obsides[2], ut pax[1] inter nos firma[3] sit.“ 3. Ita Cloelia cum aliis puellis Porsennae, regi Etruscorum, traditur. 4. Cloelia autem cogitat: „Adhuc nescio, utrum hic maneam an fugiam.“ 5. Sed brevi consilium capit, ut cum aliis puellis fugiat. 6. In equos ascendunt, ut domum redeant, et cum equis per Tiberim natant[4]. 7. Statim rex Porsenna a Romanis postulat, ut puellae reddantur. 8. Et profecto Romani puellas reddunt, ut pacem[1] servent. 9. Magnus autem animus Cloeliae Porsennam ita movet, ut virginem et ceteras puellas Romanis reddat. 10. Romani autem in honorem virginis fortis statuam[5] fecerunt.

1) **pāx, pācis** f: Frieden 2) **obses, óbsidis** m/f: Geisel 3) **firmus, -a, -um:** fest, sicher 4) **natāre:** schwimmen 5) **statua, -ae** f: Statue

Reformen für das Volk – Das Scheitern zweier Brüder

Eine der berühmtesten Frauen der römischen Antike ist **Cornelia**, die Mutter der sog. **Gracchen**. Das schrieb sie an ihren Sohn Gaius:

Du sagst, du willst Rache haben für den schrecklichen Tod deines Bruders? Das darfst du nicht tun, denn der Staat könnte darunter leiden.
Bedenke doch, dass mir nur noch eine kleine Spanne Zeit zum Leben übrig bleibt. Kann nicht einmal dies dich daran hindern, den Staat zu zerstören? Wann wird unsere Familie endlich aufhören, sich selbst und andere in Schwierigkeiten zu bringen? Wenn du dich nicht davon abhalten lässt, dann warte mit deiner Bewerbung um das Volkstribunat wenigstens, bis ich tot bin. Dann, wenn ich nichts mehr von all dem merke, kannst du machen, was du willst.

Was war geschehen?

Nach den Kämpfen gegen die Punier und in Griechenland im 2. Jh. v. Chr. hatten sich die sozialen Gegensätze verschärft: Die Bauern verarmten, weil sie wegen des Militärdienstes lange von zu Hause weg waren und ihre Felder nicht bestellen konnten. Viele mussten ihr Land an reiche Politiker verkaufen und zogen nach Rom, um dort als Tagelöhner zu überleben.
Diese Situation beunruhigte einige Politiker, die sich für die Interessen des Volkes einsetzten und deshalb **Popularen** genannt wurden. Einer von ihnen war Tiberius Gracchus, der ältere Bruder des Gaius. Er war im Jahr 133 v. Chr. Volkstribun und schlug ein Gesetz vor, dass jeder nur ein bestimmtes Höchstmaß an Ackerland besitzen darf.

Die Curia Iulia, der Versammlungsort des Senats, auf dem Forum Romanum.

Römische Frau mit ihren Söhnen, vielleicht Cornelia mit Tiberius und Gaius Gracchus (30/20 v. Chr.), Galleria Borghese, Rom.

Damit waren die meisten Senatoren nicht einverstanden, denn die **Optimaten**, wörtlich „die Besten", wollten von ihrem Besitz nichts abgeben. Daraufhin versuchte Tiberius, sein Ziel auch mit nicht legalen Mitteln zu erreichen.
Wie dies für Tiberius endete, geht aus Cornelias Brief hervor.

Informiere dich über das weitere Schicksal des jüngeren Bruders Gaius. Schreibe an seiner Stelle einen Antwortbrief an die Mutter.

Putschversuch in Rom

L. Sergius Catilina – 108 v. Chr. geboren – stammte aus einer verarmten Patrizierfamilie. Um politischen Einfluss zu erlangen, schreckte er weder vor Erpressung noch vor Bestechung zurück. Er wurde Prätor und Statthalter in der Provinz Africa, wo er sich skrupellos bereicherte. Zweimal bewarb er sich vergeblich um das Konsulat. Darauf beschloss er, die Macht gewaltsam an sich zu reißen. 63 v. Chr. gelangten erste Gerüchte zum Senat, dass sich in Etrurien Scharen von Umstürzlern sammelten, die ein Anhänger Catilinas anführe. Kurz darauf sollte der Konsul Cicero ermordet werden, aber er entkam dem Attentat, da er durch einen Informanten aus dem Verschwörerkreis rechtzeitig gewarnt worden war. Sofort berief Cicero den Senat ein.

Catilina vor dem Senat (1882/88), Fresko von Cesare Maccari, Palazzo Madama, Rom.

CORIOLAN und VETURIA

INDIKATIV und KONJUNKTIV

Veturia: Cur patria a filio meo **relicta est**? *Coriolanus:* Tibi dicam, *cur* relicta sit. Quid tribuni plebis **fecerunt**? Omnes sciunt, *quid* fec-erint. *Veturia:* Et tu, Coriolane, quid plebi **dixisti**? Num negas, *quid* dix-eris? *Coriolanus:* Romam **reliqui** et tu, mater, scis, *cur* patriam reliqu-erim. *Veturia:* Cur autem bellum a te **paratur**? *Coriolanus:* Civis Romanus non iam sum, sed dux Volscorum, qui postulant, *ut* bellum par-e-tur. *Veturia:* Iam exercitus Volscorum Romam **ducuntur**. Visne, *ut* liberi tui ab hostibus in servitutem abduc-a-ntur?

a Sortiere alle **Indikativ**-Formen nach Tempora und stelle ihnen den zugehörigen Konjunktiv gegenüber.
b Formuliere drei Regeln, wie die Konjunktive jeweils gebildet werden, und nenne die restlichen Formen im Konjugationsschema.
c Übersetze den Text. Wie wird der Konjunktiv wiedergegeben?

Wie lange noch, Catilina?

In dieser Senatssitzung, an der überraschend auch Catilina teilnahm, wandte sich Cicero in höchster Erregung an die Versammelten.

In qua urbe vivimus, patres conscripti[1]? Quam civitatem habemus? In Etruria contra populum Romanum castra collocata sunt, quorum imperator – quanta audacia! – paulo ante in senatum venit. Quaeritisne, quis sit, quod scelus in animo volvat? Iste est princeps coniurationis, cottidie de nostro interitu, de pernicie huius urbis cogitat. Nonne sentis, Catilina, consilia tua patere? Num credis me ignorare, quid proxima nocte egeris, ubi fueris, quos viros convocaveris, quae consilia inita sint? Tu interrogas, qua ratione haec omnia compererim. Ego et audio et video et sentio, quid a te tuisque cogitetur, quid agatur, cum nihil meam diligentiam fugiat. Neque ignoro, quare in domum M. Laecae multa nocte conveneritis: Iussisti tuos urbem incendio delere, iussisti tuos me in meo lecto paulo ante lucem interficere. Num negare audes? Id agam, ut hostis iudiceris[2], neque quiescam. Iam habeo in te, Catilina, grave senatus consultum. Sed cum concedatur, ut supplicio afficiaris, tamen te interfici non iubebo. Hoc tantum a te postulo: Abi, discede, relinque urbem! Romae te nihil iam delectabit, cum multis praesidiis meis obsidearis. Multorum oculi et aures te semper et ubique custodient. Te undique[3] omnes circumvenerunt. Quousque tandem[4] praesentia tua iram nostram incendes?

1) **patrēs cōnscrīptī:** (*Anrede für die*) Senatoren 2) **hostem iūdicāre** (*m. Akk.*): (*jmdn.*) zum Staatsfeind erklären 3) **undique:** von allen Seiten 4) **quousque tandem:** wie lange eigentlich noch

- Beschreibe, wodurch die Aufregung Ciceros in seiner Rede zum Ausdruck kommt.
- Welche Wirkung auf die anwesenden Senatoren beabsichtigt Cicero?

1 Vom einen in den anderen Modus

Lege eine Tabelle Indikativ – Konjunktiv an, trage die folgenden Formen ein und ergänze die jeweils entsprechenden.

cogitur – defensus es – irridemus – habuimus – moniti estis – neglegunt – pulsae sunt – dimisi – reddit – vastatum est – mitto – laboratis – oppugnaverunt – invitaris – imus – duxistis – intellegit – commotus sum – ii

2 Verhör-Protokoll

Mache die direkten Fragen abhängig, indem du ein Protokoll verfasst.

► Iudex reum rogat, ubi fuerit, . . .

Iudex reum rogat: 1. Ubi fuisti? 2. Quem convenisti? 3. Quis a te interfectus est? 4. Qui cives a te sociisque tuis petiti sunt? 5. Quae scelera a vobis commissa sunt? 6. Quando domum reliquisti? 7. Cur nunc taces? 8. Cur ab amicis non defenderis? 9. Quid negas? 10. Ubi est patronus tuus? 11. A quo causa tua agitur?

3 Cicero macht Witze.

a *Als er seinen nicht besonders groß gewachsenen Schwiegersohn sah, der ein langes Schwert umgebunden hatte:*
„Quis generum[1] meum ad gladium alligavit[2]?“

b *Als eine Frau bei der Angabe ihres Alters sich ein bisschen jünger machen wollte und 30 Jahre angab:*
„Verum est, nam hoc viginti[3] annos audio.“

1) **gener, generī** m: Schwiegersohn
2) **alligāre:** binden 3) **vīgintī:** zwanzig

4 Cicero = ? Kein Witz!

Was bedeutet der Name „Cicero“ wörtlich übersetzt? Löse das Rätsel.

5 Was nun, Konsul?

Was macht Cicero, nachdem diese Geheimbotschaft entdeckt worden ist? Entschlüssele den Code: Welche Buchstaben haben die Verschwörer immer weggelassen? Übersetze.

```
NCSSSTNSCNSVLMTLLRPAVLANT
LVCMVMINTRFICIMVS
```

6 Verb-Lücken

Übertrage die Tabelle in dein Heft und ergänze die fehlenden Formen.

?	?	fecisse	?
?	imperabam	?	?
?	?	?	rexeram
vincere	?	?	?
?	volebam	?	?
esse	?	?	?
?	?	?	audiveram
?	?	potuisse	?

Cicero als Schriftsteller

1. Cicero non tantum magnus orator et consul fuit, sed etiam multos libros[1] scripsit de multis rebus. 2. Praeter libros[1] etiam tot epistulae Ciceronis traditae sunt, ut ex iis multae res aetatis eius adhuc cognosci possint. 3. In rebus adversis Cicero epistulas ad uxorem mittit, ut ei amorem et timorem suum ostendat. 4. Etiam ad Atticum amicum ita scribit, ut ab illo omnes curae cognoscantur. 5. In epistulis amico narrat, ubi fuerit, quid fecerit, quid ante actum sit, quid exspectet, quid timeat. 6. Optat[2] enim, ut ab Attico omnia intellegantur. 7. Ille autem id agit, ut Ciceroni suo consilia utilia det. 8. Omnes epistulae, quas Cicero ad Atticum scripsit, ab his verbis incipiunt: CICERO ATTICO S. D., id est Cicero Attico salutem dicit.

1) **liber, -brī** m: Buch 2) **optāre:** wünschen

Marcus Tullius Cicero – „Wer war Cicero?“

Im antiken Rom hätte man vielleicht folgende Antworten erhalten:

„Das war doch dieser berühmte Anwalt. Ich erinnere mich noch genau, wie er vor Gericht den berüchtigten Verbrecher Verres angeklagt hat. Einzigartig seine Redekunst! Und natürlich hat er den Prozess gewonnen. Dann wechselte er in die Politik, und das, obwohl er aus keiner Politikerfamilie stammte: ein echter *homo novus*.“

„Der wurde 43 v. Chr. grausam ermordet. Nach Cäsars Ermordung wollte M. Antonius die Alleinherrschaft und ließ viele römische Bürger auf eine schwarze Liste setzen, darunter auch Cicero. Dieser hatte nämlich gegen Antonius seine enorme Redekunst als Waffe eingesetzt und Antonius in aller Öffentlichkeit mit heftigen Worten angegriffen. Als Cicero gefasst wurde, schlug man ihm Kopf und Hände ab und befestigte sie zur Abschreckung an der Rednerbühne auf dem Forum.“

„Der war doch 63 v. Chr. mit 43 Jahren Konsul. Dabei wäre er um ein Haar von Catilina umgebracht worden, der sich ebenfalls für dieses Amt beworben hatte.“

„Ließ der nicht, als die Verschwörung Catilinas aufgedeckt worden war, Mitglieder der Verschwörung hinrichten? Dabei hätte er ihnen als römischen Bürgern die Möglichkeit geben müssen, bei der Volksversammlung Berufung einzulegen. Zur Strafe musste er eine Zeit lang ins Exil.“

„Das ist doch der, der so viele Bücher geschrieben hat. Manch einer behauptet, er habe das alles von den Griechen abgeschrieben. Aber auch das wäre schon beachtlich, so viel Philosophie und dann das Ganze auch noch ins Lateinische zu übersetzen.“

„Oh, der war ein großer Anhänger der *res publica libera*. Er wollte keinen Alleinherrscher in Rom. Deshalb legte er sich mit vielen Politikern an, sogar mit Cäsar und Marcus Antonius, die die Macht im Staat an sich reißen wollten.“

a Erstellt einen Lebenslauf, indem ihr die Angaben sinnvoll anordnet.
b Wählt euch zudem jeweils einen Abschnitt aus und informiert euch darüber näher. Stellt euch gegenseitig eure Ergebnisse vor.
c Warum wurden gerade Ciceros Kopf und Hände auf der Rednerbühne ausgestellt? Betrachtet auch die abgebildete Cicero-Statue.

Cäsar und Kleopatra

Kleopatra VII. bestieg 51 v. Chr. mit 18 Jahren den ägyptischen Thron. Da eine Frau nicht allein regieren konnte, musste sie ihren bedeutend jüngeren Bruder Ptolemäus XIII. heiraten. Doch nach drei Jahren wurde sie von dessen Erziehern entmachtet und vertrieben. Cäsar, der einerseits Unruhen im Osten vermeiden, andererseits Schulden des Vaters der beiden eintreiben wollte, versuchte zu vermitteln. Zum Schein stimmte Ptolemäus einem Versöhnungstreffen zu. Tatsächlich aber sollte Cäsar umgebracht werden. Dieser war allerdings durch den Tod des Pompejus gewarnt, der nach seiner Niederlage im Bürgerkrieg vor ihm nach Alexandria geflüchtet und dort heimtückisch getötet worden war. Deshalb ließ Cäsar den Königspalast, in dem er wohnte, streng bewachen.

Cäsar und Kleopatra, Szenenfoto aus dem Film „Julius Caesar", 2002.

QUOUSQUE TANDEM, KONJUNKTIV?

Erinnerst du dich noch an Ciceros Rede gegen Catilina? Hier ist ein kleiner Auszug.

Übersetze.

„Non ignoro, Catilina, quid **egeris**, ubi **fueris**, quos viros **convocaveris**. Id unum ago, ut Roma tuta **sit**, ut tu hostis **iudiceris**. Postulo, ut ex urbe **decedas**, cum coniuratio **aperta sit**."

Cicero blickt zurück ...

Non ignorabam, quid Catilina eg-isse-t, ubi fu-isse-t, quos viros convocav-isse-t. Id unum egi, ut Roma tuta es-se-t, ut Catilina hostis iudicare-tur. Postulavi, ut ex urbe decede-re-t, cum coniuratio aperta es-se-t.

... und du denkst eine Zeitstufe zurück.

a Vergleiche die beiden Texte und bestimme die Konjunktive in Ciceros Rückblick. Wie werden sie gebildet? Welche Modus-Zeichen erkennst du?

b Vergleiche die Prädikate der Hauptsätze in beiden Texten. Was stellst du fest?

Überraschung

Kleopatra wollte Cäsar unbedingt für sich gewinnen; denn sie hatte erkannt, dass sie nur mit seiner Hilfe wieder an die Macht kommen konnte. Doch wie sollte sie nach Alexandria, geschweige denn in den Palast gelangen?

Caesar adventum Cleopatrae exspectabat, de qua tam mira audiverat. Imperaverat quidem custodibus, ut adventum eius protinus nuntiarent, sed dubitabat, num regina omnino in regiam[1] pervenire posset. Sciebat enim, quanto studio amici Ptolemaei omnes aditus ad regiam[1] clausissent. Incertum autem erat, quid illi suscepissent, ut Cleopatra prohiberetur regiam[1] occulte intrare. Dum talia deliberat, unus e familiaribus accessit dicens: „Audi, Caesar! Haud procul a regia[1] vir e navicula[2] exiens comprehensus est. Magnum onus stragulo[3] involutum[4] portabat. Affirmat se donum Cleopatrae apportare. Quid …?“ Protinus Caesar: „Adduc eum!“ Brevi vir oblongam quandam[5] rem umero portans adductus est. Sine mora onus ante Caesarem deposuit. Tum: „Accipe, Caesar, donum a Cleopatra missum!“ Statim Caesar id revelari[6] iussit. Quam obstupuit[7], cum repente mulierem e stragulo[3] surgentem vidit! Haec eum oculis ardentibus aspiciens clara voce dixit: „Ave, Caesar! Ego sum Cleopatra, regina Aegypti.“ Cum mulier egregia forma esset et margaritis[8] auroque fulgeret[9], Caesarem tanta admiratio incessit, ut diu taceret. Omnibus circumstantibus apparebat, quantopere imperator animo perturbatus esset. Tandem Cleopatra silentium blanda voce rupit: „Veni, ut iussisti; faciam, quod a me petiveris. Sed prius dic mihi: Quid de Aegypto facies?“ Tum Caesar libidine mulieris accensus: „Faciam“, inquit, „quod vis, Cleopatra.“ Haec autem: „Fac, ut sola Aegyptum regam!“

1) **rēgia, -ae** f: Palast 2) **nāvicula, -ae** f: kleines Schiff, Kahn
3) **strāgulum, -ī** n: Decke (*wird – ähnlich einem Laken – aufs Bett gelegt*) 4) **involvere** (*PPP* **involūtum**): einwickeln
5) **oblongam quandam:** ein(e) nicht zu erkennende(s) längliche(s) … 6) **revēlāre:** auswickeln, enthüllen
7) **obstupēscere** (*Perf.* **obstupuī**): staunen, ins Staunen geraten 8) **margarīta, -ae** f: Perle 9) **fulgēre:** glänzen, funkeln

- Gliedere den Text in Sinnabschnitte und fasse sie kurz zusammen. Achte bei der Gliederung auf die handelnden Personen.
- Wo liegt der Höhepunkt der Geschichte? Begründe.

1 Wandle um.

audit → Perf. → Konj. → Impf. → Plqupf.

possum → 3. P. → Impf. → Konj. → Plqupf. → Ind.

prohibetur → Konj. → Impf. → Aktiv → Plqupf. → Pass.

2 Verben-Puzzle

Aus acht Bausteinen kannst du 23 verschiedene Verbformen bilden.

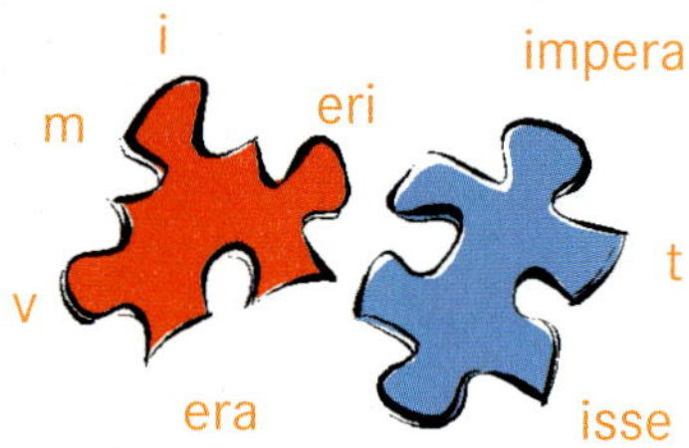

3 Ab in die Vergangenheit

▶ Cicero non *ignorat*, ubi Catilina *fuerit*.
→ Cicero non *ignoravit*, ubi Catilina *fuisset*.

1. Senatores quaerunt, quis princeps coniurationis fuerit. 2. Nesciunt, quod scelus in animo volverit. 3. Consul scit, quos viros Catilina convocaverit. 4. Catilina rogat, qua ratione Cicero haec compererit. 5. Cicero sentit, quid ab istis hominibus cogitatum sit. 6. Neque ignorat, quare multa nocte convenerint.

4 EM – IM – AM?

Bestimme und gib die deutsche Bedeutung an.

aciem – adducerem – adiunxissem – aedem – aluerim – arborem – arcem – arcerem – averterim – blandam

certem – concedam – coniugem – decem – diem – diligentem – equitem – familiarem – finiam – fugerim – genueram

infelicem – interfecissem – irrisissem – militem – perniciem – quidem – rexerim – senectutem – vellem – vocem

5 Kombiniere und übersetze.

1. Caesar custodibus imperaverat,
2. Amici Ptolemaei multa susceperant,
3. Itaque Caesar dubitabat,
4. Sed magno gaudio affectus est,

ut – cum – num – ne

A. Cleopatra Caesarem adiret.
B. virginem ante oculos haberet.
C. adventum Cleopatrae protinus nuntiarent.
D. regina Alexandriam pervenire posset.

6 Plus eins!

Hier kannst du andere Wörter basteln, wenn du an den markierten Stellen einen Buchstaben hinzufügst. Gib jeweils die Übersetzung vor und nach der Veränderung an.

▶ am ? o → ambo; *ich liebe – beide*

medi ? us – duci ? – ? egi – ? pes – ver ? o – sol ? – ? ex – par ? – ? ora – i ? ter – ? alis – d ? es – ? res – ? i

Cäsar – unerschrocken

1. Suetonius narravit, quanta audacia Caesar fuisset. 2. Qui cum Alexandriae pontem vi capere vellet, hostes repente impetum fecerunt; protinus in navem desiluit.[1] 3. Sed cum etiam multos adversarios in navem suam desiluisse[1] vidisset, in mare se praecipitavit, ut ad aliam navem suorum nataret[2]. 4. Natans[2] autem manu sinistra litteras, quas secum habebat, supra[3] caput tenebat, ne aqua maris delerentur. 5. Et paludamentum[4] suum ore tenebat, ne hostes summum imperatoris signum caperent. 6. Ita se et dignitatem civitatis Romanae servavit.

1) **dēsilīre:** herab-, hinabspringen
2) **natāre:** schwimmen 3) **suprā** (*m. Akk.*): über
4) **palūdāmentum, -ī** n: Feldherrnmantel

Die Alexandria-Homepage

Alexandria

Alexandria war in der Antike die wichtigste Großstadt im östlichen Mittelmeerraum. Hier lebten mehr als eine Million Menschen: Griechen, Ägypter, Syrer und natürlich Römer bildeten ein buntes Völkergemisch. Weithin sichtbares Symbol des Hafens von Alexandria war der Leuchtturm auf der Insel Pharos, eines der antiken Weltwunder. Heute heißt Alexandria El-Iskandarija und ist die zweitgrößte Stadt Ägyptens.

Leuchtturm von Alexandria (1954), Salavador Dalí (1904–1989).

Mouseion

Das Heiligtum für die Musen (ΜΟΥΣΕΙΟΝ, *lat.* museum) entwickelte sich zur bedeutendsten Universität des Altertums. Ptolemäus I. und seine Nachfolger versammelten hier die berühmtesten Gelehrten und Wissenschaftler ihrer Zeit. Zum Mouseion gehörte auch die größte Bibliothek der antiken Welt. Ungefähr 700 000 Buchrollen soll es hier gegeben haben!

Feuer im Mouseion

Im Jahr 48 v. Chr. gelangte Cäsar nach Alexandria. Als er sich in ägyptische Thronstreitigkeiten mischte, geriet er in eine gefährliche Lage, weil er nur über ein recht kleines Heer verfügte. Um sich zu retten, ließ er Kriegsschiffe seiner Gegner im Hafen und in den Werften in Brand stecken. Einer antiken Überlieferung zufolge soll dabei auch die berühmte Bibliothek in Flammen aufgegangen sein.

Bibliotheca Alexandrina

Die Erinnerung an das antike Zentrum der Wissenschaft lebt wieder auf: Im Jahre 2000 wurde die neue Bibliotheca Alexandrina fertiggestellt, die einmal Platz für 7,5 Millionen Bücher bieten und eine der größten Bibliotheken der Welt werden soll.

Die neue Bibliotheca Alexandrina.

a Informiert euch über das Aussehen antiker Bücher. Gestaltet selbst ein solches Buch und probiert aus, wie man darin liest.

b Wie viele Bücher umfasst eine Bibliothek in eurer Nähe (z. B. die Stadtbibliothek)?

Alexander will die Welt erobern.

Als 336 v. Chr. Philipp II., König von Makedonien, ermordet wurde, übernahm sein Sohn die Herrschaft. Alexander war gerade 20 Jahre alt und voller Tatendrang. Schnell erlangte er die Führung bei den Griechen, auch unter Einsatz von Gewalt. Zwei Jahre nach seiner Thronbesteigung führte Alexander Griechen und Makedonen gemeinsam in den Krieg gegen die Perser. Bei der Eroberung der kleinasiatischen Städte bewies er diplomatisches Geschick: Er gab sich als Befreier und schenkte den Städten ihre Freiheit. 333 v. Chr. kam es bei Issos zur Schlacht zwischen dem Perserkönig Dareios und Alexander. Alexander gewann, und als ihm Dareios das halbe Perserreich im Tausch gegen einen Friedensschluss anbot, lehnte er ab und verlangte, künftig „König von Asien" genannt zu werden.

Alexander in der Schlacht gegen Dareios, Mosaik aus einem Haus in Pompeji (2. Jh. v. Chr.) nach einem griechischen Gemälde.

Kleopatras Träume – was wäre, WENN ...

1 **WENN** Cäsar noch **lebte**,
SI Caesar adhuc **viveret**, Romae regina **essem**.
wäre ich Königin in Rom.
WENN Cäsar mich **geheiratet hätte**,
SI Caesar me uxorem **duxisset**, Romae **rexissem**.
hätte ich in Rom **regiert**.

2 ... und **WENN NICHT**?

Romanos iam **vicissemus**, **NISI** Octavianus exercitibus **imperaret**.
Aegyptus a Romanis non **peteretur**, **NISI** Caesar **interfectus esset**.

a Hat Kleopatra eine *reale* Chance, in Rom Königin zu werden?
b Übersetze nach dem Muster von **1**. Vorsicht, ein Satz steht im Passiv!
c Fasse zusammen: Was drücken der **Konjunktiv Imperfekt** und der **Konjunktiv Plusquamperfekt** hier jeweils aus?

Gift im Becher?

Alexander war nach einem Bad in eiskaltem Wasser schwer erkrankt und verlangte nach einem schnell wirkenden Medikament. Doch nachdem keines der üblichen Heilmittel gewirkt hatte, war kein Arzt bereit, ihm ein noch unerprobtes Mittel zu verabreichen. Denn der Perserkönig Dareios hatte eine riesige Prämie auf Alexanders Kopf ausgesetzt und niemand wollte den Anlass für einen Verdacht bieten.

Inter nobiles medicos, quos Alexander secum ducebat, erat Philippus. Is regem valde diligebat eumque cum fide colebat. Solus e medicis ei spem proposuit his fere verbis: „Tu, rex, remedia celeria poposcisti. Quam beatus essem, si morbum tibi celeriter levare[1] possem! Id facere non potero nisi remedio strenuo. Ergo potionem medicabo[2]. Hanc quidem tres dies fervere[3] necesse est, aliter salubritatem[4] non faciet, immo tibi noceret, si praeceps adhiberetur.“ Alexander, etsi tanta mora contentus non erat, diem destinatum exspectavit. Interim litteras a Parmenione, fidissimo purpuratorum[5], accepit. Quas legens perterritus est: „Cave Philippum, rex! Insidias tibi componit. Dareus eum mille talentis[6] corrupit; praeterea ei nuptias sororis suae proposuit.“ Alexander nesciens, quid ageret, haec deliberabat: „Talem epistulam, nisi a Parmenione scripta esset, neglexissem. Nunc autem incertus sum, utrum metui an spei parerem. At metu non opprimar. Nam si di me in tabernaculo[7], non in acie occidere vellent, non tot opportunas occasiones praetermisissent.“ Die destinato Philippus cum poculo, in quo medicamentum[1] diluerat[8], intravit. Alexander epistulam Parmenionis sinistra manu tenens poculum accepit et bibit in-territus. Tum Philippum epistulam legere iussit neque a vultu legentis oculos avertit existimans se aliquas conscientiae notas[9] in ore eius posse deprehendere.

1) **levāre:** mindern, erleichtern 2) **pōtiōnem medicāre:** einen Heiltrank aus Kräutern brauen 3) **fervēre:** köcheln
4) **salūbritās, -ātis** f: Gesundheit 5) **fīdissimus purpurātōrum:** der treueste unter den Hofbeamten
6) **talentum, -ī** n: Talent (*griechische Geldeinheit, sehr großer Betrag*) 7) **tabernāculum, -ī** n: Zelt
8) **dīluere** (*Perf.* **dīluī**): zurechtmachen 9) **aliquās cōnscientiae notās:** irgendwelche Anzeichen von schlechtem Gewissen

- ▶ Welche Gefühle kämpfen in Alexander gegeneinander? Wie würdest du dich an Alexanders Stelle verhalten? Begründe.
- ▶ Untersuche, welches Sachfeld in Z. 1–8 vorherrscht. Welcher inhaltliche Schwerpunkt liegt somit in diesen acht Zeilen?

1 Alle KONJUnktiveGATIONEN

a Wandle die gegebenen Formen jeweils nach folgendem Muster um:
→ Konjunktiv → Imperfekt → Indikativ → Perfekt → Konjunktiv → Plusquamperfekt.

convoco – pergis – custodit – deducimus – capitis – sunt – possum – vis – it – flent

b Setze die Formen, wo möglich, ins Passiv.

2 Wenn das Wörtchen „wenn" nicht wär' ...

Setze *si* und *nisi* so ein, dass die Sätze einen Sinn ergeben und übersetze.

1. Caesar Cleopatram reginam Aegypti non fecisset, ? amore eius captus esset. 2. ? Caesar adhuc viveret, multa de vita Romana ex eo quaerere possemus. 3. Fortasse Romani essemus, ? Caesar Germaniam expugnavisset. 4. Quid de Romanis comperissetis, ? magister[1]/ magistra[1] de vita Romana disseruisset?

1) **magister, -trī** m/**magistra, -ae** f: Lehrer/in

3 Wenn ich ... wäre, dann ...

Arbeitet zu zweit oder zu dritt. Überlegt euch, was ihr ***tun würdet*** oder ***getan hättet***, wenn ihr eine berühmte Persönlichkeit der Antike (gewesen) wärt. Beginnt jeweils mit

*„**Ego, si essem/fuissem** Caesar, Cleopatra, Coriolanus, Romulus, Remus, Ulixes, Aeneas, Dido, Xerxes, Hannibal, Catilina, Cicero ..."* und vervollständigt den Satz jeweils lateinisch. Tragt eure Sätze der Klasse vor.

Natürlich dürft ihr auch andere Personen wählen. Werft doch einen Blick in das Eigennamenverzeichnis!

4 Aber bitte mit Konjunktiv!

Suche alle Wörter heraus, die den Konjunktiv nach sich haben können. Gib auch ihre deutsche Bedeutung an.

cum – tum – postquam – quoniam – si – quamquam – ne – quod – num – nam

5 Kleopatras Geheimbotschaft an Cäsar

Entziffere die Botschaft. Lies die Papyri jeweils von oben nach unten.

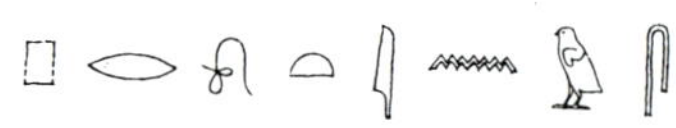
= *lat.* sofort

= *lat.* anders

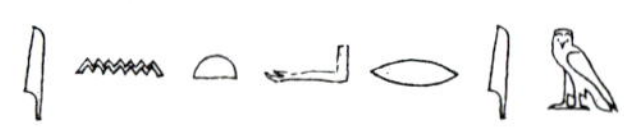
= *lat.* inzwischen

Der selbstbewusste Prinz

1. Aliquando Philippus Alexandrum Homerum legentem interrogavit: 2. „Vellesne, si posses, Agamemno vel Achilles esse?" 3. Tum Alexander: „Numquam me cum illis viris comparavissem[1], nisi tu, pater, me interrogavisses. 4. Nunc autem affirmo me illos virtute[2] superare. 5. A me certe, si tum exercitum Graecum in Troianos duxissem, urbs Troia uno anno expugnata esset. 6. Praeterea ego quidem numquam imperiis aliorum regum parerem, si Achilles essem." 7. Tum Philippus: „Nonne, mi fili[3], imperio meo regeris?" 8. Alexander autem respondit: „Tibi pareo ut patri, non ut regi."

1) **comparāre:** vergleichen 2) **virtūs, -ūtis** f: Tapferkeit
3) **mī fīlī** (*Vok.*): mein Sohn

Alexander – Stationen eines Eroberungszuges

Der Knoten

Alexander marschierte nach Gordion, wo sich ein alter Königswagen mit einem gewaltigen unauflösbaren Knoten an der Deichsel befand. Ein Orakel besagte: „Wer den Knoten lösen kann, wird die Herrschaft über ganz Asien erlangen." Ohne zu zögern durchschlug Alexander den **„Gordischen Knoten"** mit dem Schwert.

Massenhochzeit

In **Susa** nahm Alexander eine Tochter des Perserkönigs Dareios zur Frau. Gleichzeitig heirateten viele seiner Freunde und 10 000 Angehörige seines Heeres Perserinnen als Zeichen der Völkerverschmelzung.

Am Nil

In **Ägypten** wurde Alexander zum Pharao ausgerufen und gründete die Stadt **Alexandria.**

Das Ende

Nach der Eroberung des Perserreiches machte Alexander **Babylon** zur Hauptstadt seines neuen Imperiums. Nun wollte er den Westen erobern, doch er erkrankte an Fieber.

Meuterei

Als Alexander bis nach **Indien** gelangt war, meuterten seine Soldaten, weil sie nach acht Jahren Eroberungszug endlich nach Hause wollten.

Porträt des jungen Alexander, 338 v. Chr.

a Folge den Pfeilen und finde mithilfe einer Weltkarte heraus, durch welche heutigen Länder Alexanders Eroberungszug führte.
b Du hast in dieser Lektion viel über Alexander erfahren, der auch „der Große" genannt wird. Hältst du diese Bezeichnung für gerechtfertigt? Begründe.

Die phantastischen Abenteuer Alexanders des Großen

Nach Alexanders Tod entstanden rasch viele Geschichten und Erzählungen über das abenteuerliche Leben des Makedonenkönigs. So werden auch im so genannten Alexanderroman aus dem frühen 4. Jh. n. Chr. viele phantastische, frei erfundene Episoden geschildert, wie die beiden folgenden:

Der König kam mit seinem Heer ans Rote Meer und schlug dort das Lager auf. Hier erhob sich auch ein gewaltiger Berg. Den bestieg er und es schien ihm fast so, als wäre er im Himmel. Da kam er auf die Idee, eine phantastische Maschine zu bauen, in der ihn Greife in den Himmel hinauftragen könnten, damit er erkunden könne, was es dort gibt. Und sofort stieg er auf den Gipfel, ließ seine Baumeister kommen und befahl ihnen, einen Wagen zu bauen. Den sollten sie mit Eisengittern umgeben, damit er darin sicher sitzen konnte. Anschließend ließ er Greife holen, sie mit eisernen Ketten an den Wagen spannen und an die Spitze des Wagens vor ihre Schnäbel Futter sowie mit Wasser gefüllte Schwämme und Gefäße legen.
Da hoben ihn die Greife in den Himmel hinauf, und zwar in eine solche Höhe, dass Alexander der Erdkreis wie eine riesige Tenne, auf der Getreide gelagert wird, erschien. Das Meer kam ihm so vor wie eine Schlange, die sich in vielen Windungen um das Festland schlingt.
Doch plötzlich umhüllte irgendeine göttliche Kraft die Greife und stieß sie zur Erde hinunter auf ein Feld, das zehn Tagesmärsche von seinem Lager entfernt lag. Doch dank der Eisengitter erlitt Alexander keinerlei Verletzungen, sodass er unversehrt wieder zu seinen Soldaten zurückkehren konnte.

Nach diesem Abenteuer überkam ihn der Wunsch, die Tiefen des Meeres zu erforschen und zu sehen, was es dort für Tierarten gebe. So ließ er Glasmacher zu sich kommen und befahl ihnen, ein Fass aus kristallklarem Glas zu konstruieren, damit er von innen alles, was draußen vorbeischwimme, deutlich erkennen könne. Und so geschah es: Er ließ die Tauchkapsel an Eisenketten schmieden und sie von seinen stärksten Soldaten halten. Darauf stieg er selbst hinein und tauchte in die Tiefen des Meeres hinab. Dort sah er dann Fische verschiedenster Formen und Farben, aber auch Wesen, die den Tieren auf dem Festland glichen und mit Füßen auf dem Meeresboden liefen wie die Tiere auf dem Land; sie fraßen Früchte von Unterwasserbäumen, die dort in der Tiefe des Meeres tatsächlich zu wachsen scheinen. Schließlich tauchte er wieder auf und zog mit seinem Heer am Ufer des Roten Meeres weiter.

Das Tauchabenteuer Alexanders des Großen, mittelalterliche Buchmalerei.

Der Mann in der Tonne

Aetate regis Alexandri Magni in urbe Corintho vivebat homo singularis[1], cui nomen erat Diogenes. Cuius fama[2] tanta erat, ut etiam rex Alexander de eo audiret. Diogenes enim non in domo, sed in dolio[3] in foro collocato habitabat[4] et omnibus fere rebus, quas ceteri homines aut habebant aut cupiebant, abstinebat. Ita multi cives eum irridebant et canem appellabant. Pauci autem eum magna admiratione afficiebant, quod neminem timebat neque cuiusquam[5] auctoritatem neque dignitatem respiciebat.

Quondam rex Alexander Diogenem cognoscere voluit. Quam ob rem nuntios misit, ut eum arcesserent. Sed ille iter recusavit. „Ego“, inquit, „regem videre nolo. Sin me cognoscere vult, eum huc venire necesse est.“ Alexander primo iratus, deinde admiratione adductus Corinthum ire constituit. Cum oppidum intraret, ingens multitudo hominum convenit. Rex multis comitibus atque custodibus circumdatus statim in forum iit, ubi Diogenes in dolio[3] iacebat. Tum rex solus ad eum accessit dicens: „Salve, Diogene! Ut vales?“ Ille respondit: „Bene valeo. Quid vis?“ Rex autem: „Iam multa de te audivi. Itaque te cognoscere volo.“ Postquam de multis rebus disputaverunt[6], Alexander: „Priusquam abeo“, inquit, „dic mihi, quid a me petas; nam omnia, quae cupiveris, tibi dabo.“ Sed Diogenes regem vix aspiciens protinus dixit: „Peto a te, ut paulo recedas[7].“ Alexander non intellexit et iterum rogavit: „Quid a me petis, Diogene?“ Tum ille: „Recede paulo! Nam solem prohibes a me.“ Comites regis hac audacia commoti accurrerunt et clamaverunt: „Cave, canis, ne regem laedas! Qui si vellet, morte te afficere posset.“ Ad hoc Diogenes respondit: „Mortem non timeo, est enim donum naturae.“ Cum custodes Diogenem captum ante regem consistere iuberent, Alexander: „Desinite“, inquit, „viri, hunc hominem turbare[8]! Est vir verae humanitatis. Neminem timet, nemini paret nisi naturae. Tempus est abire.“ Et abiens comitibus dixit: „Nisi Alexander essem, Diogenes esse vellem.“

1) **singulāris, -is, -e:** einzigartig
2) **fāma, -ae** f: Ruf
3) **dōlium, -ī** n: Fass, Tonne
4) **habitāre:** wohnen
5) **cuiusquam:** irgendeines Menschen
6) **disputāre:** diskutieren
7) **recēdere:** zurücktreten
8) **turbāre:** stören

Die Exkursion – Ein Höhepunkt im Schuljahr

Zur Vorbereitung

Eine gelungene Exkursion beginnt mit einer guten **Vorbereitung**. Wenn ein geeignetes Ziel und ein Thema für die Exkursion gefunden sind, sammelt gezielt Informationen, denn: *Man sieht nur, was man weiß*. Fast jedes Museum stellt sich im Internet vor. Eltern und Lehrkräfte helfen, Reiseführer und Sachbücher zu finden. Wählt für verschiedene Themen Spezialistenteams in eurer Klasse, die Arbeitsblätter gestalten und Referate vorbereiten.

Die Ausrüstung

Zur geeigneten Ausrüstung für eine Exkursionsfahrt gehören:

- ein Skizzenblock oder unliniertes Notizbuch und Stifte zum Schreiben und Zeichnen;
- ein Fotoapparat (bei dem man das Blitzlicht ausschalten kann);
- die vorbereiteten Arbeitsblätter.

Am Ziel eurer Fahrt

Beachtet die folgenden Tipps:

- *Orientierung und Überblick:* Klärt, wo ihr was findet, und teilt eure Zeit gut ein.
- *Auswahl statt Masse:* Wer alles sehen will, sieht am Ende gar nichts.
- *Sehen statt hören oder lesen:* Wer gut vorbereitet ist, braucht vor Ort nur noch kurze Erklärungen und hat Zeit zum Beobachten.
- *Erst sehen, dann erklären:* Nur ein Objekt, das ihr genau beobachtet habt, könnt ihr richtig erklären.
- *Fehlendes ergänzen:* Ein Ausstellungsstück im Museum ist jetzt nicht mehr an dem Ort, an dem es sich früher befand, erfüllt nicht mehr seine ursprüngliche Aufgabe oder ist vielleicht nicht vollständig erhalten. Deshalb müsst ihr das Fehlende in eurer Phantasie ergänzen.
- *Dokumentieren:* Eure Beobachtungen solltet ihr durch Notizen, Skizzen oder Fotos festhalten.
- *Arbeiten im Team:* Acht Augen sehen mehr als zwei.

Der teilweise wieder aufgebaute Tempel des Heilgottes Apollo Grannus in Faimingen: Ansicht und zeichnerische Rekonstruktion.

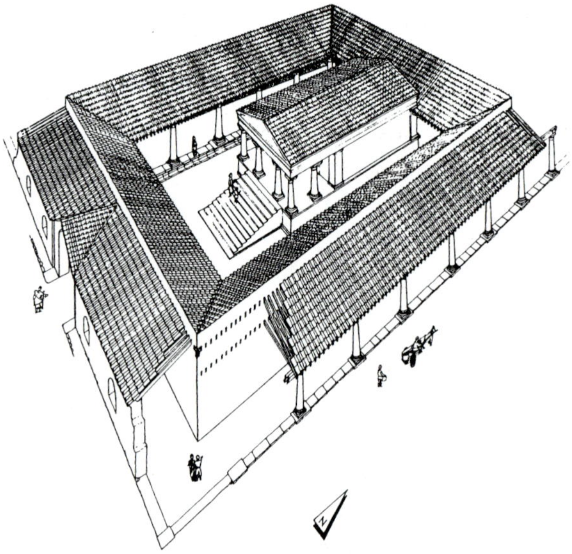

Denkt daran: Verhaltet euch so, dass die kostbaren Objekte nicht gefährdet werden. Fotografiert nur ohne Blitzlicht. Stört andere Museumsbesucher nicht und vergesst nicht, kleinere Pausen einzulegen.

Der berühmte Schatzfund im Römermuseum Weißenburg.

Nachbereitung

Gestaltet eine Exkursionsmappe und/oder eine Ausstellung im Schulhaus mit Texten, Skizzen und sorgfältig beschrifteten Fotos. Ladet Eltern oder andere Schülerinnen und Schüler zu einem Erlebnisbericht ein.

Exkursionsziele

Eure Exkursion kann euch zu römischen Bauten, örtlichen Römermuseen oder zentralen Antikensammlungen führen.

1 **Römische Bauten** sind oft nur teilweise erhalten oder wieder aufgebaut. Phantasie ist gefragt. Ihr erlebt, wie groß römische Gebäude waren und wie sie in der Landschaft lagen.

Hier könnt ihr auch selbst einmal Römer sein, etwa als Opferpriester vor einem Tempel, als Bauern in einer römischen Villa, als Grenzwache an einem Limesturm.

2 In **örtlichen Römermuseen** werden Funde aus der Umgebung ausgestellt. Um etwas über die ursprüngliche Funktion der Ausstellungsstücke zu erfahren, helfen Schautafeln und Modelle. Am besten ist es, wenn euch hier eure Arbeitsblätter oder Erläuterungen eines Spezialistenteams weiterhelfen.

3 In einer **zentralen Antikensammlung** sind Funde aus allen Bereichen des Römischen Reiches ausgestellt. Man kann hier berühmte Meisterwerke der griechischen und römischen Kunst entdecken und Objekte ganz verschiedener Herkunft miteinander vergleichen.

Exkursion in die Münchener Glyptothek: Lehrer und Schüler/-innen vor der Statue der Friedensgöttin, um 380 v. Chr.

Über folgende Begriffe und Themen weißt du nun Bescheid:

- Gracchen, Optimaten, Popularen
- Cicero, *homo novus*
- Alexander der Große
- Alexandria, *Mouseion*

Lektion 1–29

1

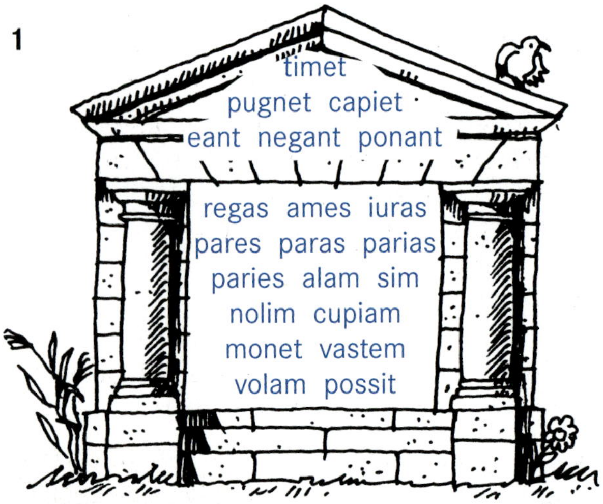

Hole alle Konjunktivformen aus dem Tempel und bestimme die restlichen. Bei welchen Formen gibt es zwei Möglichkeiten?

2 Vorsicht, Konjunktiv! Oder?

Was könnten die Formen noch sein?

eam – parcas – pares – iudicem – labores – sitis

3 Fragen über Fragen

Übersetze und überlege, welche abhängigen Sätze hier vorliegen.

Veturia nescit,

1. ... cur filius patriam petat.
2. ... utrum Coriolanus filius an hostis sit.
3. ... num filius uxori et liberis faveat.
4. ... quo modo mentem filii mutare possit.

4 Der Vater befiehlt.

Füge die Prädikate passend ein und übersetze.

eas – iures – teneas – sis – velis

1. „Hannibal, interrogo te, num mecum in castra venire ? . 2. Oro te, ut mecum in templum[1] Iovis ? . 3. Postulo a te, ne umquam[1] in amicitia cum Romanis ? . 4. Impero tibi, ut aram manu ? et id per[2] Iovem ? ."

1) **umquam:** jemals 2) **per** (hier): bei

Lektion 1–30

5a Nenne zu den Konjunktiv-Perfekt-Formen jeweils den Infinitiv Präsens Aktiv.

dederis – ceperimus – fueritis – potuerim – redierit – fefelleris – sustulerim – venerint

b Setze die passenden Formen ein und übersetze.

Incertum est,
1. cur amici non cito Romam ?
2. num etiam vos diu in itinere ? .
3. quando manus iuvenum domum ? .

6 CUM: als – weil – obwohl?

Die hervorgehobenen Buchstaben ergeben in der Reihenfolge der für *cum* gesetzten Bedeutungen ein Wort, das dir im Text begegnet.

1. Alexander, **cum** se a Iove natum esse[1] cognoverit, imperium omnium terrarum petit. 2. Milites, **cum** summis laboribus oppressi sint, Alexandrum colunt. 3. Diogenes, **cum** Alexandrum sibi[2] umbram[3] facere viderit, dicit: „Abi a sole!"

1) **nātum esse** (hier): abstammen 2) **sibī** (hier): ihm
3) **umbra, -ae** f: Schatten

7 CATILINA!

Wähle die richtige Form aus und übersetze.

Omnes sciunt,
1. quanto furore *inciteris/incitatus sis.*
2. cur a te exercitus *cogantur/coacti sint.*
3. quam vehementer cives a te *sollicitentur/sollicitati sint.*

8 Nenne zu den Konjunktiv-Passiv-Formen jeweils den Infinitiv Präsens Aktiv.

superer – iussi sint – terreamini – responsum sit – defendantur – dimissi sint – cognita sis – capiaris – circumventi simus

Lektion 1–31

9 Lüfte das Geheimnis der Pyramiden.

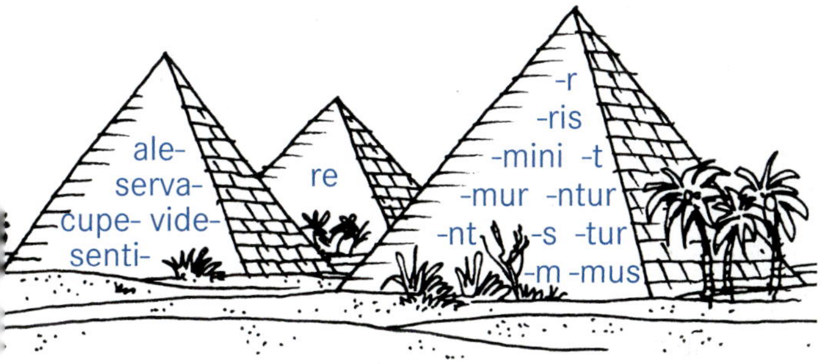

Bilde aus den Elementen in den Pyramiden möglichst viele Formen des Konjunktiv Imperfekt.

10 *cum – cur – ne – ut*

Welches Wort passt als Satzverbindung? Begründe.

Caesar sciebat, ? multi id agerent, ? Romae regeret.

11 Kleopatra in Rom

a Übersetze.

1. Cum multi orarent, ut Cleopatram viderent, ea a Caesare in urbem ducta est. 2. Cleopatra omnibus placebat, cum Romam venisset. 3. Cleopatra nesciebat, num Caesar id ageret, ut in Aegyptum reduceretur. 4. Omnibus mulieris artibus id studuit, ne a Caesare relinqueretur.

b Welches Satzgefüge-Schema gehört zu welchem Satz?

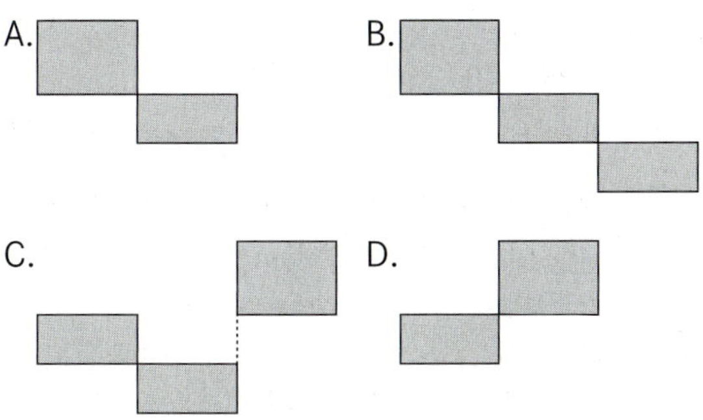

Lektion 1–32

12 Wenn nicht ...

1. Nisi Croesus Halyn flumen[1] transisset, magnum regnum non esset deletum.
2. Nisi omina[2] deorum neglecta essent, Caesar interfectus non esset.
3. Nisi Vesuvius mons e-rupisset, Pompeii non perissent.
4. Nisi terra moveretur, sol medio in mundo[3] non esset.

1) **flūmen, -minis** n: Fluss 2) **ōmen, -minis** n: Vorzeichen
3) **mundus, -ī** m: Welt(all)

13 Kombiniere.

1. Si etiam hodie gladiatores[1] in arena[1] pugnarent,
2. Si mihi gladius esset,
3. Si homines semper ludis tantum interessent,
4. Si artes litterasque neglegeremus,

A. humanitate careremus.
B. fortasse vitam beatam non agerent.
C. certe multi eos spectarent.
D. cum gladiatoribus[1] pugnarem.

14 Hättest du geschwiegen ...

Si tacuisses,
1. philosophus[1] mansisses.
2. philosophus[1] adhuc esses.

Worin unterscheiden sich die beiden Sätze?

15 Denk dir die Folgen aus.

1. Si verum dixissem, ...
2. Nisi barbarus essem, ...
3. Si victoriam peperissem, ...
4. Nisi a te relictus essem, ...

Panzerstatue des Augustus aus einer Villa bei Prima Porta, frühes 1. Jh. n. Chr., Vatikanische Museen, Rom.

Cäsars Adoptivsohn

Nach Cäsars Tod (44 v. Chr.) war in Rom der Kampf um die Macht entbrannt, aus dem Gaius Iulius Caesar Octavianus als Sieger hervorging. Nach 13 Jahren Bürgerkrieg war es ihm gelungen, Rom und Italien den lang ersehnten Frieden zu geben. Für die „Errettung der Bürger" wurde er vom Senat mit der „Bürgerkrone" (*corona civica*) ausgezeichnet. Viele Ämter und Titel kamen hinzu, so auch der des *Augustus* („der Erhabene"). Obwohl er den Verdacht vermeiden wollte, er strebe nach der Alleinherrschaft, lag bald alle Macht in den Händen des „ersten Mannes im Staate", des *princeps.* Am Ende seiner über 40-jährigen Herrschaft konnte er in seinem „Tatenbericht" schreiben: *Fines auxi.* – „Ich habe das Staatsgebiet erweitert." Und seine Zeitgenossen rühmten ihn: *Terris pacem dedit.*

Was trägt die Karawane?

a Wie lautet die Stammformenreihe von fer-re?

b Arbeitet in Gruppen. Jede Gruppe erstellt eine Übersicht zu den Formen von fer-re.
Teilt die Gruppen nach Präsens- und Perfektstamm, Aktiv und Passiv, Indikativ und Konjunktiv ein. Kontrolliert eure Ergebnisse mithilfe der Begleitgrammatik.

Ein Schock für den Kaiser

In den Jahren 4 und 5 n. Chr. waren in zwei Feldzügen weite Teile Germaniens erobert worden. Augustus wollte das Gebiet des Römischen Reiches nach Norden erweitern und plante, die Reichsgrenze vom Rhein an die Elbe zu verlagern. Doch im Jahr 9 n. Chr. erreichte ihn eine schreckliche Nachricht.

Augustus post cenam in lecto quiescebat, cum subito custos cubiculi[1] intravit: „Ignosce mihi, si quietem tuam interrupi. Aemilius Patavinus tribunus aditum ad te postulat dicens rem moram non habere[2].“ Augustus diu tacebat. Tandem: „Quid affert? Quae res tanti momenti est, ut non in crastinum[3] diem differri possit?“ Protinus custos: „Nescio. Ille quidem affirmat se ex Germania nuntium malum ferre.“ Tum Augustus surrexit dicens: „Adduc eum!“ Vix tribunus intraverat, cum Augustus rogavit: „Qua ex parte Germaniae venisti? Quos terrores affers?“ Statim tribunus: „Veni ex oppido Ubiorum. Sed animus horret referre, quid in Germania …“ „Quid de Germania? Nonne eam terram pacavi? Nonne gentes Germanorum per legatos pacem et amicitiam populi Romani petiverunt?“ „Illis barbaris fidem ferri non oportet. Quintilius Varus quidem eis nimiam fidem tulit.“ „Quid accidit? Refer!“ „Germani Varum rogaverunt, ut nonnullas lites[4] iudicaret. Quoniam iustitiam Romanam blandis laudibus efferebant, Varus sine ulla[5] suspicione cum exercitu iter in mediam Germaniam fecit. Nuntius ad nos perlatus est eum insidias Germanorum intravisse et cum tribus legionibus caesum esse.“ Tum Augustus manus ad caelum tendens: „O Iuppiter“, inquit, „fac, ut hanc calamitatem perferam!“ Eum adeo perterritum esse ferunt, ut multos menses per domum intonsus[6] erraret et interdum caput ad fores[7] offenderet clamans: „Quintili Vare, legiones redde!“

1) **cubiculum, -ī** n: Ruheraum 2) **habēre** (*hier*): dulden 3) **crāstinus, -a, -um:** morgig 4) **līs, lītis** f: Rechtsstreit 5) **ūllus, -a, -um:** irgendein 6) **intōnsus, -a, -um:** unrasiert und mit langem Haar 7) **foris, -is** f: Tür, *Pl.* zweiflügelige Tür

- Wodurch ändert sich innerhalb der Erzählung die Stimmung des Augustus?
- Welche Vorstellung vermittelt der Text von den Germanen?

1 *ferre*-Formen

Ersetze die Formen von *portare* durch die entsprechenden von *ferre* und umgekehrt.

fert – portabo – tulerant – portabamus – ferret – portaveras – ferimus – portata sum – tulisti – portari – feruntur – portantes – latus erat – portavissent – feratis – portatum esse

2 Ehrenschild für Augustus

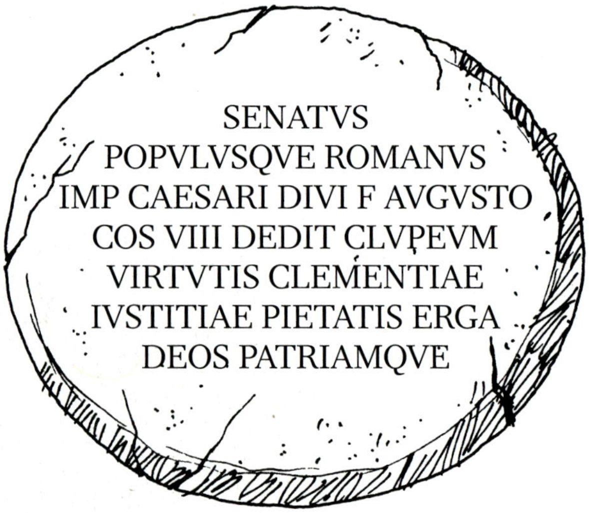

a Übersetze mithilfe der Erklärungen die Aufschrift. Tipp: Gehe systematisch vor und suche zuerst das Prädikat.

b Schreibe die 3. Zeile aus.

Es gibt einige in Inschriften häufig auftretende Abkürzungen. Ihren Kasus musst du aus dem Textzusammenhang erschließen.

IMP = imperator
F = filius
COS = consul (Die Zahl gibt an, wie viele Male jemand Konsul war.)
DIVI (von *divus, -a, -um*, Adj. zu *deus*): gemeint ist Julius Cäsar

clupeus, -ī m: der Schild
virtus, -ūtis f: Tugend, Tapferkeit
clēmentia, -ae f: Milde
pietās, -ātis f: Pflichtbewusstsein
ergā (*m. Akk.*): gegenüber

3 *ferre*-Verbindungen

Suche angemessene Übersetzungen.

1. Amicis auxilium feram.
2. Canis mihi metum affert.
3. Multos homines a Romanis victos servitutem pertulisse scimus.
4. Milites se in castra referunt.
5. Nuntius senatoribus allatus est.
6. Iter in alium diem differemus.

4 Dativ-Erinnerung

Bilde Dativ Singular und Plural von

populus – civis – dea – dies – hospes – oppidum – exercitus – iudex – corpus – pater – sententia – gens – puer – manus – orator – adversarius – res – signum – opus.

5 Eines ist keines.

Welche der beiden Formen ist kein PPP?

deleto, delebo – misi, missi – munitam, muniam – incensis, incendis – datam, dabam – reliqui, relicti – instituis, institutis – vici, victi

Ihr Götter, gebt mir meine Frau zurück!

1. Nondum nuntius de morte Eurydicae perlatus erat, cum Orpheus uxorem morte ablatam[1] ad loca mortalium referre studuit. 2. Qui cum ad inferos[2] descendisset, animos eorum carminibus[3] suis movit. 3. Et preces suas etiam ad Plutonem et Proserpinam attulit: 4. „O di, quibus est imperium inferorum[2], uxorem amatam mors repentina[4] abstulit[1]; sed sine amore vitam non perferam. 5. Fatum ferre volui, sed vicit amor. 6. Oro et obsecro vos, ut differatis tempus mortis Eurydicae! 7. Si tempus differri non siveritis, gaudete morte duorum!“ 8. Quid de sorte Orphei et Eurydicae fertur?

1) **auferre (auferō, abstulī, ablātum):** rauben
2) **īnferī, -ōrum** m: die Unterirdischen, Unterwelt
3) **carmen, -minis** n: Lied
4) **repentīnus, -a, -um:** plötzlich

Der Limes – Grenze zwischen Römern und Germanen

Augustus hat nach der Niederlage des Varus mit der Sicherung der Grenze zu den Germanen begonnen. Unter den Kaisern Trajan und Hadrian wurde der Limes gebaut. Dieser Grenzwall erstreckt sich über 500 km und noch heute sind an vielen Orten Reste der Befestigungsanlage zu sehen.

Suche dir einen der Orte am Limes aus und erstelle einen Prospekt über die zu besichtigenden Spuren aus der Römerzeit für Touristen. Informationen findest du insbesondere im Internet auf der Homepage des Ortes.

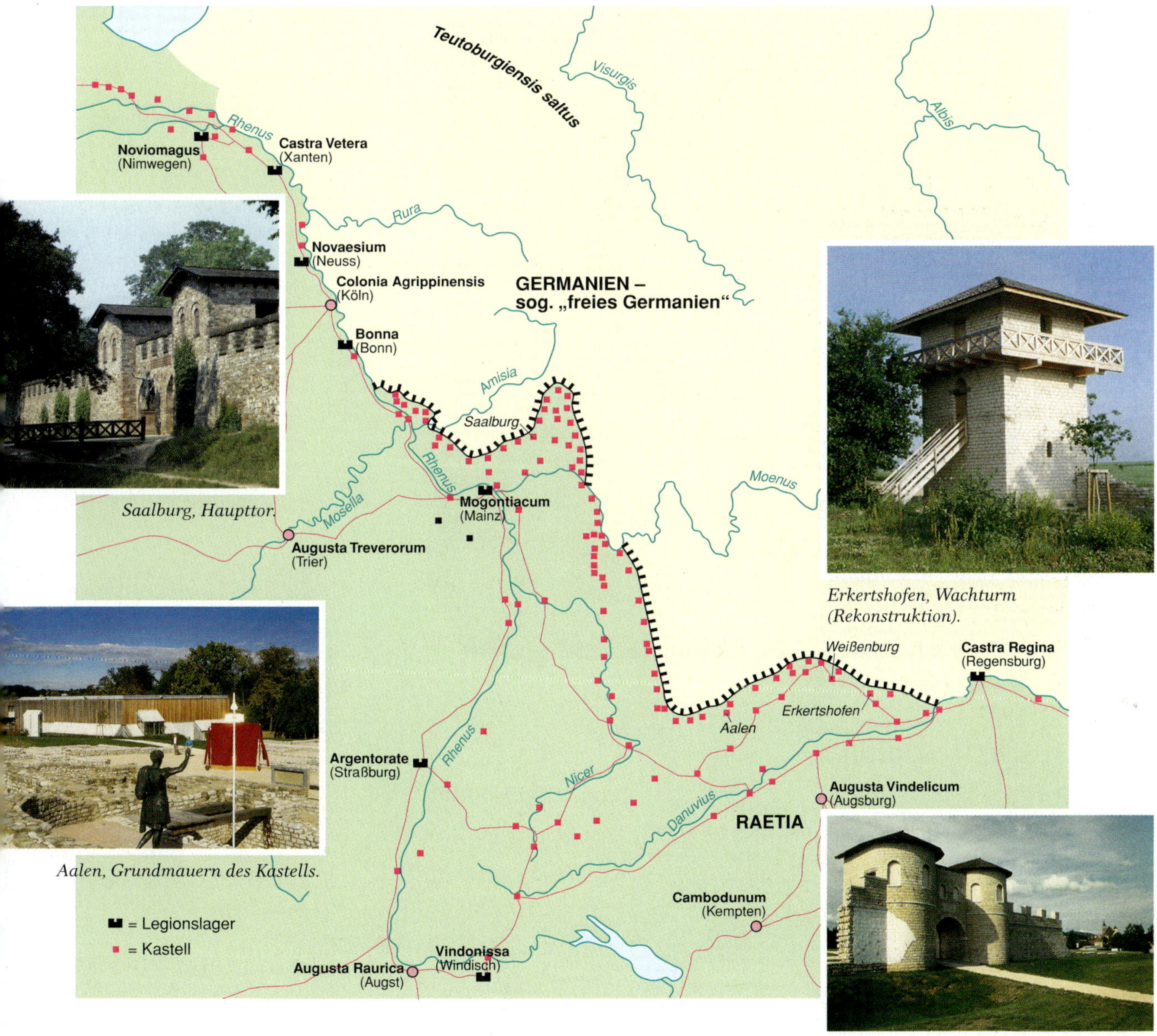

Saalburg, Haupttor.

Aalen, Grundmauern des Kastells.

Erkertshofen, Wachturm (Rekonstruktion).

Weißenburg, Kastell Biriciana, Nordtor.

+++ HADRIANSWALL BEREITS WELTKULTURDENKMAL +++ JETZT AUCH OBERGERMANISCH-RÄTISCHER LIMES IN UNESCO-LISTE

Ein Löwe in Athen

Athen war im 5. Jh. v. Chr. die Bühne für große und kleine Stars aus Politik, Wissenschaft und Kunst. Junge Männer aus ganz Griechenland strömten dort zusammen und einigen gelang es, ins Rampenlicht zu treten und die Masse zu faszinieren. Einer von ihnen war Alkibiades, ein junger Adliger: tapfer, redegewandt, reich, großzügig und gut aussehend. Überall wollte er der Erste sein und akzeptierte keine Grenzen und Regeln. Als ihm im Ringkampf einmal die Niederlage drohte, biss er seinen Gegner in die Hand. „Du beißt wie ein Weib!", schrie dieser, doch Alkibiades schrie zurück: „Nein, wie ein Löwe!" Und in der Tat: Wie ein Löwe trat er auch auf der politischen Bühne auf – stolz und gefährlich. Von vielen wurde er bewundert, nicht wenigen war er verhasst.

Alkibiades, Porträt auf einem römischen Mosaikfußboden in Sparta.

ABSOLUT VERKÜRZT!

1 Exercitus Vari deletus erat. Augustus clamavit:

2 Cum *exercitus* Vari *deletus esset*, Augustus clamavit:

3 Exercitu Vari deleto Augustus clamavit:

a Übersetze **1** und **2**. Achte in **2** auf das Tempus im Gliedsatz.
b Übersetze **3** genauso wie **2**. Was ist in der neuen Partizip-Konstruktion aus Subjekt und Prädikat des Gliedsatzes in **2** geworden? Was hat sich noch verändert?
c Teste dich und übersetze. Wähle eine passende Subjunktion für den Gliedsatz:

Gentibus Germanorum ab Augusto pacatis Varus se tutum putavit.

Rückkehr eines Stars

Athen und Sparta, die mächtigsten griechischen Städte, stritten sich im 5. Jh. v. Chr. um die Vormacht in Griechenland. 431 kam es schließlich zu einem langen Krieg zwischen den beiden Städten, dem so genannten Peloponnesischen Krieg, in dem Alkibiades eine wichtige Rolle spielte.

Alcibiades ceteris et vitiis et virtutibus praestabat. Etsi nimis libere vivebat et interdum se superbe gerebat, vir erat splendidus[1] atque egregius ingenio usuque belli. Bello diu gesto ille ab Atheniensibus dux factus est. Sed dum copias in Lacedaemonios ducit, Athenis ab inimicis sacrilegii[2] accusatus et capitis[3] damnatus est. Hac re cognita ad hostes profugit eisque operam suam obtulit. Qui eum libenter urbe receperunt. Multis rebus bene gestis tanti honores ei tributi sunt, ut haud paucis invidiae odioque esset. Itaque timore insidiarum permotus Lacedaemonios deseruit seque ad classem Atheniensium contulit. Ibi magno cum gaudio receptus et dux factus est. Statim Atheniensibus auxilio venit Lacedaemoniosque proelio navali[4] vicit. Qua victoria parta ei Athenas redire licebat. Adventu eius nuntiato universa civitas in Piraeum portum descendit et multis navibus appulsis ad navem Alcibiadis solam con-currit, ut eum viseret laudibusque efferret. Qui in prora[5] stabat et turbam iterum atque iterum clamantem audiebat: „Macte, Alcibiade[6]!“ Valde commotus e nave descendit seque turbae inseruit[7]. Cum tamquam victor Olympiae etiam coronis laureis[8] donaretur, lacrimas non tenuit. Omnes eum summa cum alacritate in urbem duxerunt, omnibus erat admirationi. Tantis honoribus acceptis secum cogitavit: „Quanto furore cives me nuper damnaverunt, quanto ardore me nunc recipiunt! Quam varium est vulgus, quam mobile!“

1) **splendidus, -a -um:** glänzend 2) **sacrilegium, -ī** n: Verbrechen gegen die Religion 3) **capitis:** zum Tode
4) **nāvālis, -is, -e:** See- 5) **prōra, -ae** f: Vorderdeck, Bug 6) **Macte, Alcibiadē!:** Es lebe Alkibiades! Bravo, Alkibiades!
7) **sē īnserere** (*Perf.* **īnseruī**) (*m. Dat.*): eintauchen (*in*) 8) **corōna (-ae) laurea (-ae)** f: Lorbeerkranz

► Charakterisiere Alkibiades und gib Belege aus dem Text an.

► Vergleiche das Verhalten des Alkibiades mit dem des Volkes. Beachte dabei besonders den letzten Satz: *„Quam varium est vulgus, quam mobile!“*

1 Inkognito

Gib die Ablativi absoluti als temporale, kausale oder konzessive Gliedsätze wieder und erfinde mögliche Fortsetzungen.

▶ nuntio allato → Als die Nachricht überbracht worden war, *erhob sich Augustus.*

terra pacata – hominibus perterritis – bellis gestis – Hannibale duce facto – re cognita – victoria parta – honoribus acceptis – calamitate relata – pace facta – auxilio lato

2 Füge zusammen.

Welcher Ablativus absolutus passt zu welchem Satz? Kombiniere und übersetze.

1. Hac calamitate nuntiata
2. Iustitia Romana laudibus elata
3. Terris barbarorum pacatis
4. Victoria de Romanis parta

A. Romanos pericula cavere oportebat.
B. Varus sine suspicione exercitum in Germaniam duxit.
C. Germani superbe se gerebant.
D. Augustus flebat.

3 Wer war's?

Übersetze und notiere dir von jedem Lösungswort den in Klammern angegebenen Buchstaben.

1. Artes magicae[1] illius mulieris multis viris perniciei erant. (1) – 2. Amor Aeneae illi feminae magno dolori erat. (2) – 3. Mors fratris illi viro honori non erat. (5) – 4. Ille rex superbus populo Romano magno odio erat. (1) – 5. Illi arci aves saluti fuerunt. (2) – 6. Victoria de Persis parta illi viro laudi data est. (5) – 7. Odium Romanorum illi viro semper magnae curae erat. (3) – 8. Illa mulier Caesarem sibi[1] usui esse putabat. (9)

1) **sibī** *(hier):* ihr/für sie

Wenn du die gefundenen Buchstaben in die richtige Reihenfolge bringst, erhältst du *nomen illius viri, qui civitati Romanae periculo erat.*

4 Was passt?

Quis potest patria ? beatus esse?

fracta – victa – oppressa – ducta – finita – relicta

5 Was macht Sinn?

Rebus bene gestis . . .
Domibus incensis . . .

. . . homines e moenibus profugerunt.

6 Ab in den Ablativ

Übersetze die folgenden Wortverbindungen und setze sie in den Ablativ.

ceteri comites
amici audientes
consul mortuus
nonnulli dies
urbs ardens
omnis nox
sol occidens
pauca incendia
omnes res nuntiatae
cives comprehensi

-is -a
-o -e
-(i)bus

Worauf es ankommt

1. Simonides poeta[1] in multas terras venerat et arte sua magnam pecuniam[2] fecerat. 2. His rebus gestis in patriam suam redire voluit. 3. Cum autem in mari magna tempestas instaret, Simonides nihil fecit. 4. Tum unus: „Nonne tu ut ceteri res tuas servare vis, Simonide?“ 5. At ille: „Omnia mea mecum porto.“ 6. Nave deleta pauci ad portum appelluntur, inter quos etiam Simonides. 7. Omnibus rebus amissis[3] turba mendicare[4] debet, ille autem, cum ibi ars eius omnibus admirationi esset, multis rebus donatur. 8. Ceteri eum interrogant: „Quo modo hoc fecisti?“ 9. „Dixi vobis“, inquit, „me omnia mea mecum portare.“

1) **poēta, -ae** m: Dichter 2) **pecūnia, -ae** f: Geld
3) **āmittere** (*PPP* **āmissum**): verlieren
4) **mendīcāre:** betteln

Athen – Treffpunkt großer Künstler und Denker

431 v. Chr. – Athen ist das geistige und kulturelle Zentrum Griechenlands und steht auf dem Höhepunkt seiner politischen Macht. Nun aber droht die große Auseinandersetzung mit Sparta. Am Vorabend dieses Krieges unterhält sich der Athener Sosikles mit seinem Gastfreund Chairestratos:

S: Perikles will den Krieg. Und so, wie ihm gestern das Volk zugejubelt hat, wird es wohl auch bald dazu kommen. Aber lassen wir das, freuen wir uns lieber auf das große Dionysosfest, das übermorgen beginnen wird. Die neue Tragödie, die Sophokles dort aufführen wird, soll ja wieder ganz großartig werden!
C: Das habe ich auch schon gehört. Es ist tatsächlich erstaunlich, was er mit seinen fast siebzig Jahren noch auf die Beine stellt. Übrigens, heute Morgen war ich kurz auf der Akropolis. Der Parthenon, euer neuer Athene-Tempel, ist ja wirklich ein Wunderwerk! Jetzt ist mir auch klar, weshalb euch ganz Hellas darum beneidet: Von der untersten Stufe bis zum Dach – alles aus Marmor! Und erst die phantastische Athene-Statue aus Gold und Elfenbein! Dieser Phidias ist schon ein genialer Bildhauer!
S: Apropos genial: Hast du Lust, heute Abend mit zum Vortrag des Protagoras zu kommen?
C: Meinst du den Redner, der sich selbst „Weisheitslehrer“ nennt? Und der behauptet, dass der Mensch das Maß aller Dinge sei und nicht die Götter?
S: Genau den. Das wird sicher eine heiße Diskussion geben, Sokrates wird bestimmt auch da sein. Er hält ja gar nichts von dieser These. Er meint doch, dass der Mensch nur dann richtig handeln kann, wenn er weiß, was gut ist.
C: Aber wie erkennt man, was „das Gute“ ist?

a Informiert euch in einem Lexikon genauer über die in dem Gespräch genannten Persönlichkeiten.
b Gestaltet in Partnerarbeit ein Plakat mit einer Art Steckbrief.

Die Akropolis mit dem Parthenon im heutigen Athen.

Roms große Hoffnung

Im Alter von 16 Jahren wurde Nero 54 n. Chr. als letzter Verwandter des Augustus Kaiser von Rom. Seine Vorgänger Tiberius, Caligula und Claudius hatten oft für Aufregung und Besorgnis in der Bevölkerung gesorgt, nicht zuletzt aufgrund von Intrigen und Morden am Hof. Der junge Nero jedoch galt als die große Hoffnung: Mit ihm – so glaubten die Römer – würde ein gebildeter und milder Herrscher regieren. Sie hatten auch allen Grund zu dieser Annahme, denn Nero hatte eine hervorragende Ausbildung genossen. Der berühmte Philosoph Seneca hatte ihn persönlich unterrichtet und stand ihm nun auch als Berater zur Seite. Und tatsächlich erfüllte Nero in den ersten Regierungsjahren alle Erwartungen. Roms Glück schien perfekt. Doch dann veränderte sich Neros Wesen zunehmend.

Nero musiziert, Szenenfoto aus dem Film „Quo vadis", 1951.

ABLATIVUS ABSOLUTUS unter Kaiser Augustus

1	Cum Augustus imperaret,	pax facta est.
2	Augusto imperante	pax facta est.
3	Augusto **imperatore**	pax facta est.

4

a Übersetze **1**. Welches Zeitverhältnis besteht zwischen Glied- und Hauptsatz?
b Übersetze **2** genauso wie **1**. Vergleiche den Ablativus absolutus in **2** mit der Einführung zu Lektion 34 und stelle eine Regel auf: Wann wird das PPP, wann das PPA verwendet?
c Wodurch kann das PPA ersetzt werden (**3**)? Übersetze mit einer präpositionalen Verbindung. Finde auch eine passende Übersetzung für die Gedanken des Augustus (**4**).

Rom brennt.

Brände waren in Rom, insbesondere in den dicht bebauten Armenvierteln, keine Seltenheit. Eine besonders schwere Brandkatastrophe ereignete sich während der Regierungszeit Neros. Welche Rolle der Kaiser dabei gespielt hat, ist bis heute unklar.

Imperator Nero cum nonnullis comitibus per domum regiam ambulabat et de Graecorum tragoediis disserebat ceteris audientibus. Tum versus[1] Graeci recitabantur, cum subito Nero ad fenestram adiit. In urbem despiciens: „Valde“, inquit, „oculi mei hoc aspectu[2] offenduntur. Quam deformia[3] sunt haec vetera aedificia, quam angusti hi vici viaeque!“ Cum unus ex comitibus recitaret: „Me mortuo terra flammis consumatur[4]!“, Nero: „Immo“, inquit, „me vivo!“ Ac profecto paucis diebus post Roma incendio ardebat. Flammis per sex dies septemque noctes saevientibus incendium omnes fere partes urbis comprehendit, et domos divitum et insulas pauperum vastavit, periculumque erat, ne tota urbs igne deleretur. Nero autem omnibus noctibus ex turri alta urbem occidentem spectabat et pulchritudine flammarum delectatus excidium[5] Troiae canebat. Sed populus, cum ea clade tam diu tamque vehementer premeretur, omnibus rebus ad vitam necessariis carebat. Itaque Tigellinus, familiaris Neronis, timebat, ne seditio plebis moveretur. Eo suadente Nero hortos suos aperuit, subitaria[6] aedificia exstruxit, pretium frumenti minuit. Civibus summam inopiam deplorantibus[7] tamen simul iussit domum auream sibi[8] aedificari. Qua de causa fama per urbem serpebat[9] incendium Nerone auctore factum esse. Itaque princeps suspicionem a se re-movere studebat et crimen incendii in Christianos[10] vertit. Quos capitis[11] damnavit et in hortis suis poenis crudelibus affecit.

1) **versus, -ūs** m: Vers 2) **aspectus, -ūs** m: Anblick 3) **dēfōrmis, -is, -e:** hässlich 4) **flammīs cōnsūmātur:** (sie) soll in Flammen aufgehen 5) **excidium, -ī** n: Untergang 6) **subitārius, -a, -um:** schnelle Behelfs-/Not-
7) **dēplōrāre:** laut beklagen 8) **sibī** (*hier*): ihm/für ihn 9) **serpere:** kriechen 10) **Chrīstiānī, -ōrum** m: die Christen
11) **capitis:** zum Tode

- Gliedere den Text, indem du auf die Verwendung der Tempora achtest. Was bringen sie jeweils zum Ausdruck?
- Beschreibe, wie Nero in dem Text dargestellt wird. Belege deine Aussagen anhand des Textes.

1 Im falschen Topf!

a Sortiere alle Formen aus, die nicht PPA sind, und nenne ihre Lernform. Führe die Partizipien auf den Infinitiv Präsens Aktiv zurück.

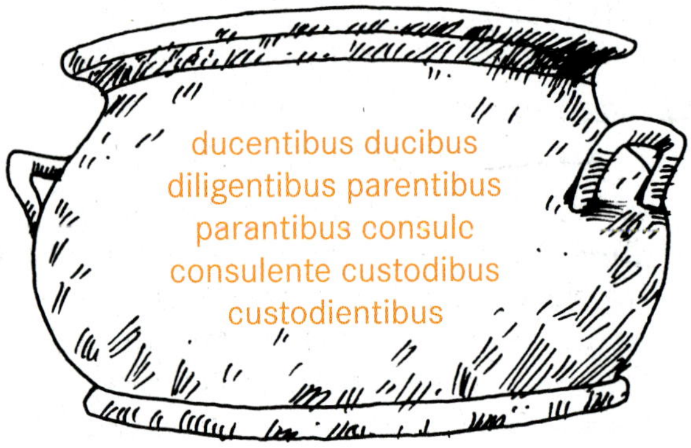

b Bei zwei Formen weißt du nicht, ob du sie im Topf lassen oder aussortieren sollst. Bei welchen?

2 Neros Phantasien

Vervollständige die Ablativi absoluti mit den gegebenen Partizipien und übersetze.

delentibus – saevientibus – ardente – recitante

1. Roma ? de Capitolio flammas spectabo. 2. Flammis tota urbe ? carmina[1] Graeca recitabo. 3. Me carmina[1] ? urbs flammis delebitur. 4. Flammis aedificia ? novam Romam cogitabo.

1) **carmen, -minis** n: Lied

3 Rom in Gefahr!

Ordne passend zu und übersetze.

1. Gallis urbem oppugnantibus
2. Hannibale Romae appropinquante
3. Caesare mortuo
4. Nerone imperante

A. cuncti timore capti sunt.
B. tota fere urbs igne deleta est.
C. Romani moenia non satis bene custodiverunt.
D. civitas libera in periculo erat.

4 UT oder NE?

Füge *ut* oder *ne* ein und übersetze.

1. Quis non audivit Neronem imperavisse, ? Roma incenderetur? 2. Saepe enim petiverat, ? Troiam ardentem caneret. 3. Cum multa iam aedificia Romae igne deleta essent, periculum erat, ? flammae totam urbem delerent. 4. Nero pauperibus et divitibus hortos suos aperuit, ? seditio plebis moveretur. 5. Nonnulli timebant, ? crimen incendii a Nerone in Christianos[1] verteretur. 6. Profecto imperator id egit, ? Christiani[1] accusarentur supplicioque afficerentur.

5 Ein guter Fang!

Angle dir alle Demonstrativ-Pronomina heraus. Elf müssen anbeißen.

sui – quis – quorum – sibi – cuius – eius – ei – hoc – illos – quae – nos – eorum – quod – quid – te – has – hunc – illud – quae – se – meum – eo – tibi – istos – vestram – isti

Erziehung gescheitert

1. Etiam apud Romanos philosophia[1] in honore erat. 2. Nomen Graecum „philosophiae[1]" significat Latine[1] „amorem sapientiae". 3. Nero puer a Seneca philosopho[1] educatus est[2]. 4. Imperatore Claudio mortuo Nero imperium accepit. 5. Eo imperante Seneca primo per quinque annos simul imperium regebat. 6. Quod tempus erat quasi[3] aetas aurea imperii Romani. 7. Sed tum Nero iuvenis virtutes magistri[4] despicere et contra omnes, quos inimicos putabat, saevire coepit. 8. Seneca vivo imperator multos homines, divites et pauperes, interfici iussit, quod timebat, ne coniurationi interessent. 9. Postremo etiam Senecam, magistrum[4] veterem, tollere voluit eumque se ipsum[5] necare iussit.

1) **Latīnē:** auf Latein 2) **ēducāre:** erziehen
3) **quasi:** gleichsam, sozusagen
4) **magister, -trī** m: Lehrer 5) **ipse, ipsa, ipsum:** selbst

Jahrgang II a. d. IX Kal. Aug. anno a.u.c. DCCCXVI

VOX ROMANA

III. Sonderausgabe zum Großbrand in Rom

Rom im Schockzustand – Ganze Stadtteile vernichtet

Sechs Tage wütet nun schon der gewaltige Brand, der in einem Laden des *Circus Maximus* ausbrach und von dort auf die Stadt übergriff. Zehn Stadtteile sind inzwischen stark betroffen, drei davon völlig zerstört. Über 3000 *insulae* und 100 *domus* sind bereits niedergebrannt. Bleibt zu hoffen, dass die vier Stadtbezirke, die bislang noch verschont blieben, dem Flammenmeer nicht auch noch zum Opfer fallen …
mehr auf Seite II

Interview mit Feuerwehrhauptmann L. Drusus

Salve, Druse, wie laufen die Löscharbeiten?
Unsere Leute sind rund um die Uhr im Einsatz. Aber eine so fürchterliche Brandkatastrophe hat Rom noch nicht erlebt, seit Augustus die Feuerwehr eingerichtet hat. Überall irren in den Straßen weinende Frauen und Männer, schreiende Kinder umher. Dazwischen Tote, Verletzte …

Helft den Brandopfern!
Bringt Kleider, Decken, Wasser und Nahrungsmittel zum Marsfeld!

Es wird gemeldet, dass die Löscharbeiten teilweise behindert werden. Vereinzelt sollen Brandsätze geworfen worden sein.
Steht die Brandursache schon fest?
Nein, es gibt noch keine gesicherten Erkenntnisse. Manche meinen, die Christen seien schuld. Andere behaupten, man habe gesehen, wie der Kaiser auf den Dächern des Palastes gesungen habe. Aber das ist alles Spekulation.
Vale, Druse. Danke für das Interview und viel Erfolg bei deinem weiteren Einsatz.

Haus und Heim

Führende Politiker fordern strengere Richtlinien für den Feuerschutz. So müssten die Straßen breiter gebaut und die Stockwerkzahl der Häuser beschränkt werden …
mehr auf Seite III

Neues aus dem Palast

Wie soeben bekannt wurde, will Kaiser Nero das Marsfeld und seine eigenen Parkanlagen für die Opfer des Großbrands freigeben. Ab sofort soll auch der Preis für das Getreide deutlich gesenkt werden
… *mehr auf Seite IV*

Ihr habt die III. Sonderausgabe zum Brand Roms in den Händen. Gestaltet die I. Sonderausgabe.

Schmelztiegel der Kulturen

Wer nach Sizilien kommt, den erwartet eine Zeitreise durch die Jahrhunderte. Denn die Mittelmeerinsel war wegen ihrer Lage und ihres fruchtbaren Bodens stets sehr begehrt. Wer immer hierher kam, ob als Händler oder als Eroberer, hinterließ seine Spuren. Hier kann man Tempel und Theater der Griechen, römische Villen, mittelalterliche Kirchen der Normannen, Burgen und Schlösser bestaunen. Vor allem die Griechen gründeten hier und in Süditalien seit dem 8. Jh. v. Chr. viele Städte und Kolonien und nannten ihre neue Heimat *Magna Graecia* (Großgriechenland). Die mächtigste antike Stadt auf Sizilien war Syrakus, das lange Alleinherrscher mit unbeschränkter Macht, Tyrannen genannt, regierten. Der wohl bekannteste von ihnen war Dionysius, der im 4. Jh. v. Chr. 38 Jahre lang herrschte.

Das Schwert des Damokles (1842), Karikatur von Honoré Daumier (1808–1879).

Ist Nero SELBST der Brandstifter?

Nach dem Brand Roms hört man in den Straßen allerlei Gerüchte . . .

a Welche der Formen des Demonstrativ-Pronomens ipse, ipsa, ipsum wird nicht nach der o- bzw. ā-Deklination dekliniert? Wie lautet wohl der Genitiv Singular? Informiere dich in der Begleitgrammatik, ob du richtig getippt hast.
b Nenne alle Formen des Pronomens im Singular und Plural.

Tyrannenglück

Ein Leben als Tyrann bedeutet Macht und Reichtum. Dass ein solches Leben jedoch auch seine Schattenseiten hat, musste der Tyrann Dionysius erfahren.

Dionysius iam adulescens Syracusanorum dominus esse cupiverat. Summa potentia denique parta se talem tyrannum[1] praebuit, ut cives eo invito nihil agere, nihil dicere auderent. Sibi ipsi autem omnia licere existimabat. Ultro vitam per luxum[1] agebat et divitiis abundabat: Erant ei triclinia[2] aurea, vasa argentea[3], tabulae pulchrae, statuae[1] praeclarae. Itaque omnibus vita eius invidiae erat, multi eum beatum appellabant. Tamen Dionysius rebus florentibus semper servos custodiae causa circum se habebat. Ipse enim sentiebat, quam esset beatus. Cum Damocles, unus ex comitibus, in sermone divitias eius, opes, magnificentiam[4] domus regiae memoraret eiusque vitam beatam laudaret, „Visne igitur“, inquit, „o Damocle, ipse hanc vitam cognoscere fortunamque meam temptare?“ Protinus Damocles se id ipsum cupere dixit. Itaque Dionysius eum in aureo lecto collocari iussit. Mensa epulis exquisitissimis[5] exstructa et odoribus[6] incensis pueri forma egregia ad mensam constiterunt et diligenter ministraverunt[7]. Damocles se beatum putabat. Modo manum in mensam porrigebat, cum super se gladium saeta equina aptum[8] conspexit. Hic gladius Dionysio auctore ita demissus[9] erat, ut collo illius impenderet. Qua re Damocli tantus terror illatus est, ut nihil iam aliud faceret nisi oculos in gladium figeret. Denique tyrannum[1] oravit, ut abire liceret. „Satis“, inquit, „mihi demonstravisti, qualis esset vita tua. Tali modo ego beatus esse nolo.“

1) **per lūxum:** in verschwenderischer Pracht 2) **triclīnium, -ī** n: Liege (im Speisezimmer)
3) **argenteus, -a, -um:** silbern, aus Silber 4) **māgnificentia, -ae** f: Pracht
5) **epulīs exquīsītissimīs:** mit den erlesensten Speisen 6) **odor, -ōris** m: Geruch; *Pl. auch* wohlriechende Stoffe
7) **ministrāre:** bedienen 8) **saetā equīnā aptum:** an einem Pferdehaar befestigt
9) **dēmittere:** von oben mit der Spitze nach unten aufhängen

- Charakterisiere anhand des Textes Dionysius und gib Belege aus dem Text an.
- Welche Erfahrung macht Damokles?

1 Höchstpersönlich!

Setze die Formen von *ipse* dazu.

civibus – coniugis – imperatorem – militum – parentes – reginae – soror – puero

2 „Zu Dionys, dem Tyrannen, schlich …“

Der Tyrann Dionysius, der das Schwert über Damokles hatte aufhängen lassen, war ein grausamer Herrscher. Ein Erlebnis allerdings soll ihm sehr nahe gegangen sein: Die Geschichte zweier Freunde. Diese Geschichte hat der römische Autor Hygin aufgeschrieben und der deutsche Dichter Friedrich Schiller hat im 18. Jh. aus dem Stoff eine Ballade gedichtet.

a Vergleiche den Anfang des lateinischen Textes mit der ersten Strophe der Ballade. Welche inhaltlichen und sprachlichen Unterschiede fallen dir auf?

b Finde heraus: Wie geht Schillers Ballade „Die Bürgschaft“ aus?

Cum in Sicilia Dionysius tyrannus crudelissimus[1] esset suosque cives cruciatibus[2] interficeret, Moerus tyrannum studuit interficere. Quem cum custodes deprehendissent armatum[3], ad regem duxerunt. Rogatus respondit se regem studuisse interficere. Quem rex iussit crucifigi[4].

1) **crūdēlissimus, -a, -um:** sehr grausam
2) **cruciātus, -ūs** m: Folter, Qual
3) **armāre:** *Verb zu* **arma, -ōrum** n
4) **crucifīgere:** kreuzigen

Zu Dionys, dem Tyrannen, schlich
Damon, den Dolch im Gewande;
Ihn schlugen die Häscher in Bande.
„Was wolltest du mit dem Dolche, sprich!“
Entgegnet ihm finster der Wüterich.
„Die Stadt vom Tyrannen befreien!“
„Das sollst du am Kreuze bereuen.“

3 Stimmt ja gar nicht!

Übersetze und stelle auf Deutsch die Angaben richtig.

1. Remo mortuo Aeneas patriam reliquit. – 2. Augusto imperante Romulus urbi nomen dedit. – 3. Imperio Albae Longae regi Numitori reddito Christus natus est. – 4. Vespasiano imperatore Roma condita est. – 5. Urbe Roma condita statim Colosseum aedificatum est. – 6. Oppido Troianorum deleto Romani feminas quaesiverunt.

4 Rätselhafte Reiseziele

In welchem dieser Länder würdest du gerne Urlaub machen? Löse den Rebus.

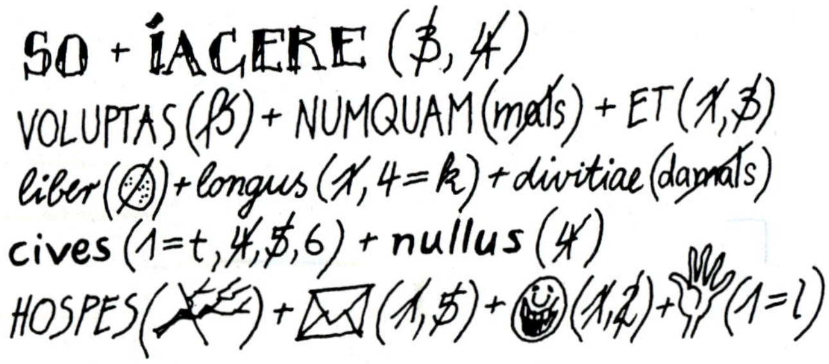

Raub der Proserpina

1. Filia Iovis et Cereris, deae frugum[1], erat Proserpina. 2. Quam Pluto Cerere matre invita uxorem ducere volebat. 3. Tandem matre nuptias aspere recusante filiae in insula Sicilia insidias paravit. 4. Ea in agro ludente terram aperuit et virginem in regnum sub terra situm abduxit. 5. Ceres autem filiam, cum domum non redisset, quaesivit. 6. Taedis[2] igne Aetnae incensis per totam Siciliam erravit. 7. Filia non inventa mater maesta officium[3] suum ita neglexit, ut nihil iam in agris cresceret. 8. Ita periculum erat, ne homines inopia cibi laborantes perirent. 9. Postremo Pluto Iove auctore Cereri concessit, ut filia duas partes anni in terra, unam sub terra viveret. 10. Ita accidit, ut Cerere a filia deserta agri fruges[1] non ferrent.

1) **frūgēs, frūgum** f: Feldfrüchte
2) **taeda, -ae** f: Fackel 3) **officium, -ī** n: Pflicht

Sicilia – Insel des Lichts, Insel der Götter

Sizilien – Fruchtbare Täler mit Zitronen- und Olivenhainen, graue Lavafelder des Berges der Berge, des ewig rauchenden und Feuer speienden Ätna, tiefblaues Meer und malerische Küsten.

Sizilien – Geburtsstätte zahlreicher Mythen und Erzählungen: Hier soll Odysseus den Polyphem geblendet, hier soll Pluto Proserpina geraubt, hier sollen Skylla und Charybdis unzählige Seeleute in den Tod gerissen haben.

Das „Ohr des Dionysius".

Syrakus war zeitweilig die größte Stadt der Antike, viel größer als das heutige Syrakus mit seinen 120 000 Einwohnern. Berühmt sind die unterirdischen Steinbrüche bei Syrakus. In der Höhle, die man „Ohr des Dionysius" nennt, wird jedes Geräusch 42fach verstärkt: Eine Legende behauptet, der Tyrann Dionysius habe hier Gegner gefangen gehalten und ihre Gespräche belauscht.

Der sog. Concordia-Tempel in Agrigent.

In **Agrigent** und **Selinunt** findet man die besterhaltenen und größten Tempel der ganzen antiken Welt. Die Bewohner von Agrigent, berühmt für ihre luxuriöse Lebensweise, errichteten allein im 5. Jh. v. Chr. nicht weniger als zehn Tempel.

Im Ersten Punischen Krieg eroberten die Römer Sizilien als ihre erste *provincia*. Zu den schönsten Bauten aus römischer Zeit gehört das Theater in **Taormina**.

Das Theater von Taormina mit dem Vulkan Ätna im Hintergrund.

Stell dir vor, du arbeitest als Reiseleiter. Suche alle Orte auf einer Karte und plane eine Route. Informiere dich über Palermo und Cefalù, diese Orte sollen im Programm nicht fehlen. Für ein paar Badetage eignen sich die Strände im Osten und Süden der Insel. Nun begrüßt du deine Reisegruppe und erläuterst in einem kurzen Vortrag das Programm.

sacerdōs, sacerdōtis *m/f*	**der/die Priester(in)**
prūdentia, prūdentiae *f*	**die Klugheit; die Vorsicht**
lītus, lītoris *n*	**der Strand**
rēs, reī *f*	**die Sache; das Ereignis**
hostis, hostis *m*; *Gen. Pl.* hostium	**der Feind**
relinquere, relinquō, relīquī	**zurücklassen, verlassen**
spēs, speī *f*	**die Hoffnung**, die Erwartung
dolus, dolī *m*	**die List**
fraus, fraudis *f*; *Gen. Pl.* fraud(i)um	**der Betrug, die Täuschung**

fidēs, fideī *f*	**das Vertrauen; der Glaube; die Treue**
aut ... aut	**entweder ... oder**
latēre	**verborgen sein**
īnstāre, īnstō, īnstitī	**drohen, bevorstehen**
sententia, sententiae *f*	**die Meinung, die Ansicht**
probāre	**gutheißen, billigen**
persuādēre, persuādeō, persuāsī (*m. Dat.*)	(*m. AcI*) (*jmdn.*) **überzeugen;** (*jmdn.*) **überreden**
contendere, contendō, contendī	**sich anstrengen; eilen; kämpfen; behaupten**

corripere, corripiō, corripuī	**(an)packen; an sich reißen**
dēficere, dēficiō, dēfēcī	**verlassen; ausgehen**
postquam (*m. Perf.*)	**nachdem**
discēdere, discēdō, discessī	**weggehen, verschwinden**
timor, timōris *m*	**die Angst, die Furcht**
incertus, incerta, incertum	**unsicher, ungewiss**; unschlüssig

auctōritās, auctōritātis *f*	**das Ansehen; der Einfluss**
aedificāre	**bauen**
īra, īrae *f*	**der Zorn, die Wut**
ob (*m. Akk.*)	**wegen**
mūrus, mūrī *m*	**die Mauer**

vir
urbs
accurrere
decedere
credere
num
putare
donum
carere
furor
aut
etsi
iam
vis
summus

ÜV Vorschläge zur Übersetzung einiger im Lektionstext auftretender Wendungen und Sätze

Spes me tenet ...	Ich habe die Hoffnung ...
fidem habere	Vertrauen haben
signum eius rei	ein Zeichen dafür
iram movere	den Zorn erregen

1 Da ist Latein drin!

a Nenne das zugrunde liegende lateinische Wort und erkläre das Fremdwort.
- Die Direktorin strahlt **Autorität** aus.
- Der Wagen ist mit einem **Defekt** liegen geblieben.
- In Rom sehen wir heute noch viele **Relikte** der Vergangenheit.

b Erkläre folgende Fremdwörter, indem du sie auf ihre lateinische Vokabel zurückführst, ihre Bedeutung mit eigenen Worten umschreibst und ein Beispiel für die Verwendung nennst:
Petition – Kredit – Filiale.

2 Paare bilden

Stelle je zwei Wörter zusammen, die der Bedeutung nach zusammenpassen.

prudentia – causa – dolus – urbs – credere – deus – mare –
fides – murus – ob – sapientia – sacerdos – fraus – litus

3 Parliamo italiano.

Übertrage die Tabelle in dein Heft, trage die italienischen Substantive ein und ergänze das lateinische Substantiv, sein Genus und die deutsche Bedeutung.
Was stellst du beim Vergleichen fest?
Achte auf die Endungen der Wörter und versuche, eine Regel zu formulieren, wie die italienischen Substantive von den lateinischen abgeleitet werden können.

la via	via	f	Weg
il popolo	populus	?	?

il cane – la cena – il senatore – la dea – la fortuna – il padre – la madre – il mare – la mente – la lettera – il monte – il vino – la morte – il dio – la nave – il numero – il ponte – il silenzio – la terra

4 DICTA et SENTENTIAE

Medias* in res

* **medius, -a, -um:** der mittlere, mitten

sagt man, wenn man
A. sehr beschäftigt ist,
B. im Mittelpunkt stehen will,
C. gleich zur Sache kommen will,
D. einen Kompromiss schließt.

5 Sammle alle lateinischen Verben für Bewegung und ordne sie nach „Schnelligkeit“.

6 Stelle lateinische Wörter und Wendungen zum Wortfeld „Angst“ zusammen.

inquit	**sagt/sagte (er, sie)**
accidere, áccidit, áccidit	**sich ereignen, zustoßen**
mulier, mulíeris *f*	**die Frau**
blandus, blanda, blandum	**schmeichlerisch**
porta, portae *f*	**das Tor, die Tür**
īnsidiae, īnsidiārum *f* (*Pluralwort*)	**der Hinterhalt, die Falle; der Anschlag**
metuere, metuō, metuī	**sich fürchten; befürchten**

socius, sociī *m*	**der Gefährte; der Verbündete**
ubī (*Subjunktion; m. Perf.*)	**sobald**
hic, haec, hoc	**dieser, diese, dieses**
occurrere, occurrō, occurrī	**entgegenkommen, begegnen**
locus, locī *m*	**der Ort**
salvus, salva, salvum	**wohlbehalten, gesund**
incolumis, incolumis, incolume	**unversehrt, heil**

remedium, remediī *n*	**das Heilmittel**
ēvādere, ēvādō, ēvāsī (*m. Akk./ex*)	**entkommen, entgehen**
forās	**hinaus, heraus, nach draußen**
hinc	**von hier**
stringere, stringō, strīnxī	**ziehen**; streifen
pēs, pedis *m*	**der Fuß**
prōicere, prōiciō, prōiēcī	**(nieder-, vor)werfen**
modus, modī *m*	**die Art, die Weise; das Maß**

sinere, sinō, sīvī	**(zu)lassen, erlauben**
praeter (*m. Akk.*)	**außer**
quī?	**wie?**
iūrāre	**schwören**
nocēre	**schaden**
reddere, reddō, reddidī	**zurückgeben; machen zu**

apparere
consistere
praebere
gladius
sumere
proinde
abire
tangere
orare
mortalis
posse
quamquam
asper
desinere

ÜV

non … nisi	nur
vis remedii	die Wirkung des Heilmittels
amore ardere	schrecklich verliebt sein

1 Da ist Latein drin!

a Wart ihr mit dem Auto oder **per pedes** unterwegs?

b Erkläre: Simulation – Solist – Mutation.

2 Wortfamilie

Von der Wortfamilie, zu der *iurare* gehört, kennst du bereits vier Mitglieder. Nenne sie.

3 Parliamo italiano.

Zur Erinnerung Beispiele für italienische Substantive im Vergleich zu den lateinischen:

dea – la dea, populus – il popolo, vinum – il vino, canis – il cane, mater – la madre

Der italienische Artikel *la/il* wird vor Vokalen zu *l'*: amicus – l'amico, amica – l'amica

Nun kannst du selbst über das Lateinische die italienischen Substantive finden für:

das Wasser – der Kaiser – der Redner – das Schiff – das Jahr – der Arzt – das Glück – der Esel – das Licht – die Heimat – die Stimme – das Wohl.

4 DICTA et SENTENTIAE

Caelum, non ? mutant, qui trans mare currunt.

Welches Wort fehlt in dem Sprichwort?
A. villam – B. terram – C. animum – D. regem
Besprecht die Möglichkeiten und begründet.

5 Stelle lateinische Wörter und Wendungen zum Wortfeld „Trauer" zusammen.

6 Französische Verwandte

Erschließe mithilfe der lateinischen Vokabeln, welche dieser französischen Wörter Verwandtschaftsbezeichnungen sind.

le père – la fille – l'amie – la reine – le roi – les parents – le frère – le dieu – l'homme – la mère – l'ami – le fils

Eine Übersicht über die vollständigen Stammformen aller in Lektion 1–22 gelernten Verben findest du auf den Seiten 120–123.

monēre	**erinnern; mahnen, auffordern**
dux, ducis *m/f*	**der/die Führer(in); der Feldherr**
respicere, respiciō, respexī, respectum	**denken an, berücksichtigen**
gēns, gentis *f*; *Gen. Pl.* gentium	**das Volk; das Geschlecht**
fātum, fātī *n*	**das Schicksal**
orbis, orbis *m*; *Gen. Pl.* orbium	**der (Erd-)Kreis**
regere, regō, rēxī, rēctum	**(be)herrschen**
cōgere, cōgō, coēgī, coāctum	**sammeln; zwingen**
classis, classis *f*; *Gen. Pl.* classium	**die Flotte**
dolor, dolōris *m*	**der Schmerz; die Trauer**
cupiditās, cupiditātis *f*	**der Wunsch, das Verlangen**
posteā	**später; nachher**
docēre, doceō, docuī, doctum	**unterrichten; lehren**
cōnstituere, cōnstituō, cōnstituī, cōnstitūtum	**beschließen; festsetzen**
adīre, adeō, adiī, aditum	**hingehen; herantreten**; ansprechen
fugere, fugiō, fūgī, –	**fliehen**
crūdēlis, crūdēlis, crūdēle	**grausam**
tantus, tanta, tantum	**so groß, so viel**
nefās *n* (*nur Nom./Akk. Sg.*)	**der Frevel, das Verbrechen**
quidem	**allerdings; zwar**
vehemēns; *Gen.* vehementis	**heftig**
vītāre	**(ver)meiden**
dēcipere, dēcipiō, dēcēpī, dēceptum	**täuschen**
et ... et	**sowohl ... als auch; einerseits ... andererseits**
incendere, incendō, incendī, incēnsum	**anzünden**; entflammen, in Aufregung versetzen
(meā, tuā, ...) sponte	**freiwillig, aus eigenem Antrieb**
mandāre	**auftragen**; übergeben, **anvertrauen**
facere, faciō, fēcī, factum	**machen**

voluntas
destinare
relinquere
nolle
dolus
sperare
decedere
mens
tandem
tenere
numquam
nuptiae

ÜV

monere de	erinnern an
Animo perturbatus est.	Er geriet in Verwirrung.
Eum cupiditas fugae invadit.	Er möchte nur noch fliehen.
fidem dare	ein Versprechen geben

1a Da ist Latein drin!

- Sie hat **spontan** gehandelt.
- Er hat seine Beteiligung **vehement** bestritten.
- Die **Fakten** sprechen für sich.
- Ich habe großen **Respekt** vor ihm.

b In der Politik werden viele Wörter verwendet, die auf lateinischen Ursprung zurückgehen. Überlege, welche Begriffe abgeleitet sein könnten von: *mandare, constituere, regere*.

2 Wortfamilie

Von der Wortfamilie, zu der *regere* gehört, kennst du bereits drei Mitglieder. Nenne sie.

3 Parliamo italiano.

Hier siehst du die sechs Personen eines italienischen Verbs. Bringe sie in die richtige Reihenfolge. Woran kannst du sie erkennen?

(lui) porta, (voi) portate, (tu) porti, (loro) portano, (io) porto, (noi) portiamo

Bilde mithilfe der lateinischen Vokabeln folgende italienische Verbformen:

ihr grüßt – er hofft – wir lieben – ich lade ein – sie befreien – du hoffst – ich liebe – er lädt ein – ihr befreit.

4 DICTA et SENTENTIAE

Omnia mea mecum porto

sagte

A. ein Kaiser, B. ein Philosoph,
C. ein Händler, D. ein Sportler.

5 „Q-Wörter“

Suche alle Fragewörter heraus. Was bedeuten die übrigen Wörter?

quam – quamquam – quando – quare – quid – quidem – quinque – quis – quo – quondam

6 Passende Namen

Welchen Geschäften, Firmen, Unternehmen usw. könnte man folgende Namen geben?

fides – iter – lux – nuptiae – sapientia – oculus – vita – voluptas – aspicere – tempus – murus – auxilium

7 Genus-Tradition

Vergleiche die französischen Substantive mit den ihnen zugrunde liegenden lateinischen Substantiven und prüfe, ob diese Behauptungen stimmen: Aus den lateinischen Neutra sind Maskulina geworden; Feminina sind Feminina geblieben. (Das sind die französischen Artikel: Mask.: le, Fem.: la.)

la fable – le verbe – la nuit – le ciel – le vin – la lettre – le spectacle – le mur – la porte – le nom – la famille – le conseil – la flamme

loca, locōrum *n* (*Pluralwort*)	**die Gegend**
condere, condō, condidī, conditum	**gründen**; aufbewahren; bestatten
invenīre, inveniō, invēnī, inventum	**(er)finden**
moenia, moenium *n* (*Pluralwort*)	**die (Stadt-)Mauer**
studium, studiī *n*	**der Eifer, die Bemühung**
occupātus, occupāta, occupātum (in *m. Abl.*)	**beschäftigt** (*m. etw.*)

uter, utra, utrum?; *Gen.* utrīus, *Dat.* utrī	**wer?** (*von zwei Personen*)
certāre	**streiten; wetteifern**, kämpfen
cōnsentīre, cōnsentiō, cōnsēnsī, cōnsēnsum	**übereinstimmen**
uterque, utraque, utrumque; *Gen.* utrīusque, *Dat.* utrīque	**jeder** (*von zwei Personen*), **beide**
alter, altera, alterum; *Gen.* alterīus, *Dat.* alterī	**der eine; der andere** (*von zwei Personen*)
quoniam	**da ... ja, wo ... doch**
(*m. Dat.*) opus est (*m. Abl.*)	**es ist nötig; (*jmd.*) braucht (*etw.*)**

ambō	**beide**
prior; *Gen.* priōris	**der erste; der frühere**
paulō	**(ein) wenig**
post (*Adv.*)	**später; danach**
avis, avis *f*; *Gen. Pl.* avium	**der Vogel**
mōmentum, mōmentī *n*	**die Entscheidung; die Wichtigkeit**
commovēre, commoveō, commōvī, commōtum	**erregen**; bewegen, **veranlassen**
irrīdēre, irrīdeō, irrīsī, irrīsum	**verspotten**

quemádmodum	**wie, auf welche Weise**
parvus, parva, parvum	**klein**
circumdare, circumdō, circumdedī, circumdatum	**umgeben; umzingeln**
audācia, audāciae *f*	**die Frechheit; die Kühnheit**
īrātus, īrāta, īrātum	**zornig, wütend**
interficere, interficiō, interfēcī, interfectum	**töten**
obtinēre, obtineō, obtinuī, obtentum	**erlangen; behaupten**

exponere
cupere
locus
exstruere
opus
rogare
postremo
convenire
auxilium
ostendere
vindicare
dubitare
probare
ubi
periculum

ÜV

Inter nos non convenit.	Es gibt zwischen uns keine Einigung.
momentum facere	die Entscheidung bringen

1 Was ist gemeint?

non parvus: ?
qui primus ex duobus venit: ?
urbem circumdant: ?
ira commotus: ?

2 Wer braucht was?

Stelle sinnvolle Sätze zusammen.

foco – templo[1] – mihi – patrono – consuli – equiti – domino – mari	opus est	ara – auxilio – equo – aqua – senatoribus – flamma – reo – servo

3 Parliamo italiano.

a Vergleiche: salutavi – (io) ho salutato – ich habe gegrüßt
Wie wird in den drei Sprachen jeweils das Perfekt gebildet?

b Die italienischen Partizipien kannst du mithilfe des lateinischen PPP erschließen.
Schreibe: fatto – factum – gemacht.

amato – sentito – promesso – portato – lavorato – dato

c Hier ist das Hilfsverb *avere* – haben: (io) ho, (tu) hai, (lui/lei) ha, (noi) abbiamo, (voi) avete, (loro) hanno.
Nun kannst du auf Italienisch sagen:
wir haben gearbeitet – du hast versprochen – sie hat geliebt – ihr habt gebracht – ich habe gegeben – sie haben versprochen – du hast gefühlt – er hat gearbeitet – ihr habt gegeben – ich habe geliebt

4 DICTA et SENTENTIAE

Sine ira et studio

wollte der römische Geschichtsschreiber Tacitus Ereignisse der Kaiserzeit aufschreiben.
Welche der folgenden Begriffe passen zu dieser Einstellung?

ausführlich – objektiv – rücksichtslos – einfühlsam – offen – gefühllos – unparteiisch – anschaulich – unbeteiligt – oberflächlich

5 Stelle alle Bezeichnungen für Verwandtschaftsverhältnisse zusammen.

6 Übersetze die Verbindungen mit *facere*; suche treffende Ausdrücke.

facere: pontem – verba – bellum – spem – dolorem – vim – virum idoneum ducem

superbus, superba, superbum	**hochmütig**, stolz
imperāre	**befehlen; herrschen**
plēbs, plēbis *f*	**das** (*einfache*) **Volk**
patrēs, patrum *m*	**die Patrizier; die Senatoren**
mūnus, mūneris *n*	**das Amt, die Aufgabe; das Geschenk**
inimīcus, inimīca, inimīcum	**feindlich**; *Subst.* **der Feind**
prīnceps, prīncipis *m*	**der Angesehenste, der führende Mann, der Herrscher**

nepōs, nepōtis *m*	**der Enkel; der Neffe**
parcere, parcō, pepercī, – (*m. Dat.*)	(*jmdn.*) **schonen**
quia	**weil**
iniūria, iniūriae *f*	**das Unrecht**; die Gewalttat; **die Ungerechtigkeit**
perspicere, perspiciō, perspexī, perspectum	**erkennen**, genau sehen, durchschauen
tūtus, tūta, tūtum	**sicher, geschützt**
diēs, diēī *m*	**der Tag**
terribilis, terribilis, terribile	**schrecklich**

cōnsulere, cōnsulō, cōnsuluī, cōnsultum	(*m. Akk.*) **um Rat fragen, befragen;** (*m. Dat.*) **sorgen für**
comes, comitis *m/f*	**der/die Begleiter(in)**
gaudium, gaudiī *n*	**die Freude**
afficere, afficiō, affēcī, affectum (*m. Abl.*)	**versehen (*m. etw.*)**
eō (*Adv.*)	**dorthin**
mandātum, mandātī *n*	**der Auftrag**
perficere, perficiō, perfēcī, perfectum	**ausführen; vollenden**

aliquandō	**irgendwann (einmal); einst**
fīnīre	**(be)enden**
agitāre	**(an)treiben**
ōs, ōris *n*	**der Mund; das Gesicht**
mollis, mollis, molle	**freundlich; weich, angenehm**
pellere, pellō, pépulī, pulsum	**schlagen, stoßen; vertreiben**

crudelis
labor
cogere
insidiae
tollere
interficere
putare
stultus
sollicitare
contendere
postquam
spes
constituere
cadere
tangere

ÜV

prohibitus a muneribus	ferngehalten von den Ämtern
timore motus	aus Furcht
principes civitatis	die führenden Männer im Staat
gaudio affectus	von Freude erfüllt
summum imperium	die Oberherrschaft, die Entscheidungsgewalt

1 Charaktersache

Ein Mensch kann viele Charaktereigenschaften haben. Er kann z. B. *superbus* oder *mollis* sein. Mit welchen lateinischen Adjektiven würdest du deinen Banknachbarn charakterisieren?

2 Da ist Latein drin!

- Der Abgeordnete erhält sein **Mandat** von den Wählern.
- Die Kür der Eisläuferin war **perfekt**.
- Diese Medizin wird **oral** verabreicht.

3 DICTA et SENTENTIAE

Verum gaudium res severa* est.

* **sevērus, -a, -um:** ernst

Das ist doch ein Widerspruch! Oder vielleicht doch nicht? Diskutiere mit Freunden oder Erwachsenen darüber.

4 Parliamo italiano.

▶ medico ⟶ medici – cane ⟶ cani – villa ⟶ ville – lettera ⟶ lettere

Aus den angegebenen Beispielen kannst du erschließen, wie der Plural bei den meisten Substantiven im Italienischen gebildet wird.
Wie lauten dann die Pluralformen zu:

monte – corpo – ponte – terra – figlia – numero – via?

5 Sklaventreiber

Welche lateinischen Wörter aus Lektion 25 fallen dir zu diesem Bild ein?

6 Da steckt noch mehr dahinter.

Zu jeder der folgenden Vokabeln gibt es mindestens ein Substantiv oder Verb aus derselben Wortfamilie.

imperare – inimicus – iniuria – terribilis – orare

7 Mutter Latein...

Nenne die lateinischen Wörter, aus denen sich die englischen, französischen, italienischen und spanischen entwickelt haben, und ihre deutsche Bedeutung.

LATEIN	ENGLISCH	FRANZÖSISCH	ITALIENISCH	SPANISCH	DEUTSCH
?	wine	vin	vino	vino	?
?	art	art	arte	arte	?
?	to finish	finir	finire	finalizar	?
?	to enter	entrer	entrare	entrar	?

arx, arcis *f*; *Gen. Pl.* arcium	**die Burg**
expūgnāre	**erobern, erstürmen**
nātūra, nātūrae *f*	**die Beschaffenheit, die Natur; das Wesen**
tot (*indekl.*)	**so viele**
vigilia, vigiliae *f*	**die Nachtwache**
dīligēns; *Gen.* dīligentis	**gewissenhaft, sorgfältig**
custōdīre	**bewachen**

angustus, angusta, angustum	**eng; schwierig**
paucī, paucae, pauca	**(nur) wenige**
mūnīre	**befestigen**
somnus, somnī *m*	**der Schlaf**
prīvāre (*m. Abl.*)	(*einer Sache*) **berauben,** (*um etw.*) **bringen**
succēdere, succēdō, successī, successum	anrücken (gegen); **(nach)folgen,** nachrücken
animadvertere, animadvertō, animadvertī, animadversum (in *m. Akk.*)	**bemerken,** entdecken; vorgehen (*gegen jmdn.*)

temptāre	prüfen, **versuchen; angreifen**
ascendere, ascendō, ascendī, ascēnsum	**hinaufsteigen, -klettern**
pervenīre, perveniō, pervēnī, perventum	**hinkommen,** ankommen; (hin)gelangen
immō	**ja sogar; im Gegenteil**
fallere, fallō, fefellī, –	**täuschen, betrügen**
sacer, sacra, sacrum	**heilig, geweiht**
inōpia, inōpiae *f*	**der Mangel**

excitāre	(auf)**wecken;** erregen; **ermuntern**
fortis, fortis, forte	**tapfer,** mutig; **kräftig**
rapere, rapiō, rapuī, raptum	**(an sich, weg)reißen; rauben**
ruere, ruō, ruī, –	(*auf jmdn.*) **losstürzen, zustürmen**
oppūgnāre	**angreifen; bestürmen**
līberī, līberōrum *m* (*Pluralwort*)	**die Kinder**
aciēs, aciēī *f*	der/**das** (*kampfbereite*) Trupp/**Heer;** die Schlachtordnung

ingens
periculum
mons
putare
quare
ponere
idoneus
ceteri
poscere
acer
arma
accurrere
defendere
praecipitare

ÜV

natura loci	die Lage des Ortes
viam temptare	den Weg erkunden
in summum pervenire	ganz oben ankommen
in summa inopia cibi	bei größter Hungersnot

1 Austauschen

Ersetze jedes Verb durch ein anderes aus diesem Wortschatz, das eine ähnliche Bedeutung hat.

oppugnare → ? rapere → ? ruere → ?

2 Da ist Latein drin!

- **Sukzessive** fanden sich alle Zuschauer im Saal ein.
- An dieser Stelle müssen die Trompeten **forte** spielen.
- Auch als **Ruine** ist die Burg noch beeindruckend.

3 Stelle alle Vokabeln aus dieser Lektion zusammen, die eine Mengenangabe enthalten. Bestimmt fallen dir noch fünf weitere Vokabeln zu diesem Wortfeld ein!

4 Vorsicht, Falle!

Diese Vokabeln sehen so aus, als hätten sie ähnliche Bedeutungen. Stimmt aber nicht! Wie lauten sie?

vita – vitare privare – privatus

5 Parliamo italiano.

Stell dir vor, du sitzt in einer Eisdiele in Rom und erklärst dem Kellner mit deinen Lateinkenntnissen, was du willst! Bis auf das *gelato* und den *zucchero* kannst du alle italienischen Wörter von lateinischen ableiten. Entspricht die Verwendung der Wörter im Italienischen immer der im Lateinischen?

Il gelato è molto bene! – Un po(co) di zucchero, per favore! – Un altro gelato, per favore!

6 DICTA et SENTENTIAE

Fortes fortuna adiuvat*.

* **adiuvāre:** unterstützen, helfen

Beschreibe mit eigenen Worten die Bedeutung dieses Spruches. Welches andere Adjektiv könntest du deiner Meinung nach anstelle von *fortes* noch einsetzen?

7 Das steckt dahinter.

Die „eigentliche“ Bedeutung dieser französischen Wörter kannst du aus ihrer Ableitung aus dem Lateinischen erklären.

le printemps: der Frühling – les vacances: die Ferien – l’exercice: die Übung

ille, illa, illud	jener, jene, jenes (berühmte/berüchtigte); der, die, das zuerst genannte
exercitus, exercitūs *m*	das Heer
praeesse, praesum, praefuī (*m. Dat.*)	an der Spitze (*von etw.*) stehen, (*etw.*) leiten
impetus, impetūs *m*	der Angriff; der Schwung
recipere, recipiō, recēpī, receptum/sē recipere	aufnehmen; zurücknehmen/sich zurückziehen
commūnis, commūnis, commūne	gemeinsam; allgemein
incendium, incendiī *n*	der Brand, das Feuer
dēlēre, dēleō, dēlēvī, dēlētum	zerstören, vernichten

metus, metūs *m*	die Angst, die Furcht
resistere, resistō, restitī, –	Widerstand leisten
pār; *Gen.* paris	ebenbürtig; gleich
ūniversus, ūniversa, ūniversum	ganz, gesamt; *Pl.* (alle) zusammen
intellegere, intellegō, intellēxī, intellēctum	verstehen; erkennen, einsehen
sīgnificāre	bezeichnen; anzeigen
opportūnus, opportūna, opportūnum	günstig; geeignet

medius, media, medium	der mittlere; in der Mitte (von)
nūntiāre	melden
adversārius, adversāriī *m*	der Gegner; der Feind
singulus, singula, singulum	jeweils einer; jeder einzeln(e)
sīn	wenn aber
vincere, vincō, vīcī, victum	(be)siegen; übertreffen
committere, committō, commīsī, commissum	veranstalten; zustande bringen; anvertrauen
proelium, proeliī *n*	der Kampf, die Schlacht

inīquus, inīqua, inīquum	ungünstig; ungerecht; ungleich
victōria, victōriae *f*	der Sieg
parere, pariō, peperī, partum	erwerben; gewinnen; hervorbringen
multitūdō, multitūdinis *f*	die große Anzahl, die Menge
clādēs, clādis *f*; *Gen. Pl.* clādium	die Niederlage; der Verlust

classis
civis
sustinere
non modo ... sed etiam
ubi
domum
moenia
perire
nonne
proinde
salus
dux
persuadere
brevis
prudentia

ÜV

classem constituere	die Flotte in Stellung bringen
spem ponere (in *m. Abl.*)	die Hoffnung setzen (*auf*)
Conflixit loco sibi iniquo.	Er kämpfte an einem für ihn ungünstigen Ort.
victoriam parere	einen Sieg erringen

1 Gleich und doch nicht gleich

Für die folgenden Wörter hast du jeweils ähnliche oder gleiche Bedeutungen gelernt. Stelle die „gleichen“ zu Paaren zusammen. Gibt es dabei kleine, aber feine Bedeutungsunterschiede?

proelium – omnis – timor – inimicus – metus – universus – adversarius – pugna

2 Chamäleon *committere*

a Übersetze die Wendungen mit *committere* mit einem möglichst passenden deutschen Ausdruck.

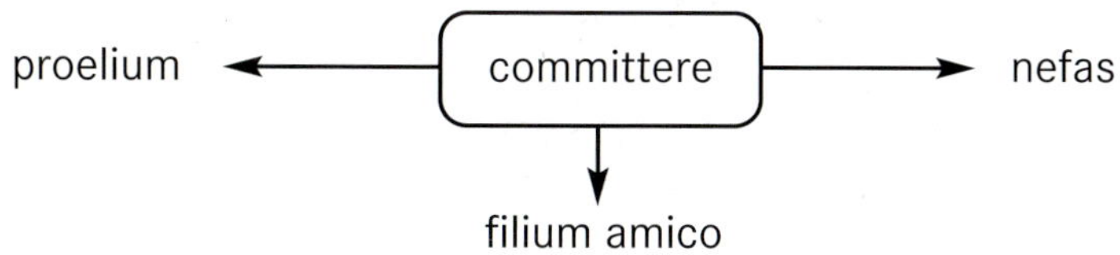

b Was bedeutet im Englischen: he committed a crime (crime = Verbrechen)?

3 Parliamo italiano.

Die Artikel im Italienischen haben sich aus dem Pronomen *ille/illa* entwickelt. Versuche zu erklären, wie sie sich aus ihren lateinischen Vorgängern entwickelt haben, und ordne sie den Substantiven richtig zu.

i – la – le – il   vita – medici – monumento – lettere

Wie lautet der Singular bzw. Plural zu: il vino – la villa – i numeri – la storia – il corpo – le terre?

4 *in-* und *in-* ist nicht dasselbe.

imponere – intrare – iniquus – incolumis – invadere – inimicus – invenire – impetus

Alle Vokabeln beginnen mit der Vorsilbe *in-*, doch dieses *in-* hat zwei verschiedene Bedeutungsrichtungen. Du kannst die Wörter zwei verschiedenen „*in*-Bereichen“ zuordnen. Welchen?

5 Da ist Latein drin!

- Diese Uhr ist **water-resistant.**
- Das ist ein **intelligenter** Schüler!
- Welche Funktion hat die **delete**-Taste auf deinem Computer?

6 Was bedeutet dieses Zeichen?

Auf welches lateinische Wort geht das englische zurück?

7 DICTA et SENTENTIAE

Sicherlich kennst du noch den berühmten Spruch:

Veni, vidi, vici.

Von wem stammt er doch gleich? Und was wollte der Sprecher damit ausdrücken?

obscūrus, obscūra, obscūrum	(ziemlich) **dunkel**, finster
cernere, cernō, –, –	**erkennen**; sehen
lūmen, lūminis *n*	**das Licht; das Auge(nlicht)**
parcus, parca, parcum	**spärlich; sparsam**
interdum	**manchmal, bisweilen**
aurum, aurī *n*	**das Gold**
māgnitūdō, māgnitūdinis *f*	**die Größe**

manus, manūs *f*	**die Hand; die Schar**
quī, quae, quod?	**welcher, welche, welches?**
aedis, aedis *f*; *Gen. Pl.* aedium	**der Tempel**; *Pl. auch* das Haus
at	**aber, (je)doch; dagegen**
avāritia, avāritiae *f*	**die Gier**, die Habsucht; **der Geiz**
senātus, senātūs *m*	**der Senat; die Senatsversammlung**
ēripere, ēripiō, ēripuī, ēreptum	**entreißen**

arcēre, arceō, arcuī, –	**abwehren, fernhalten**
necesse est	**es ist notwendig**
trāicere, trāiciō, trāiēcī, trāiectum	**hinüberbringen, *über*setzen**
contrā (*m. Akk.*)	**gegen**
fīnis, fīnis *m*; *Gen. Pl.* fīnium	**das Ende; die Grenze**; der Zweck; *Pl.* **das Gebiet**
īnstituere, īnstituō, īnstituī, īnstitūtum	**beginnen**; einrichten; **unterrichten**
castra, castrōrum *n* (*Pluralwort*)	**das Lager**

dīgnitās, dīgnitātis *f*	**die Würde; das Ansehen**
neglegere, neglegō, neglēxī, neglēctum	**nicht (be)achten; vernachlässigen**
mīles, mīlitis *m*	**der Soldat**
postulāre	**fordern**
addūcere, addūcō, addūxī, adductum	**heranführen; veranlassen**
amīcitia, amīcitiae *f*	**die Freundschaft**
odium, odiī *n*	**der Hass**

vix
ara
simulacrum
ingens
apparere
consistere
accedere
certe
diligens
gens
contendere
deinde
sacrificare
castra
sacer
iurare

ÜV

obscura luce	im düsteren Licht
avaritia ardens	in unersättlicher Habgier
Vere dixisti.	Du hast Recht.
ardentibus oculis	mit funkelnden Augen

1 Gegensätze ziehen sich an.

Ordne zu Gegensatzpaaren:

eripere pro odium in-imicitiae	amicitia amor contra dare

2 Da ist Latein drin!

- Die Mannschaft stand im **Finale**.
- Da habe ich ihm aber **Kontra** gegeben!
- Dort liefen einige **obskure** Gestalten herum.
- Das Gebäude war festlich **illuminiert**.

3 Tell me in German!

4 Substantive basteln

▶ magni-tudo: die „Großheit“, Größe

Erschließe die folgenden Substantive und ihre Bedeutung: fortitudo – pulchritudo – multitudo – altitudo.

5 Hand und Schar

Gibt es einen Grund, warum die Römer beides mit *manus* bezeichneten? Versuche eine Erklärung.

6 Parliamo italiano.

Auf den ersten Blick kannst du erkennen, dass sich das italienische Partizip Präsens aus der lateinischen Form entwickelt hat.

▶ Lat.: port**ant**em – Ital.: port**ant**e – Dt.: trag**end**

Was ist also: l’amante – l’atleta corrente – un bambino dormiente – il mese (< mensis) corrente?

7 DICTA et SENTENTIAE

Ego sum Alpha et Omega: initium* et finis.

* **initium, -ī** n: Anfang

Wer könnte das gesagt haben? Was wollte er damit deutlich machen?

frequēns; *Gen.* frequentis	**zahlreich; häufig**
ut (*m. Konj.*)	**dass, damit; sodass**
obsecrāre	**anflehen, bitten**
nē (*m. Konj.*)	**dass/damit nicht**
marītus, marītī *m*	**der Ehemann**
(sē) abstinēre, abstineō, abstinuī, –	**sich enthalten**
adiungere, adiungō, adiūnxī, adiūnctum	anschließen; **hinzufügen**

perniciēs, perniciēī *f*	**die Vernichtung; das Verderben**
āvertere, āvertō, āvertī, āversum	**abwenden; vertreiben**
brevī (*Adv.*)	**bald darauf, nach kurzer Zeit**
agmen, agminis *n*	**der (Heeres-)Zug,** die Schar
dēdūcere, dēdūcō, dēdūxī, dēductum	**abbringen; wegführen;** hinführen
familiāris, familiāris, familiāre	**vertraut, freundschaftlich;** *Subst.* **der Freund**
coniūnx, coniugis *f/m*	**die (Ehe-)Frau/der (Ehe-)Mann**

utrum	*dir. Frage: unübersetzt; indir. Frage* **ob**
an	**oder (etwa)**
num	*indir. Frage* **ob**
captīvus, captīva, captīvum	**gefangen;** *Subst.* **der/die Kriegsgefangene**
senectūs, senectūtis *f*	**das Alter**
īnfēlīx; *Gen.* īnfēlīcis	**unglücklich**

gignere, gignō, genuī, genitum	**(er)zeugen, hervorbringen**
alere, alō, aluī, altum	**ernähren;** großziehen
vāstāre	**verwüsten**
cōnspectus, cōnspectūs *m*	**der Anblick**
intrā (*m. Akk.*)	**innerhalb**
domus, domūs *f*	**das Haus** (*in der Stadt*)
pergere, pergō, perrēxī, perrēctum	**weitermachen,** (*etw.*) weiter (*tun*)
dēnique	**schließlich, zuletzt**

uxor
quoniam
arma
defendere
adire
arcere
furor
ingens
preces
liberi
vehemens
priusquam
reddere
durus
moenia
manere

ÜV

Spes est in …	Die Hoffnung ruht auf …
se armis abstinere	keine Waffen einsetzen
De consilio deductus est.	Er ließ sich von seinem Plan abbringen.
in conspectu esse	in Sichtweite sein
animum filii frangere	den Sohn umstimmen

1 Wortbild

Welche lateinische Vokabel ist hier dargestellt?

2 Bitte, bitte!

Stelle ein Sachfeld „bitten“ zusammen. Du findest mindestens fünf Wörter.

3 Parliamo italiano.

Substantiv, Adjektiv oder Verb? Um welche Wortart es sich bei diesen italienischen Wörtern handelt, kannst du schnell entscheiden, weil du das zugrunde liegende lateinische Wort kennst. Nenne es jeweils mit seiner deutschen Bedeutung.

sto – silenzio – tengo – pericolo – uomo – amore – dormo – vento – solo – corro – morto – mente – cresco – vergine – esempio – spero – fortuna – luce – duro – buono – ponte – sinistro – morte – figlio – umanità – salute – vivo – scrivo – alto – lungo – apro – facile – vero – vino – credo

4 DICTA et SENTENTIAE

Manus manum lavat

sagt man, wenn zwei

A. sich streiten,
B. sich gegenseitig weh getan haben,
C. sich einig sind,
D. sich gegenseitig einen Gefallen tun.

5 Da ist Latein drin!

- Kennst du seine **familiären** Verhältnisse genauer?
- Der Platz wird besonders im Sommer von jungen Leuten **frequentiert**.
- Das Medikament muss **intravenös** gespritzt werden.
- Er trinkt keinen Tropfen Alkohol, er ist **Abstinenzler**.

6 Im Gegenteil!

captivus ⇔ l ?   felix ⇔ i ?   abesse ⇔ a ?

dexter ⇔ s ?   considere ⇔ s ?   temptare ⇔ d ?

7 Fragen über Fragen

Sammle alle Wörter, die eine (direkte oder indirekte) Frage einleiten können.

q?   n?   u?
c?   -n?
q?   a?   q?
n?   q?
q?   u?   q?

quantus, quanta, quantum	**wie groß; was für ein**
ante (*Adv.*)	**vorher**
scelus, sceleris *n*	**das Verbrechen**
volvere, volvō, volvī, volūtum	**rollen**, wälzen; **überlegen**
iste, ista, istud; *Gen.* istīus, *Dat.* istī	**dieser, diese, dieses (da); der, die, das (da); dein, euer**
coniūrātiō, coniūrātiōnis *f*	**die Verschwörung**
cottīdiē	**täglich**, Tag für Tag
interitus, interitūs *m*	**der Untergang**

patēre, pateō, patuī, –	**offenstehen**; klar sein; sich erstrecken
proximus, proxima, proximum	**der nächste; der letzte**
convocāre	**zusammenrufen; versammeln**
inīre, ineō, iniī, initum	**(hin)eingehen; beginnen**
ratiō, ratiōnis *f*	**die Art und Weise; die Vernunft; der (*vernünftige*) Grund**
cum (*m. Konj.*)	**als, nachdem**; da, **weil; obwohl**
dīligentia, dīligentiae *f*	**die Gewissenhaftigkeit, die Sorgfalt**

lectus, lectī *m*	**das Bett; das Liegesofa**
audēre, audeō	**wagen**
id agere, ut	sich dafür einsetzen/ **alles darauf anlegen, dass**
quiēscere, quiēscō, quiēvī, –	(aus)**ruhen**; schlafen
cōnsultum, cōnsultī *n*	**der Beschluss**
concēdere, concēdō, concessī, concessum	**erlauben, zugestehen, einräumen**
supplicium, suppliciī *n*	**die Hinrichtung; die (Todes-)Strafe**

tantum (*Adv.*)	**nur**
praesidium, praesidiī *n*	**der Schutz**; *Pl.* **die Schutztruppe**
obsidēre, obsideō, obsēdī, obsessum	**belagern; bedrängen**
auris, auris *f*; *Gen. Pl.* aurium	**das Ohr**
circumvenīre, circumveniō, circumvēnī, circumventum	**umzingeln, umringen**
praesentia, praesentiae *f*	**die Gegenwart**

civitas
castra
collocare
audacia
quaerere
cogitare
comperire
domus
incendium
lux
negare
postulare
discedere
delectare
custodire
incendere

ÜV

scelus in animo volvere	ein Verbrechen planen
consilium inire	einen Plan fassen
ea ratione	auf diese Art und Weise
multa nocte	tief in der Nacht
supplicio affici	hingerichtet werden

1 Wortbild

Welche lateinische Vokabel ist hier dargestellt?

2 Familientreffen

Du kennst mindestens ein weiteres Wortfamilienmitglied. Die Angabe dahinter sagt dir, ob es sich um ein Verb, ein Adjektiv oder ein Substantiv handelt. Nenne auch die deutschen Bedeutungen.

aedis [V] – amicus [S, S] – audere [S] – captivus [V] – conspicere [S] – consultum [V, S] – cupere [S] – dux [V] – familiaris [S] – finire [S] – fuga [V] – imperare [S, S] – incendium [V] – iniuria [S, V] – ira [A] – magnitudo [A] – metuere [S] – multitudo [A] – nuntiare [S] – sacerdos [A, V] – studium [V] – timor [V]

3 Parliamo italiano.

a Lege eine Tabelle Italienisch – Latein – Deutsch an. Trage die italienischen Substantive ein. Setze dabei die Artikel *il* oder *la* (vor Vokalen *l'*) dazu, je nach dem Genus des lateinischen Ursprungswortes. Trage in die zweite Spalte das lateinische Ursprungswort und in die dritte die deutsche Bedeutung ein.

b Prüfe, ob folgende Regel für das Italienische stimmt:
Italienische Substantive auf -a sind Feminina, auf -o Maskulina.
Substantive auf -e können Maskulina oder Feminina sein.

silenzio – pericolo – uomo – amore – giudice – oratore – vento – sole – mente – vergine – mese – esempio – fortuna – luce – ponte – morte – figlio – umanità – salute – monte – corpo – fuoco – vino – amicizia – dolore

4 DICTA et SENTENTIAE

Homo animal rationale* est.

* **ratiōnālis, -is, -e:** *Adj. zu* ratiō

Die Vokabel *animal* kannst du aus dem Englischen erschließen.
Wie muss sie hier sinnvoll übersetzt werden?

5 Da ist Latein drin!

- Wer hat die **Initiative** ergriffen?
- Es kommt nicht auf die **Quantität** an.
- Meine Eltern machen jetzt keine **Konzessionen** mehr.
- Der Cowboy zog seinen **Revolver**.

adventus, adventūs *m*	**die Ankunft**
mīrus, mīra, mīrum	**wunderbar; erstaunlich**
custōs, custōdis *m/f*	**der/die Wächter(in), die Wache**
prōtinus	**sofort**
omnīnō	**überhaupt; insgesamt**
aditus, aditūs *m*	**der Zugang; der Zutritt**
claudere, claudō, clausī, clausum	(ab-, ein)**schließen**
suscipere, suscipiō, suscēpī, susceptum	**unternehmen;** sich (*einer Sache*) annehmen; **auf sich nehmen**
occultus, occulta, occultum	**heimlich, geheim**; verborgen
tālis, tālis, tāle	**derartig, (ein) solcher; so beschaffen**
dēlīberāre	**überlegen**
exīre, exeō, exiī, –	**hinausgehen**
comprehendere, comprehendō, comprehendī, comprehēnsum	**ergreifen**, festnehmen; **begreifen**
onus, oneris *n*	**die Last**
affirmāre	**behaupten, versichern**
umerus, umerī *m*	der Oberarm; **die Schulter**
mora, morae *f*	**die Verzögerung; der Aufenthalt**
dēpōnere, dēpōnō, dēposuī, dēpositum	**niederlegen; aufgeben**
repente	**plötzlich, unerwartet**
clārus, clāra, clārum	**hell, klar; berühmt**
admīrātiō, admīrātiōnis *f*	**die Bewunderung**, die Begeisterung
incēdere, incēdō, incessī, incessum	**befallen; einhergehen**
circumstāre, circumstō, circumstetī, –	**um ... herum stehen**
quantopere	**wie sehr**
rumpere, rumpō, rūpī, ruptum	**(zer)brechen**
prius	**zuerst; früher**
libīdō, libīdinis *f*	**das** (*heftige*) **Verlangen**, die Lust; **die Willkür**
accendere, accendō, accendī, accēnsum	**in Brand setzen;** entflammen, aufregen

quidem
studium
incertus
dum
accedere
procul
donum
res
mittere
mulier
ardere
vox
egregius
apparere
tandem

ÜV

dubitare, num ...	zweifeln, ob ...
sine mora	ohne zu zögern, sofort
libidine mulieris accensus	weil er die Frau begehrt(e)

1 Wortbild

Welche lateinische Vokabel ist hier dargestellt?

2 Bedeutungsvolle Mädchen

Die Mädchennamen Klara und Mira kannst du aus lateinischen Wörtern erklären.

3 Parliamo italiano.

So heißen einige Körperteile auf Italienisch: la mano – l'occhio – l'umero – il piede.
Zeig bei dir selbst darauf.

4 Da ist Latein drin!

- Ich freue mich auf die **Advent**szeit.
- Die Prüflinge schreiben **Klausuren**.
- Mitten in ihrer Rede brach sie **abrupt** ab.
- Hier entsteht eine neue Müll**deponie**.
- Das Frühstück ist **inklusive**.

5 DICTA et SENTENTIAE

Amantes amentes.

Wie ist jemand, der *a-mens* ist (*a* bedeutet so viel wie „ohne")?
Findest du eine treffende Übersetzung, bei der vielleicht sogar das Wortspiel nachgeahmt wird?

6 Wochentage in Europa

Übertrage die Tabelle in dein Heft und trage die Bezeichnungen der Wochentage ein.
Hier sind – nicht in der richtigen Reihenfolge –
die italienischen: *mercoledì, lunedì, venerdì, giovedì, domenica, martedì, sabato*,
und die französischen: *vendredi, mardi, lundi, samedi, mercredi, dimanche, jeudi*.

Vergleiche die Bezeichnungen untereinander: Wo gibt es große Unterschiede?
Suche Erklärungen für die Bezeichnungen der Wochentage im Lateinischen und Deutschen.

LATEINISCH	Erklärung	ITAL.	FRANZ.	ENGL.	DEUTSCH	Erklärung
dies Lunae	Tag des Mondes	?	?	?	?	?
dies Martis	?	?	?	?	?	?
dies Mercurii	?	?	?	?	?	?
dies Iovis	?	?	?	?	?	?
dies Veneris	?	?	?	?	?	?
dies Saturni	Tag des Gottes Saturn	?	?	?	?	?
dies Solis/ dies dominica*	?	?	?	?	?	?

* spätere Bezeichnung; **dominicus, -a, -um**: *Adj. zu* dominus

nōbilis, nōbilis, nōbile	**berühmt**; vornehm; **adlig**
dīligere, dīligō, dīlēxī, dīlēctum	**schätzen, lieben**
prōpōnere, prōpōnō, prōposuī, prōpositum	**in Aussicht stellen; vorschlagen**
ferē	beinahe, **fast; ungefähr**
celer, celeris, celere	**schnell**
beātus, beāta, beātum	**glücklich; reich**
morbus, morbī *m*	**die Krankheit**

strēnuus, strēnua, strēnuum	**kräftig; entschlossen**, munter
ergō	**also**
aliter	**sonst; anders**
praeceps; *Gen.* praecipitis	schnell, **überstürzt; steil**
adhibēre	**anwenden; hinzuziehen**
contentus, contenta, contentum	**zufrieden**
interim	**inzwischen**

perterrēre	einschüchtern; **heftig erschrecken**
cavēre, caveō, cāvī, cautum (*m. Akk.*)	**sich hüten (*vor*); Acht geben (*auf*)**
compōnere, compōnō, composuī, compositum	**zusammenstellen**, ordnen; **verfassen**; vergleichen
mīlle (*indekl.*); *Pl.* mīlia, mīlium (*m. Gen.*)	**tausend**
corrumpere, corrumpō, corrūpī, corruptum	**bestechen; verderben**
praetereā	**außerdem**
soror, sorōris *f*	**die Schwester**

occidere, óccidō, óccidī, –	**untergehen; umkommen**
occāsiō, occāsiōnis *f*	**die Gelegenheit**
praetermittere, praetermittō, praetermīsī, praetermissum	**verstreichen lassen**
pōculum, pōculī *n*	**der Becher**
vultus, vultūs *m*	**das Gesicht, der Gesichtsausdruck**
exīstimāre	**meinen; schätzen**
dēprehendere, dēprehendō, dēprehendī, dēprehēnsum	**entdecken; ergreifen**; überraschen

medicus
rex
fides
colere
remedium
poscere
posse
si/nisi/etsi
immo
litterae
nescire
utrum ... an
acies
opportunus
os

ÜV

Spem ei proponit.	Er macht ihm Hoffnung.
insidias componere	einen Anschlag planen
oculos avertere	seinen Blick abwenden

1 Und darunter?

Dieses Bodenmosaik befand sich in Pompeji an einem Hauseingang und man kann auch einen Satz darunter lesen. Welchen wohl?

A. Intrate, amici! B. Nemo adest!
C. Dominus amicus canum! D. Cave canem!

2 DICTA et SENTENTIAE

Beatus ille, qui procul negotiis.

Die Vokabel *negotium* ist dir nicht bekannt. Mache zunächst Vorschläge, was vom Sinn her passen könnte. Die Bedeutung des Wortes findest du versteckt in folgender Aufgabe. Nimm den angegebenen Buchstaben der deutschen Bedeutung.

irridere (1.) – libertas (6.) – promittere (3.) – pugna (4.) – somnus (6.) – comes (4.) – invitare (2.) – parcere (2.) – vehemens (1.) – tempus (4.) – ripa (1.) – aedificare (5.) – satis (1.)

3a Da ist Latein drin!

- Die Siegermannschaft erhält einen **Pokal**.
- Die Zeitung behauptet, dieser Politiker sei **korrupt**.
- Wir haben für die Wohnung eine hohe **Kaution** hinterlegt.
- Seine Schwester heißt **Beate**.

b Führe folgende englische Verben auf die zugrunde liegenden lateinischen zurück und nenne die deutsche Bedeutung.

to exspect – to defend – to explain – to move – to appear – to delete – to offend – to ignore – to respond – to invite – to persuade – to invent – to finish

4 Familientreffen

Nenne die „Verwandten" folgender Wörter.

praeceps – scire – custos – aditus – imperium – familia – gaudere – ira – magnitudo – vox – paratus – sententia – victoria – mandare – libertas

5 Zusammenstellung

Stelle alle Komposita von *ponere* mit Stammformen und deutscher Bedeutung zusammen. Schätze vorher, wie viele du bereits kennst.

6 Einfach Verben

Nenne die Verben, die diesen Komposita zugrunde liegen, mit ihren Stammformen.

adhibere – occidere – praetermittere – incedere – suscipere – circumstare

7 Wurzel im Lateinischen

Ordne die englischen Wörter ihren lateinischen Wurzeln zu und nenne die deutsche Bedeutung.

to study – to neglect – to reduce
to prohibit – to respect – to close
to promise – to propose

proponere – prohibere – claudere
neglegere – studere – promittere
respicere – reducere

īgnōscere, īgnōscō, īgnōvī, īgnōtum	**verzeihen**
quiēs, quiētis *f*	**die Ruhe, die Erholung**
interrumpere, interrumpō, interrūpī, interruptum	**unterbrechen**
tribūnus, tribūnī *m*	**der (Militär-)Tribun**
afferre, afferō, attulī, allātum	**(herbei)bringen; melden**
differre, differō, distulī, dīlātum	**aufschieben**, verschieben; **sich unterscheiden**
malus, mala, malum	**schlecht, schlimm**
ferre, ferō, tulī, lātum	**bringen, tragen; ertragen;** berichten

pars, partis *f*; *Gen. Pl.* partium	**der Teil; die Seite, die Richtung**
terror, terrōris *m*	**der Schrecken;** die Schreckensnachricht
referre, referō, rettulī, relātum	**(zurück)bringen; berichten**
pācāre	**unterwerfen**
lēgātus, lēgātī *m*	**der Gesandte**
pāx, pācis *f*	**der Frieden**
oportēre/oportet, oportuit	**es ist nötig, es gehört sich;** man darf
nimius, nimia, nimium	**zu groß, übermäßig**

nōnnūllī, nōnnūllae, nōnnūlla	**einige, manche**
iūstitia, iūstitiae *f*	**die Gerechtigkeit**
laus, laudis *f*	**das Lob; der Ruhm**
efferre, efferō, extulī, ēlātum	**heraustragen; herausheben;** hervorbringen
suspīciō, suspīciōnis *f*	**der Argwohn, der Verdacht**
perferre, perferō, pertulī, perlātum	**ertragen; (über)bringen**
legiō, legiōnis *f*	**die Legion**
caedere, caedō, cecīdī, caesum	**niederschlagen; töten**

tendere, tendō, tetendī, tentum	**(aus)strecken; spannen;** sich anstrengen
calamitās, calamitātis *f*	**das Unglück; der Verlust;** die Niederlage
adeō (*Adv.*)	**so sehr**
ferunt	**man berichtet**

postulare
protinus
nuntius
surgere
vix
venire
statim
oppidum
horrere
nonne
gens
accidere
iudicare
quoniam
caput

ÜV

Res tanti momenti est.	Die Sache ist so wichtig.
fidem ferre	Vertrauen entgegenbringen
blandis laudibus efferre	mit schmeichlerischen Worten loben
iter facere	marschieren
insidias intrare	in die Falle tappen

1 *re – af – ef – in – au*

Welche Vorsilbe passt zu welchem Pfeil? Die beiden neuen Vorsilben *in-* und *au-* kannst du dir leicht erschließen. Was bedeutet dann *in-ferre* bzw. *au-ferre*?

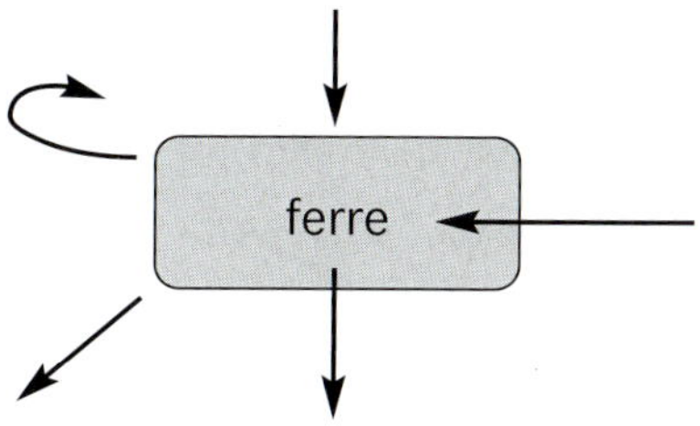

2 Da ist Latein drin!

- Er hielt ein **Referat** über Julius Cäsar.
- Diese Sache ist mir **suspekt.**
- Der Anschlag wurde von **Terroristen** ausgeführt.

3 Mutter Latein

Nenne die lateinischen Wörter, aus denen sich die englischen, französischen, italienischen und spanischen entwickelt haben, und ihre deutsche Bedeutung.

LATEIN	ENGLISCH	FRANZÖSISCH	ITALIENISCH	SPANISCH	DEUTSCH
?	part	part	parte	parte	?
?	suspect	suspect	sospetto	sospechoso	?
?	quiet	in-quiet	quiete	quieto	?
?	terror	terreur	terrore	terror	?
?	justice	justice	giustizia	justicia	?

4 Ganz schön unpersönlich

Ordne den deutschen unpersönlichen Ausdrücken die entsprechenden lateinischen zu. Die Buchstaben hinter den lateinischen Ausdrücken ergeben in der richtigen Reihenfolge das englische Lösungswort.

man berichtet	oportet	g
es ist nötig	licet	t
es gehört sich	necesse est	h
es ist notwendig	ferunt	r
es ist erlaubt	opus est	i

5 DICTA et SENTENTIAE

Pax optima rerum!

Du kannst dir die Bedeutung von *optima* leicht erschließen. Stimmst du dem Spruch zu oder gibt es für dich eine andere *optima res*?

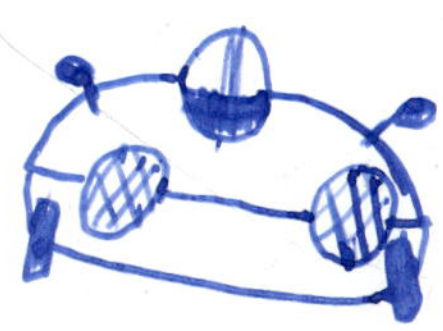

virtūs, virtūtis *f*	**die Tüchtigkeit; die Tapferkeit;** die Tugend; *Pl. auch* **gute Eigenschaften**
praestāre, praestō, praestitī, –	(*m. Dat.*) **übertreffen;** (*m. Akk.*) **leisten;** zeigen
nimis	**zu; zu sehr**
gerere, gerō, gessī, gestum/ sē gerere	(aus)**führen; tragen/** sich benehmen
ingenium, ingeniī *n*	**die Begabung;** der Charakter
ūsus, ūsūs *m*	**der Gebrauch, der Nutzen;** die Erfahrung

cōpia, cōpiae *f*	**der Vorrat; die Menge;** *Pl. auch* **die Truppen**
accūsāre	**anklagen,** beschuldigen
damnāre	**verurteilen**
profugere, profugiō, profūgī, –	Zuflucht suchen, **sich flüchten**
opera, operae *f*	die Arbeit; **die Tätigkeit; die Mühe**
offerre, offerō, obtulī, oblātum	**entgegenbringen; anbieten**
tribuere, tribuō, tribuī, tribūtum	**zuteilen;** schenken; **erweisen**
invidia, invidiae *f*	**der Neid;** der Hass

permovēre, permoveō, permōvī, permōtum	**beunruhigen; veranlassen**
dēserere, dēserō, dēseruī, dēsertum	**im Stich lassen, verlassen**
cōnferre, cōnferō, contulī, collātum/sē cōnferre	**zusammentragen, -bringen;** -fassen/sich begeben
portus, portūs *m*	**der Hafen**
appellere, appellō, áppulī, appulsum	**herantreiben,** heranbringen; *Pass.* **landen**
vīsere, vīsō, –, –	**besichtigen; besuchen**
turba, turbae *f*	**die** (Menschen-)**Menge;** **das Durcheinander**

tamquam	**wie; wie wenn, als ob**
dōnāre	**(be)schenken**
alacritās, alacritātis *f*	**die Fröhlichkeit;** der Eifer
nūper	**vor kurzem; neulich**
varius, varia, varium	**verschieden(artig); wankelmütig**
vulgus, vulgī *n*	**das Volk**
mōbilis, mōbilis, mōbile	**beweglich; unbeständig**

ceteri
vitium
superbus
dux
hostis
urbs
honos/honor
classis
recipere
vincere
civitas
navis
furor
ardor
quam

ÜV

iterum atque iterum	immer wieder
secum cogitare	bei sich denken

1 Singular ist nicht gleich Plural.

Bei manchen Vokabeln unterscheidet sich die Pluralbedeutung von der im Singular. Bilde die Pluralformen zu folgenden Wörtern und gib die deutsche Bedeutung an.

copia – finis – homo – universus – aedis

2 *OP* du noch alles weißt?

Alle Vokabeln beginnen mit *op-*, haben aber ganz unterschiedliche Bedeutungen. Entkommst du dem Verwechslungsdschungel?

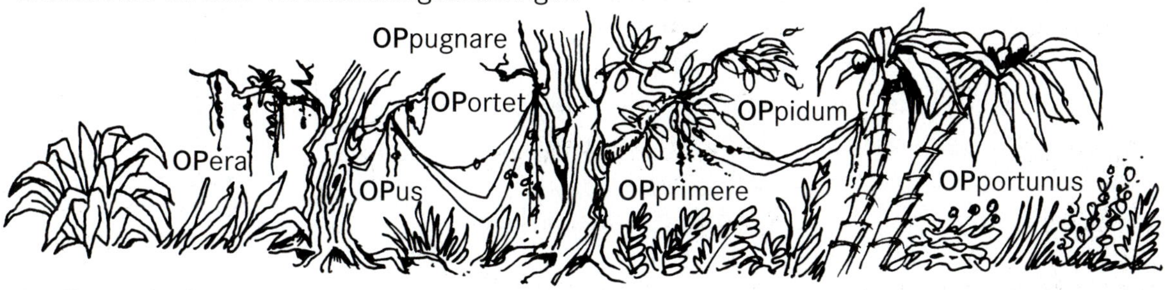

3 Parliamo italiano.

Der lateinische Genitiv und Dativ wird im Italienischen durch *di* bzw. *a* ausgedrückt. Von welchen lateinischen Präpositionen sind die beiden italienischen abgeleitet? Übersetze: Do dieci Euro a Pietro. – Vedo la villa di Leonardo.

4 Gut zu wissen

Was erwartest du, wenn du im Schaufenster eines Geschäfts in Italien dieses Schild siehst?

5 Hafen-Land

Welches europäische Land hat einen Hafen im Namen?

6 Da ist Latein drin!

- Über der Wiege des Babys hängt ein schönes **Mobile.**
- Der Soldat ist von seiner Einheit **desertiert.**
- Das ist bei uns so **Usus.**
- Zugdurchsage: „We are now arriving at Frankfurt Airport“.

7 DICTA et SENTENTIAE

Calamitas virtutis occasio est.

Was ist mit diesem Spruch gemeint? Deine Übersetzerfähigkeiten helfen dir bei der Lösung.

A. Gelegenheit macht Diebe.
B. Im Unglück kann man zeigen, wozu man fähig ist.
C. Gelegentlich ist Tugend ein Unglück.

rēgius, rēgia, rēgium	**königlich**
recitāre	**vortragen, vorlesen**
fenestra, fenestrae *f*	**das Fenster**
dēspicere, dēspiciō, dēspexī, dēspectum	**(auf etw.) herabblicken; verachten**
vetus; *Gen.* veteris, *Abl. Sg.* vetere, *Nom./Akk. Pl. n* vetera, *Gen. Pl.* veterum	**alt**; ehemalig; erfahren
aedificium, aedificiī *n*	**das Gebäude**, das Bauwerk
vīcus, vīcī *m*	**die Gasse; das (Stadt-)Viertel; das Dorf**
vīvus, vīva, vīvum	**lebendig; zu Lebzeiten**
saevīre, saeviō, –, saevītum	**wüten, toben**
dīves; *Gen.* dīvitis, *Abl. Sg.* dīvite, *Nom./Akk. Pl. n* dīvita, *Gen. Pl.* dīvitum	**reich**
pauper; *Gen.* pauperis, *Abl. Sg.* paupere, *Nom./Akk. Pl. n* paupera, *Gen. Pl.* pauperum	**arm**
īgnis, īgnis *m*; *Gen. Pl.* īgnium	**das Feuer, der Brand**
turris, turris *f*; *Akk. Sg.* turrim, *Abl. Sg.* turrī, *Gen. Pl.* turrium	**der Turm**
pulchritūdō, pulchritūdinis *f*	**die Schönheit**
canere, canō, cecinī, cantātum	**(be)singen**
premere, premō, pressī, pressum	**(unter)drücken; bedrängen**
necessārius, necessāria, necessārium	**notwendig**
sēditiō, sēditiōnis *f*	**der Aufruhr, der Aufstand**
suādēre, suādeō, suāsī, suāsum	**raten, zureden**
hortus, hortī *m*	**der Garten**
frūmentum, frūmentī *n*	**das Getreide**
minuere, minuō, minuī, minūtum	vermindern, **verringern**; schmälern
simul	**gleichzeitig, zugleich**
aureus, aurea, aureum	**golden, aus Gold**
fāma, fāmae *f*	**das Gerücht; der Ruf**
auctor, auctōris *m*	**der (Be-)Gründer; der Anstifter,** der Veranlasser; **der Verfasser**
crīmen, crīminis *n*	**der Vorwurf; das Verbrechen**
poena, poenae *f*	**die Strafe**

comes
ambulare
disserere
angustus
profecto
incendium
periculum
nox
delectare
clades
vehemens
carere
exstruere
inopia
studere

ÜV

paucis diebus post	wenige Tage später
Seditio movetur.	Ein Aufruhr bricht aus.
qua de causa	deshalb, daher
poenis afficere	bestrafen

1 Lateinlupe

Pack deine Lateinlupe aus und bestimme, von welchen Vokabeln die folgenden Formen „stammen".

versum – verbum – verum – vestrum – veterum
vicum – vivum – vinum – victum – virum – virium – vitium – vitatum

Stelle eine eigene „Verwechslungsreihe" zusammen!

2 Mach einen virtuellen Spaziergang

durch das antike Rom und benenne alles, was du siehst, mit einem lateinischen Begriff (z. B. Hic *templum* video.). Allein aus diesem Wortschatz kannst du fünf Substantive verwenden!

3 Da ist Latein drin!

- Sie hat das Gedicht schön **rezitiert**.
- Welche Aufgabe hat ein **Kriminal**beamter?
- Und was macht ein **Simultan**dolmetscher?
- Was macht eine Fußballmannschaft, wenn sie *pressing* spielt?

4 Was könnte damit gemeint sein: *ignis-quis-vir*?

5 2 in 1

Manche Adjektive weiß man schon, bevor man sie gelernt hat. Wie geht das? Führe die Adjektive auf ein dir bekanntes Wort zurück.

regius → ? aureus → ? vivus → ?

Das funktioniert natürlich auch umgekehrt: pulchritudo → ? adversarius → ? ira → ?
humanitas → ? magnitudo → ? libertas → ? dignitas → ? necessitas → ?

6 Parliamo italiano.

sum es est sumus estis sunt entspricht im Italienischen
sono sei è siamo siete sono.

Beginnt ein Gespräch in der Klasse und stellt euch selbst oder gegenseitig auf Italienisch vor. Folgende Wörter helfen euch dabei: *chi* (< quis), *tu, noi* (< nos), *voi* (< vos), *e* (< et).

7 DICTA et SENTENTIAE

Als aetas aurea bezeichneten die Römer die Herrschaftszeit des Augustus. Was haben sie wohl damit gemeint? Leben auch wir in einer *aetas aurea*?

adulēscēns, adulēscentis *m*; *Gen. Pl.* adulēscentium	**der junge Mann**
potentia, potentiae *f*	**die Macht; die Herrschaft**
invītus, invīta, invītum	**unwillig, gegen den Willen**
ipse, ipsa, ipsum	**selbst, persönlich**; gerade; schon
ultrō	**darüber hinaus**, noch dazu; **von sich aus**
dīvitiae, dīvitiārum *f* (*Pluralwort*)	**der Reichtum**
abundāre (*m. Abl.*)	(*etw.*) **im Überfluss haben**

vās, vāsis *n*; *Pl.* vāsa, vāsōrum	**das Gefäß**
tabula, tabulae *f*	das Gemälde; **die Tafel**; die Aufzeichnung
praeclārus, praeclāra, praeclārum	herrlich, **ausgezeichnet; sehr bekannt**
flōrēre, flōreō, flōruī, –	**blühen**; hervorragend sein
custōdia, custōdiae *f*	**die Bewachung; die Wachen**
causā (*m. Gen.; nachgestellt*)	**wegen; um ... zu**
circum (*m. Akk.*)	**um ... herum, ringsum**

sermō, sermōnis *m*	**das Gespräch; das Gerede; die Sprache**
ops, opis *f*	**die Hilfe**; die Kraft; *Pl.* **die Macht, der Einfluss**; der Reichtum
memorāre	**erwähnen**; sagen
laudāre	**preisen; loben**
igitur	**also, folglich**
mēnsa, mēnsae *f*	**der Tisch**, die Tafel
porrigere, porrigō, porrēxī, porrēctum	**ausstrecken**; ausbreiten, ausdehnen
super (*m. Akk./Abl.*)	**über; oben auf**

collum, collī *n*	**der Hals**
impendēre, impendeō, –, –	**hängen über; drohen**
īnferre, īnferō, intulī, illātum	**hineintragen; zufügen**
fīgere, fīgō, fīxī, fīxum	(an)**heften, befestigen**; auf etw. richten
dēmōnstrāre	**darlegen, beweisen; zeigen**
quālis, quālis, quāle	**wie (beschaffen), was für ein**

summus
praebere
audere
pulcher
beatus
enim
domus
cognoscere
fortuna
consistere
diligens
conspicere
gladius
orare
satis

ÜV

eo invito	gegen seinen Willen
vitam agere	sein Leben verbringen
Iubet eum collocari.	Er lässt ihn Platz nehmen.
terrorem inferre	einen Schrecken einjagen
nihil aliud nisi	nichts anderes als

1 Angelehnt

Viele lateinische Wörter wurden, wie du weißt, im Deutschen fast unverändert übernommen („entlehnt"), z. B. *insula* – die Insel. Man nennt sie deshalb Lehnwörter. Ohne große Mühe kannst du mindestens 20 solcher Lehnwörter finden. Zwei sind schon in diesem Wortschatz enthalten.

2 Drüber, drunter, drauf …

Wie war das doch gleich mit den Präpositionen? Ordne die Präpositionen den Abbildungen richtig zu und gib an, mit welchem Fall sie jeweils stehen.

circum – intra – de – super – iuxta – ex

3 Mindmap

Lege dir eine lateinische Mindmap zum Thema „Reichtum" an. Hier ein paar Vorschläge – auf Deutsch: Gold, im Überfluss haben, …

Gold

Reichtum — im Überfluss haben

4 Da ist Latein drin!

- Die Dame trägt ein wunderschönes **Collier**.
- Endlich **floriert** die Wirtschaft wieder.
- Die Studenten gehen zum Mittagessen in die **Mensa**.
- Zu dieser politischen **Demonstration** kamen sehr viele Menschen.

5 Qualitätsware

Kannst du einem „Nichtlateiner" den Unterschied zwischen *Qualität* und *Quantität* erklären?

6 DICTA et SENTENTIAE

Scientia* potentia est.

* **scientia, -ae** f: *Subst. zu* scīre

Wähle aus dem Angebot die treffende Wiedergabe aus.

A. Ich weiß, dass ich nichts weiß.
B. Durch Wissen ist sie mächtig.
C. Wissen ist Macht.
D. Nichts wissen macht nichts.

ā-Konjugation

Perfekt-Bildung mit -v-

vocō	vocāvī	vocātum	vocāre	**rufen; nennen**

In gleicher Weise werden die Stammformen der meisten Verben der ā-Konjugation gebildet.

Perfekt-Bildung durch Reduplikation

dō	dedī	datum	dare	(von sich) **geben**; gestatten
stō	stetī	statum	stāre	(da)**stehen**
in | stō	īnstitī	–	īnstāre	**drohen, bevorstehen**
re | stō	restitī	–	restāre	**übrig sein**, übrig bleiben; **überleben**

ē-Konjugation

Perfekt-Bildung mit -v-

fleō	flēvī	flētum	flēre	**weinen**; beklagen

Perfekt-Bildung mit -u-

careō	caruī	–	carēre (*m. Abl.*)	**frei sein** (*von etw.*), (*etw.*) **nicht haben**
cēnseō	cēnsuī	cēnsum	cēnsēre	(ein)**schätzen**; der Ansicht sein; (*m. doppeltem Akk.*) **halten für**
exerceō	exercuī	–	exercēre	(aus)**üben**; ausbilden
habeō	habuī	habitum	habēre	**haben; halten**
dēbeō	dēbuī	dēbitum	dēbēre	(*m. Inf.*) **müssen; verdanken; schulden**
praebeō	praebuī	praebitum	praebēre	(dar)**reichen**, gewähren
pro | hibeō	prohibuī	prohibitum	prohibēre	**abhalten, hindern**
horreō	horruī	–	horrēre (*m. Akk.*)	**erschrecken** (*vor*), schaudern
iaceō	iacuī	–	iacēre	(da)**liegen**
lateō	latuī	–	latēre	**verborgen sein**
noceō	nocuī	–	nocēre	**schaden**
pāreō	pāruī	–	pārēre	**gehorchen**; befolgen
ap | pāreō	appāruī	–	appārēre	**erscheinen**, sich zeigen; offensichtlich sein
placeō	placuī	placitum	placēre	**gefallen**; Spaß machen
studeō	studuī	–	studēre (*m. Dat.*)	**sich bemühen** (*um*); **wollen; sich bilden**
taceō	tacuī	–	tacēre	**schweigen**, still sein
teneō	tenuī	–	tenēre	(zurück)**halten**; sich erinnern
sus | tineō	sustinuī	–	sustinēre	**aushalten**, ertragen
terreō	terruī	territum	terrēre	(*jmdn.*) **erschrecken**
timeō	timuī	–	timēre	**(sich) fürchten**, Angst haben (vor)
valeō	valuī	–	valēre	**gesund sein; Einfluss haben**

Perfekt-Bildung mit -s-

ārdeō	ārsī	–	ārdēre	(ver)**brennen**; entbrannt sein
iubeō	iussī	iussum	iubēre (*m. Akk.*)	(*jmdm.*) **befehlen**, (*jmdn.*) **beauftragen**
maneō	mānsī	–	manēre	**bleiben**; erwarten
persuādeō	persuāsī	persuāsum	persuādēre (*m. Dat.*)	(*m. AcI*) (*jmdn.*) **überzeugen**; (*jmdn.*) **überreden**
rīdeō	rīsī	rīsum	rīdēre	**lachen**

Perfekt-Bildung durch Dehnung

faveō	fāvī	fautum	favēre (*m. Dat.*)	**gewogen sein;** (*jmdn.*) begünstigen
moveō	mōvī	mōtum	movēre	**bewegen; beeinflussen**
sedeō	sēdī	sessum	sedēre	(da)**sitzen**
videō	vīdī	vīsum	vidēre	**sehen**

Perfekt-Bildung durch Reduplikation

re|spondeō	respondī	respōnsum	respondēre	**antworten**, entgegnen

ī-Konjugation (langvokalisch)

Perfekt-Bildung mit -v-

audiō	audīvī	audītum	audīre	(an-, er-, zu)**hören**
dormiō	dormīvī	–	dormīre	**schlafen**
sciō	scīvī	scītum	scīre	**wissen, verstehen**
ne|sciō	nescīvī	–	nescīre	**nicht wissen, nicht verstehen**

Perfekt-Bildung mit -u-

aperiō	aperuī	apertum	aperīre	**öffnen**; aufdecken

Perfekt-Bildung mit -s-

sentiō	sēnsī	sēnsum	sentīre	**fühlen; merken**; meinen

Perfekt-Bildung durch Dehnung

veniō	vēnī	ventum	venīre	**kommen**
con|veniō	convēnī	conventum	convenīre	**zusammenkommen**; -passen; (*m. Akk.*) treffen

Perfekt-Bildung durch Reduplikation

com|periō	cómperī	compertum	comperīre	**erfahren**, in Erfahrung bringen

Konsonantische Konjugation

Perfekt-Bildung mit -v-

arcessō	arcessīvī	arcessītum	arcessere	**herbeirufen, holen**
crēscō	crēvī	–	crēscere	**wachsen**, zunehmen
cog|nōscō	cognōvī	cognitum	cognōscere	**erfahren; erkennen;** kennen lernen
petō	petīvī	petītum	petere	**bitten**, verlangen; **angreifen; aufsuchen**; gehen/fahren nach
quaerō	quaesīvī	quaesītum	quaerere	**suchen**; erwerben; **fragen**
sinō	sīvī	situm	sinere	**(zu)lassen, erlauben**
dē|sinō	dēsiī	dēsitum	dēsinere	**aufhören**

Perfekt-Bildung mit -u-

colō	coluī	cultum	colere	**pflegen; verehren; bebauen**
pōnō	posuī	positum	pōnere	**setzen; stellen; legen**
ex|pōnō	exposuī	expositum	expōnere	**ausstellen; aussetzen**; darlegen
im|pōnō	imposuī	impositum	impōnere	**setzen, stellen, legen** (an, auf, in); bringen; auferlegen
dis|serō	disseruī	dissertum	disserere	**sprechen über**, erörtern

Perfekt-Bildung mit -s-

cēdō	cessī	cessum	cēdere	**(weg)gehen; nachgeben;** überlassen
ac | cēdō	accessī	accessum	accēdere	**herantreten**; hingehen
dē | cēdō	dēcessī	dēcessum	dēcēdere	**weggehen**, gehen (aus)
dis | cēdō	discessī	discessum	discēdere	**weggehen, verschwinden**
dīcō	dīxī	dictum	dīcere	**sagen; sprechen**; nennen
dūcō	dūxī	ductum	dūcere	**führen; ziehen;** (*m. doppeltem Akk.*) halten für
ab | dūcō	abdūxī	abductum	abdūcere	**wegführen**; (weg)bringen; verschleppen
re | dūcō	redūxī	reductum	redūcere	**zurückführen**; zurückbringen
laedō	laesī	laesum	laedere	**verletzen**; kränken
lūdō	lūsī	lūsum	lūdere	**spielen**, scherzen
mittō	mīsī	missum	mittere	**schicken**; gehen lassen; werfen
dī | mittō	dīmīsī	dīmissum	dīmittere	**entlassen, wegschicken**; freilassen
prō | mittō	prōmīsī	prōmissum	prōmittere	**versprechen**
plaudō	plausī	plausum	plaudere	**Beifall klatschen,** applaudieren
op | primō	oppressī	oppressum	opprimere	**unterdrücken; überfallen,** überwältigen
su | rgō	surrēxī	surrēctum	surgere	**aufstehen**, sich erheben
scrībō	scrīpsī	scrīptum	scrībere	**schreiben**, verfassen
spargō	sparsī	sparsum	spargere	**bespritzen**; verbreiten
stringō	strīnxī	strictum	stringere	**ziehen**; streifen
ex | struō	exstrūxī	exstrūctum	exstruere	**errichten**, erbauen
sūmō	sūmpsī	sūmptum	sūmere	**nehmen**
trahō	trāxī	tractum	trahere	**ziehen**; schleppen
ē | vādō	ēvāsī	–	ēvādere (*m. Akk./ex*)	**entkommen, entgehen**
in | vādō	invāsī	invāsum	invādere	**eindringen, angreifen**
vīvō	vīxī	–	vīvere	**leben**

Perfekt-Bildung durch Dehnung

agō	ēgī	āctum	agere	**tun; handeln**; aufführen; (*m. Adv. und* cum) umgehen (*m. jmdm.*)
cōnsīdō	cōnsēdī	–	cōnsīdere	**sich setzen**, sich niederlassen
emō	ēmī	ēmptum	emere	**kaufen**
frangō	frēgī	frāctum	frangere	**(zer)brechen**
fundō	fūdī	fūsum	fundere	**(aus)gießen**; befeuchten
legō	lēgī	lēctum	legere	**lesen**; sammeln; auswählen
relinquō	relīquī	relictum	relinquere	**zurücklassen, verlassen**

Perfekt-Bildung durch Reduplikation

cadō	cécidī	–	cadere	**fallen**, sinken
ác|cidit	áccidit	–	accidere	**sich ereignen, zustoßen**
currō	cucurrī	cursum	currere	**laufen**; eilen
ac|currō	accurrī	accursum	accurrere	**herbeilaufen,** angelaufen kommen
oc|currō	occurrī	occursum	occurrere	**entgegenkommen, begegnen**
ad|dō	addidī	additum	addere	**hinzufügen**
crēdō	crēdidī	crēditum	crēdere	**glauben**; (an)**vertrauen**
ē|dō	ēdidī	ēditum	ēdere	**verkünden; herausgeben**
red|dō	reddidī	redditum	reddere	**zurückgeben; machen zu**
trā|dō	trādidī	trāditum	trādere	**übergeben, überliefern**
vendō	vendidī	venditum	vendere	**verkaufen**
poscō	poposcī	–	poscere	**fordern**, verlangen
cōn|sistō	cōnstitī	–	cōnsistere	**stehen bleiben;** sich hinstellen; bestehen (aus)
tangō	tétigī	tāctum	tangere	**berühren**
con|tendō	contendī	contentum	contendere	**sich anstrengen; eilen; kämpfen; behaupten**
os|tendō	ostendī	–	ostendere	**zeigen**
tollō	sustulī	sublātum	tollere	**hochheben**; aufheben, **beseitigen;** vernichten

Perfekt-Bildung ohne Veränderung

bibō	bibī	–	bibere	**trinken**
dē|fendō	dēfendī	dēfēnsum	dēfendere	**verteidigen; abwehren**
of|fendō	offendī	offēnsum	offendere	**stoßen** (auf); schlagen (an); beleidigen
metuō	metuī	–	metuere	**sich fürchten; befürchten**
dē|scendō	dēscendī	dēscēnsum	dēscendere	**herabsteigen**; hinuntergehen, herabkommen
statuō	statuī	statūtum	statuere	**beschließen**, entscheiden; **aufstellen**; festsetzen
vertō	vertī	versum	vertere	**wenden**; drehen; **verwandeln**

ĭ-Konjugation (kurzvokalisch)

Perfekt-Bildung mit -v-

cupiō	cupīvī	cupītum	cupere	**wünschen**, begehren, verlangen

Perfekt-Bildung mit -u-

cor|ripiō	corripuī	correptum	corripere	**(an)packen; an sich reißen**

Perfekt-Bildung mit -s-

a|spiciō	aspexī	aspectum	aspicere	**anblicken**, ansehen
cōn|spiciō	cōnspexī	cōnspectum	cōnspicere	**erblicken**

Perfekt-Bildung durch Dehnung

capiō	cēpī	captum	capere	(ein)**nehmen, erobern**; (er)**fassen,** (er)greifen
ac|cipiō	accēpī	acceptum	accipere	**annehmen**, empfangen; aufnehmen
in|cipiō	coepī	coeptum/ inceptum	incipere	**anfangen**, beginnen
dē|ficiō	dēfēcī	dēfectum	dēficere	**verlassen; ausgehen**
prō|iciō	prōiēcī	prōiectum	prōicere	**(nieder-, vor)werfen**

Auf Artikel des Eigennamenverzeichnisses wird mit einem → verwiesen.

Acherōn, -ontis: der Totenfluss in der Unterwelt. Über ihn bringt der Fährmann → Charon die Seelen der Verstorbenen zum Eingang der Unterwelt.
Achillēs, -is (*griech.* Achilleus): Achilles/Achill, größter Held unter den Griechen, die → Troia belagerten. Er steht auch im Mittelpunkt der → *Ilias* des Dichters Homer (→ Homerus).
Adherbal, -is: Feldherr der Karthager (→ Carthago) im Ersten Punischen Krieg.
Aegyptus, -ī f: Ägypten, seit 30 v. Chr. römische Provinz.
Aenēās, -ae: Äneas, ein Troianer; er trug seinen Vater → Anchises aus dem brennenden → Troia. Anschließend irrte er mit den flüchtenden Troianern viele Jahre übers Meer, um eine neue Heimat zu finden. Er fand zwar bei → Dido in Karthago (→ Carthago) zunächst Aufnahme, musste sie dann aber auf Befehl Jupiters (→ Iuppiter) verlassen und nach Italien segeln.
Dort wurde er nach vielen Kämpfen zum Stammvater des römischen Volkes.
Aeolus, -ī (*griech.* Aiolos): der Gott der Winde.
Aetna, -ae: der Vulkan Ätna auf Sizilien.
Agamemnō(n), -onis: Agamemnon, König von Mykene; Oberbefehlshaber der Griechen vor → Troia, wo er in heftigen Streit mit Achill (→ Achilles) geriet. Nach seiner Rückkehr von Troia wurde er von seiner Frau Klytämnestra und deren Liebhaber Ägisth erschlagen.
Agrigent: von den Griechen gegründete Stadt auf Sizilien.
Agrippa, -ae: Menenius Agrippa war Patrizier und Konsul des Jahres 503 v. Chr. Durch die Fabel vom Magen und den Gliedern schaffte er es, die Plebejer, die auf den Mons Sacer ausgewandert waren, zur Rückkehr zu bewegen.
Aiaia: mythische Insel und Wohnort der Zauberin Circe (→ Circa). Auch Odysseus (→ Ulixes) und seine Gefährten wurden auf ihren Irrfahrten hierher verschlagen.
Alba Longa: alte Stadt in den Albanerbergen bei Rom (→ Roma). Sie wurde angeblich von Julus (→ Iulus), dem Sohn des Äneas (→ Aeneas), gegründet.
Alcibiadēs, -is: Alkibiades (ca. 450–404 v. Chr.), griechischer Politiker und Feldherr.
Alexander, -drī: Alexander der Große, Sohn des Königs → Philipp II. von Makedonien, als dessen Nachfolger 336–323 v. Chr. König der Makedonen. Er eroberte das Perserreich und drang mit seinem Heer bis über den Indus an die Grenzen der damals bekannten Welt vor. Sein Vorhaben, Griechen und Perser zu einem Volk zu verschmelzen, wurde durch seinen frühen Tod vereitelt.
Alexandrīa,-ae: Stadt im Nildelta von Ägypten (→ Aegyptus). Hier stand u. a. das berühmte → Mouseion, die größte Bibliothek der antiken Welt.
Allia, -ae: kleiner Fluss in → Latium. Hier erlitten die Römer im Jahr 390 v. Chr. eine schwere Niederlage gegen die Gallier.
Amulius, -ī: der Sage nach Sohn des Königs von → Alba Longa. Er zwang seinen Bruder → Numitor zur Abdankung, wurde aber später dafür von → Romulus getötet.
Anchīsēs, -ae: Vater des Äneas (→ Aeneas).
Antiochus, -ī: Antiochos III., König von Syrien. Er gewährte dem von den Römern besiegten → Hannibal auf seiner Flucht Schutz.
Ariadna, -ae: Ariadne, Tochter des Königs → Minos von Kreta (→ Creta). Sie verliebte sich in den Athener → Theseus, der nach Kreta gekommen war, um den → Minotaurus zu töten. Mithilfe des Fadens, den sie ihm mitgab, fand Theseus wieder aus dem Labyrinth heraus.
Artemision: Küstenstreifen im Norden der griechischen Insel Euböa.
Asia, -ae: als Landschaftsbezeichnung: Kleinasien; heute die westliche Türkei. Diese stark von griechischer Kultur geprägte Gegend bildete auch die gleichnamige römische Provinz.
Athēnae, -ārum: Athen, die Hauptstadt des modernen Griechenland. In der Antike das kulturelle Zentrum Griechenlands mit der Akropolis und vielen Tempeln. Zahlreiche bedeutende Dichter, Künstler, Philosophen und Politiker wirkten in dieser Stadt;
Adj.: *Athēniēnsis, -is, -e*: athenisch, aus Athen; Subst.: der Athener.
Athene: → Minerva.
Attica, -ae: die Gegend um die Stadt Athen (→ Athenae).
Atticus, -ī: Titus Pomponius Atticus (109–32 v. Chr.), gebildeter reicher Römer, der lange in Athen lebte und wegen seiner Vorliebe für diese Stadt und die Landschaft Attika (→ Attica) den Beinamen *Atticus* erhielt. Er war sehr eng mit → Cicero befreundet.
Augīās, -ae: König von Elis, einer Landschaft in Griechenland. Herkules (→ Hercules) musste bei einer seiner Arbeiten dessen dreißig Jahre nicht ausgemisteten Rinderstall reinigen. Er schaffte es an einem einzigen Tag, indem er einen Fluss durch den Stall leitete.
Augustus, -ī: Gaius Iulius Caesar Octavianus (63 v. Chr.–14 n. Chr.); er wurde nach dem Sieg über die Mörder seines Adoptivvaters Cäsar (→ Caesar) und über seinen Rivalen → Marcus Antonius 31 v. Chr. Alleinherrscher im Römischen Reich (*princeps*). Er erhielt 27 v. Chr. vom Senat den Ehrentitel *Augustus* („der Erhabene"). Sein großes Verdienst war es, in Rom (→ Roma) die Bürgerkriege beendet und einen dauerhaften Frieden geschaffen zu haben.
Aventīnus, -ī: der Aventin, einer der Hügel Roms (→ Roma), zwischen → Circus Maximus und Tiber (→ Tiberis) gelegen.
Babylōn, -ōnis: antike Großstadt zwischen Euphrat und Tigris, auf dem heutigen Staatsgebiet des Irak gelegen.
Beneventum, -ī: Stadt in Süditalien, das heutige Benevent; wichtiger Kreuzungspunkt mehrerer Römerstraßen.
Brennus, -ī: der Anführer der Gallier, die die Römer 390 v. Chr. in der Schlacht an der → Allia besiegten („schwarzer Tag" für Rom).
Brūtus, -ī (*wörtl.* „der Dummkopf"): Nach der Vertreibung des letzten Königs → Tarquinius Superbus aus Rom wurde er ca. 509 v. Chr. der erste Konsul der neu entstandenen römischen Republik.
Caesar, -is: Gaius Iulius Caesar (100–44 v. Chr.), römischer Politiker aus patrizischem Geschlecht. Er durchlief rasch die politischen Ämter in Rom (→ Roma), wurde 59 v. Chr. Konsul und bekam im Jahr 58 v. Chr. die Provinz Gallien zugeteilt. Er unterwarf in neun Jahren den noch freien Teil Galliens. Nachdem er im Bürgerkrieg seinen Rivalen Pompejus (→ Pompeius) ausgeschaltet hatte, errang er 46 v. Chr. die Alleinherrschaft. An den Iden des März (= 15. März) 44 v. Chr. wurde er ermordet. Nach seinem Tod wurde der Name „Cäsar" zum Ehrentitel und festen Beinamen der römischen Kaiser.
Caligula, -ae: römischer Kaiser (reg. 37–41 n. Chr.), wegen seines „Cäsarenwahns" besonders gefürchtet und verhasst.
Cannae, -ārum: Dorf in Apulien (Süditalien), in dessen Nähe → Hannibal 216 v. Chr. den Römern eine vernichtende Niederlage beibrachte.
Capitōlīnus (-ī) mōns (montis): → Capitolium.
Capitōlium, -ī: das Kapitol, der Hügel, auf dem die Burg Roms (→ Roma), aber auch die Tempel der beiden höchsten Götter Jupiter (→ Iuppiter) und Juno (→ Iuno) standen. Im Tempel der Juno befand sich auch die staatliche Münzprägestätte.
Capua, -ae: Stadt in Kampanien (Süditalien); wichtiger Schnittpunkt von fünf Römerstraßen.
Carthāgō, -inis: Karthago, Handelsstadt an der Küste Nordafrikas im Gebiet des heutigen Tunesien. Der Sage nach wurde es von → Dido, tatsächlich aber um 800 v. Chr. von den Phöniziern gegründet. Es wurde in drei Kriegen (den „Punischen", d. h. phönizischen) von Rom bezwungen und 146 v. Chr. völlig zerstört;
Adj.: *Carthāginiēnsis, -is, -e*: karthagisch, aus Karthago;
Subst.: der Karthager.
Cassandra, -ae: Kassandra, Tochter des Königs → Priamus von → Troia. Sie hatte von Apollo die Gabe der Weissagung erhalten, wurde aber, da sie seine Liebe nicht erwiderte, damit bestraft, dass niemand ihren Prophezeiungen glaubte. Nach der Eroberung Troias erhielt → Agamemnon Kassandra als Beute.
Castōr, -oris: Kastor, Zwillingsbruder des → Pollux, mit dem zusammen er viele Heldentaten vollbrachte. In der Antike galten sie als Schutzpatrone der Stadt Rom (→ Roma).
Catilīna, -ae: römischer Adliger; er zettelte 63 v. Chr. eine Verschwörung an, die aber von → Cicero aufgedeckt und vereitelt wurde.
Cerberus, -ī: Zerberus, der Höllenhund mit drei Köpfen, bewacht den Eingang zur Unterwelt.
Cerēs, Cereris (*griech.* Demeter): römische Göttin der Erde und ihrer Früchte. Sie wurde früh mit der griechischen Göttin Demeter („Erdmutter") gleichgesetzt.
Charōn, -ontis: der Fährmann, der die Seelen der Verstorbenen über die Unterweltsflüsse zum Eingang der Unterwelt bringt.
Charybdis, -is: eine gefährliche Meeresströmung an der Meerenge zwischen Sizilien und dem Festland. Sie brachte zusammen mit dem Felsen der Skylla (→ Scylla) die vorbeifahrenden Seeleute oft in tödliche Gefahr.
Chimäre: dreigestaltiges Mischwesen mit dem Kopf eines Löwen und dem Körper einer Ziege und einer Schlange als Schwanz. Der Sage nach trieb sie ihr Unwesen an der Westküste der heutigen Türkei.
Cicerō, -ōnis: Marcus Tullius Cicero (106–43 v. Chr.), römischer Politiker, Redner und Schriftsteller. Für das Jahr 63 v. Chr. wurde er zum Konsul gewählt und deckte dabei die Verschwörung des → Catilina auf. Wegen der Hinrichtung der Anhänger Catilinas musste er aber in die Verbannung gehen. Diesen Rückzug aus dem politischen Leben nutzte er zu umfangreicher schriftstellerischer Tätigkeit über rhetorische und philosophische Themen. Dabei versuchte er vor allem, die Gedanken der griechischen Philosophie in lateinischer Sprache auszudrücken. 43 v. Chr. wurde er aus politischen Gründen ermordet.
Circa, -ae (*griech.* Kirke): Circe, der Sage nach eine Zauberin, die auf der Insel → Aiaia lebte und alle Menschen, die auf ihrer Insel landeten, in Tiere verwandelte, so auch die Gefährten des Odysseus (→ Ulixes). Dieser aber entging der Verwandlung durch ein Zauberkraut, das ihm der Götterbote Hermes (→ Mercurius) gegeben hatte.
Circus Māximus, -ī: der größte jemals gebaute Circus in Rom (→ Roma) mit Plätzen für ca. 250 000 Zuschauer. In seiner ca. 600 Meter langen Rennbahn fanden mehrmals im Jahr Pferde- und Wagenrennen statt.
Claudius, -ī: römischer Kaiser (reg. 41–54 n. Chr.); er wurde von seiner Gemahlin Agrippina ermordet.
Cleopatra, -ae: Kleopatra, seit 51 v. Chr. Königin von Ägypten (→ Aegyptus). Sie zog Cäsar (→ Caesar) und später auch → Marcus Antonius in ihren Bann und versuchte auf diese Weise, eine größere Unabhängigkeit Ägyptens von Rom zu erreichen. Nach dem Sieg Oktavians (→ Octavianus) über Antonius beging sie 31 v. Chr. Selbstmord.
Cloelia, -ae: junge Römerin, die der Sage nach 508 v. Chr. als Geisel zu dem Etruskerkönig → Porsenna gehen musste, aber von dort entfloh und

nach Rom (→ Roma) zurückkehrte. Hier missbilligte man ihr Verhalten und schickte sie dem König zurück. Der jedoch ließ das mutige Mädchen mit dem größten Teil der anderen Geiseln frei. In späterer Zeit soll ihr ein Standbild errichtet worden sein.

Concordia, -ae: die Göttin der Eintracht.

Corinthus, -ī f: Korinth, reiche griechische Handelsstadt am Isthmos, der Landbrücke zwischen Mittelgriechenland und der Peloponnes; wurde 146 v. Chr. von den Römern zerstört.

Coriolānus, -ī: Gaius Marcius, Coriolan, römischer Heerführer, der der Sage nach 493 v. Chr. die Volskerstadt → Corioli eroberte und darum den Ehrennamen *Coriolanus* erhielt. Später wurde er aber nach Auseinandersetzungen mit dem Senat und dem Volk gezwungen, Rom zu verlassen. Darauf ging er zu den Volskern (→ Volsci) und bewegte sie dazu, gegen Rom in den Krieg zu ziehen. Als er mit seinem Heer vor Rom auftauchte, brachte ihn schließlich seine Mutter → Veturia dazu, seine Vaterstadt zu verschonen und wieder abzuziehen. Er starb in der Verbannung.

Coriolī, -ōrum: Stadt der Volsker (→ Volsci) südöstlich von Rom (→ Roma).

Cornēlia, -ae: jüngere Tochter des P. Cornelius → Scipio, Mutter von Gaius und Tiberius → Gracchus. Sie war eine der angesehensten und gebildetsten Frauen Roms.

Crēta, -ae: die Insel Kreta; in römischer Zeit Sitz eines römischen Verwalters.

Croesus, -ī (griech. Kroisos): Kroisos, König von Lydien in Kleinasien. Wegen seines sagenhaften Reichtums hielt er sich für glücklich. Sein Glück verließ ihn in der Schlacht am → Halys, wo er sein Königreich an den Perserkönig Kyros (→ Cyrus) verlor.

Cūmae, -ārum: von den Griechen gegründete Stadt an der Küste Kampaniens (Süditalien). Hier soll eine der sieben Sibyllen (→ Sibylla) gewohnt haben. Zu ihr kam auch Äneas (→ Aeneas) auf seinem Gang in die Unterwelt.

Cȳrus, -ī (griech. Kyros): Kyros II., der Begründer des persischen Weltreiches. In der Antike wurde er nicht nur als großer Herrscher, sondern auch als tugendhafter und weiser Mann verehrt.

Dāmoclēs, -is: Damokles, Freund des Tyrannen → Dionysius I. von Syrakus (→ Syracusae).

Dāmōn: Syrakusaner, der den Tyrannen → Dionysius von Syrakus zu stürzen versuchte; eine der Hauptpersonen in → Schillers Ballade „Die Bürgschaft".

Dardanus, -ī (griech. Dardanos): Sohn des Jupiter (→ Iuppiter) und einer sterblichen Frau. Er galt als der Ahnherr der Troianer.

Dārēus, -ī (griech. Dareios): Dareios III., der letzte persische König. Er wurde von → Alexander dem Großen mehrfach besiegt, verlor die Königsherrschaft und starb 330 v. Chr.

Delphī, -ōrum (griech. Delphoi): berühmtestes Orakel des Altertums und dem Gott Apollo geweiht. Die Priesterin des Apollo, → Pythia, verkündete Orakelsprüche, die oft mehrdeutig waren;
Adj.: *Delphicus, -a, -um*: delphisch.

Dīdō, -ōnis: Königstochter aus Tyros. Sie gründete der Sage nach Karthago (→ Carthago). Auch soll sie Äneas (→ Aeneas) nach seiner Flucht aus →Troia gastfreundlich aufgenommen und sich in ihn verliebt haben. Als Äneas auf Weisung Jupiters (→Iuppiter) nach Italien weiterfuhr, verfluchte sie ihn und nahm sich aus Verzweiflung das Leben.

Diogenēs, -is: griechischer Philosoph des 4. Jh.s v. Chr., der nach größter Bedürfnislosigkeit strebte und in einer Vorratstonne hauste.

Dionȳsius, -ī: Dionysius I., von 405–367 v. Chr. Tyrann von Syrakus (→ Syracusae), schützte die Stadt vor den Karthagern und errichtete mit brutaler Gewalt ein mächtiges Staatswesen. Seine Härte wurde ebenso sprichwörtlich wie sein ausgeprägtes Misstrauen. Er lebte in ständiger Angst vor Attentaten.

Dioskuren: die beiden Zeussöhne Kastor (→ Castor) und → Pollux.

Discordia, -ae (griech. Eris): die Göttin des Streites und der Zwietracht.

Elysium, -ī: nach antiker Vorstellung der Wohnort der Seligen in der Unterwelt.

Etruscī, -ōrum: uraltes Volk, das vor der Gründung Roms (→ Roma) Mittelitalien beherrschte, nach der Unterwerfung durch die Römer aber politisch bedeutungslos wurde. Die hoch entwickelte Kultur der Etrusker, die stark von der griechischen geprägt war, übte großen Einfluss auf die Römer aus. So übernahmen diese z. B. technische Errungenschaften wie die Bogenkonstruktion oder viele religiöse Praktiken wie die Eingeweideschau.

Eurōpa, -ae: phönizische Prinzessin, die Zeus (→ Iuppiter) der Sage nach in der Gestalt eines Stieres nach Kreta (→ Creta) entführte. Nach ihr wurde der gesamte Kontinent benannt.

Eurydica, -ae (griech. Eurydike): Gemahlin des → Orpheus.

Eurylochus, -ī (griech. Eurylochos): Gefährte des Odysseus (→ Ulixes), der ihn vor den Zauberkräften der Circe (→ Circa) warnte. Sie hatte dessen Gefährten in Tiere verwandelt.

Fabius, -ī: Quintus Fabius Maximus, römischer Konsul. Er erhielt im Krieg gegen → Hannibal den Beinamen *Cunctator* („Zauderer"), weil er seinen Gegner durch ständiges Hinhalten zu zermürben versuchte.

Flāminius, -ī: Gaius Flaminius, römischer Konsul, der 217 v. Chr. mit seinem Heer von → Hannibal am Trasimenischen See (→ Trasimenus) geschlagen wurde.

Forum Rōmānum: das Zentrum Roms (→ Roma) und des Römischen Reiches. Hier fanden politische Versammlungen und Gerichtsprozesse statt, standen Tempel und zahlreiche Läden und Geschäfte. Zugleich war es der wichtigste Treffpunkt der Römer.

Gāius Mārcius: → Coriolanus.

Gallī, -ōrum: die Gallier, die die so genannte Gallia Comata, also in etwa das Gebiet des heutigen Frankreich und Belgien, bewohnten.

Germānia, -ae: Germanien, das Gebiet nördlich des → Limes bzw. des Rheins und der Donau. Dieses Gebiet konnten die Römer nie dauerhaft erobern.

Gordion: Stadt in Phrygien, im Nordwesten der heutigen Türkei. Hier stand in einem Tempel ein berühmter Wagen, dessen Deichsel durch einen so komplizierten Knoten mit dem Wagen verbunden war, dass man weder Anfang noch Ende erkennen konnte. Eine Prophezeiung besagte, dass derjenige, der den Knoten lösen könne, Herrscher über Asien sein werde. → Alexander der Große soll den Knoten auf seine Weise, mit einem Schwerthieb, „gelöst" haben.

Gracchus, -ī: Tiberius Sempronius Gracchus (162–133 v. Chr.), Volkstribun 133 v. Chr., und Gaius Sempronius Gracchus (153–121 v. Chr.), Volkstribun 123 v. Chr.; beide Brüder scheiterten bei ihrem Versuch, die Lage der besitzlosen Bürger Roms durch eine Neuverteilung von Land zu verbessern, und wurden ermordet.

Hadriānus, -ī: Hadrian, römischer Kaiser; er regierte von 117–138 n. Chr. Hadrian verzichtete, anders als sein Vorgänger Trajan (→ Traianus), auf Eroberungen und sorgte stattdessen für sichere Grenzen (Hadrianswall in Britannien). Er unternahm zahlreiche Reisen durch das gesamte Reich und ließ einige bedeutende Bauwerke errichten, so z. B. seine Villa beim heutigen Tivoli in der Nähe von Rom, das Pantheon oder sein Grabmal in Rom, die Engelsburg.

Hadrūmētum, -ī: karthagischer Handelsplatz an der nordafrikanischen Küste.

Halys, -yos: Fluss in Kleinasien, im Westen der heutigen Türkei. An ihm fand die berühmte Schlacht zwischen dem Perserkönig Kyros (→ Cyrus) und Kroisos (→ Croesus), dem König der Lyder (→ Lydi), statt. In dieser Schlacht wurde Kroisos besiegt und verlor sein gesamtes Königreich.

Hamilcar (Barcas), -ris: Hamilkar Barkas, Vater von → Hannibal und Feldherr der Karthager im Ersten Punischen Krieg.

Hánnibal, -is: 247–183 v. Chr., Sohn des Hamilkar Barkas (→ Hamilcar), brachte den Römern, nachdem er sein Heer über die Alpen geführt hatte, im Verlauf des Zweiten Punischen Krieges (218–202 v. Chr.) eine Reihe schwerer Niederlagen (→ Cannae, → Trasimenus) bei. Die letzte Schlacht gegen → Scipio verlor er allerdings. Als die Römer ihn verfolgten, floh er nach Kleinasien, wo er 183 v. Chr. Selbstmord beging.

Hector, -is: Hektor, ältester Sohn des Königs → Priamus von → Troia, Beschützer der Stadt während der zehnjährigen Belagerung durch die Griechen. Er wurde von Achill (→ Achilles), nachdem er dessen Freund → Patroklos getötet hatte, im Zweikampf getötet und mehrmals um den Mauerring Troias geschleift. Erst als Priamus im Lager der Griechen auftauchte und um die Herausgabe seines Sohnes bat, gab Achill nach und versöhnte sich mit Priamus. Mit Hektors Bestattung endet Homers (→ Homerus) → *Ilias*.

Helena, -ae: die schönste Frau der Welt im griechischen Mythos. Sie war die Frau des Spartanerkönigs Menelaos (→ Menelaus) und wurde von dem troianischen Prinzen → Paris entführt.

Herculēs, -is (griech. Herakles): Herkules, Held der griechischen Sage, Sohn des Zeus (→ Iuppiter) und der Alkmene; löste mit übermenschlicher Kraft schier unlösbare Aufgaben und wurde nach seinem Tod von Zeus unter die Unsterblichen aufgenommen.

Hispānia, -ae: römische Provinz, deren Gebiet sich weitgehend mit dem heutigen Spanien deckt.

Hissarlik: Hügel an der Nordwestküste der heutigen Türkei, unter dem Heinrich → Schliemann die Reste des antiken → Troia fand.

Homērus, -ī: Homer, ältester griechischer Dichter, lebte um 700 v. Chr.; der Überlieferung nach war er blind. Er gilt als Verfasser der beiden Epen *Ilias* und *Odyssee*. In der *Ilias* wird der Kampf um → Troia, in der *Odyssee* werden die Irrfahrten und die Heimkehr des Odysseus (→ Ulixes) beschrieben.

Hygīnus, -ī: Hygin, Schriftsteller des 2. Jh.s n. Chr.; er verfasste *Fabulae*, in denen er die Sagen von Göttern und Heroen (Halbgöttern) behandelte.

Iānus, -ī: Janus, römischer Gott der Tore und jeden Anfangs, mit zwei Gesichtern. Der ihm heilige Torbogen im Norden des → Forum Romanum wurde, wenn ein Krieg ausbrach, geöffnet und nach dessen Ende geschlossen.

Ilias: → Homerus.

Issos: Stadt in Kilikien, im Gebiet des heutigen Syrien, berühmt geworden durch den Sieg → Alexanders des Großen über den Perserkönig Dareios III. (→ Dareus) im Jahre 333 v. Chr.

Ithaca, -ae: Ithaka, Insel vor der Westküste Griechenlands, Heimat des Odysseus (→ Ulixes).

Iūlus, -ī: Ascanius Iulus; Julus, Sohn des Äneas (→ Aeneas), Gründer der Stadt → Alba Longa. Er galt als Urahn der Familie der Julier (→ Caesar).

Iūnō, -ōnis (griech. Hera): Juno, die Gattin des Jupiter (→ Iuppiter).

Iūppiter, Iovis (griech. Zeus): Jupiter, der höchste Gott der Römer.

Kroisos: → Croesus.

Kyklopen: sagenhafte einäugige Riesen, Söhne des Poseidon, die auf einer abgelegenen Insel lebten. Den jüngsten von ihnen, Polyphem (→ Polyphemus), blendete Odysseus (→ Ulixes).

Lacedaemoniī, -ōrum: die Lakedämonier oder Spartaner, Bewohner der Landschaft Lakonien mit der Hauptstadt → Sparta auf der Peloponnes in

Griechenland. Sie waren berühmt wegen ihrer Anspruchslosigkeit und Disziplin.
Laeca, -ae: Marcus Laeca, Mitverschwörer des → Catilina.
Lāocoōn, -ontis: troianischer Priester, der seine Mitbürger vergeblich vor dem hölzernen Pferd warnte. Zusammen mit seinen Söhnen wurde er durch zwei von → Minerva gesandte Schlangen getötet.
Latīnus, -ī: mythischer König von → Latium, der Gegend um Rom (→ Roma). Er gab seine Tochter Lavinia dem aus → Troia geflohenen Äneas (→ Aeneas) zur Frau und wurde somit zum Urahn der Römer.
Latium, -ī: die Landschaft um Rom (→ Roma) mit den Städten Rom, Ostia, → Lavinium, Tibur (heute Tivoli), Praeneste (heute Palestrina) u. a.
Lāvīnium, -ī: von Äneas (→ Aeneas) gegründete und nach seiner Frau Lavinia benannte Stadt in → Latium.
Limes: der große Grenzwall zwischen Rhein und Donau, den die Römer anlegten, um die Provinzen vor den ständigen Angriffen germanischer Stämme zu schützen.
Līvius, -ī: Titus Livius (59 v. Chr.–17 n. Chr.), bedeutender Geschichtsschreiber. In 142 „Büchern" behandelte er die römische Geschichte von der Gründung der Stadt bis etwa um die Zeit von Christi Geburt. Livius wollte Beispiele heldenhaften Verhaltens der Vorfahren seinen Mitbürgern als Vorbilder vor Augen führen.
Lydī, -ōrum: die Lyder, die Lydien in Kleinasien bewohnten.
Mānlius Capitolīnus: Marcus Manlius; bei der Einnahme Roms durch die Gallier 390 v. Chr. verteidigte er der Sage nach, von den heiligen Gänsen der Juno (→ Iuno) geweckt, erfolgreich das Kapitol (→ Capitolium).
Marathon: Ort an der Ostküste Attikas (→ Attica). Hier schlugen die Griechen 490 v. Chr. zum ersten Mal das persische Heer. Die Erinnerung an den Boten, der die Nachricht vom Sieg ins ca. 42 km entfernte Athen (→ Athenae) brachte, wird noch heute durch die leichtathletische Disziplin des Marathonlaufs aufrechterhalten.
Marcus Antonius: 83–30 v. Chr., Freund Cäsars (→ Caesar); er bildete nach dessen Tod zusammen mit Lepidus und Oktavian (→ Octavianus) das zweite Triumvirat („Dreimännerbund") und besiegte 42 v. Chr. bei Philippi die Cäsarmörder Brutus und Cassius. Danach erhielt er den Osten des Reiches; dort verband er sich mit Kleopatra (→ Cleopatra), wurde aber 31 v. Chr. bei Actium von Oktavian geschlagen. Daraufhin beging Antonius, wie kurz darauf auch Kleopatra, Selbstmord.
Mārs, Mārtis (griech. Ares): der römische Kriegsgott.
Medūsa, -ae: schreckliches Fabelwesen in Frauengestalt, auf deren Haupt Schlangen wuchsen. Wer sie anblickte, wurde sofort zu Stein verwandelt.
Menelāus, -ī: Menelaos, mythischer König von → Sparta. Die Entführung seiner Gemahlin → Helena durch → Paris löste den Troianischen Krieg aus.
Menēnius: → Agrippa.
Mercurius, -ī (griech. Hermes): Merkur, Begleiter Jupiters (→ Iuppiter) und Götterbote. Die Römer verehrten ihn auch als Gott der Händler und Diebe.
Minerva, -ae (griech. Athene): Tochter des Zeus (→ Iuppiter), die Göttin der Künste, des Handwerks und auch des Krieges.
Mīnōs, -ōis: mythischer König von Kreta (→ Creta). Er ließ von Dädalus das Labyrinth für den → Minotaurus erbauen.
Mīnōtaurus, -ī: der Minotaurus, ein Mischwesen aus Mensch und Stier. Er war so gefährlich, dass König → Minos von Kreta (→ Creta) ihn in einem Gefängnis, dem Labyrinth, einsperren ließ. Erst der Athener → Theseus konnte ihn schließlich besiegen.
Moerus, -ī: Syrakusaner, der versuchte, den Tyrannen → Dionysius von Syrakus zu stürzen.
Mouseion: größte und bedeutendste Bibliothek des Altertums in → Alexandria. In ihr wurden ca. 700 000 Buchrollen aufbewahrt.
Neoclēs, -is: Neokles, der Vater des Themistokles (→ Themistocles).
Nerō, -ōnis: Nero, römischer Kaiser (37–68 n. Chr.); er regierte von 54–68 n. Chr. Unter dem Einfluss des Philosophen → Seneca war er einige Jahre ein vorzüglicher Herrscher. Später offenbarte er durch verschiedene Mordanschläge und seinen Größenwahn seinen wahren Charakter. Ob er für den großen Brand Roms 64 n. Chr. verantwortlich war, ist bis heute ungeklärt.
Numa, -ae: Numa Pompilius, der Sage nach zweiter König Roms (→ Roma); er begründete viele religiöse Bräuche.
Numitor, -ōris: König von → Alba Longa in → Latium; von seinem Bruder → Amulius vertrieben, wurde er von seinen Enkeln → Romulus und → Remus wieder in seine Herrschaft eingesetzt.
Octāviānus, -ī: → Augustus.
Odysseus: → Ulixes.
Olympia, -ae: heiliger Bezirk des → Zeus auf der Peloponnes; dort fanden seit 776 v. Chr. alle vier Jahre die Olympischen Spiele statt.
Orpheus, -eī: sagenhafter Sänger, der mit seinem Gesang sogar Tiere bezaubern konnte. Nach dem Tod seiner Gattin Eurydike (→ Eurydica) zog er die Götter der Unterwelt so in seinen Bann, dass sie ihm Eurydike zurückgaben. Er durfte sich aber nicht nach ihr umblicken, ehe er die Unterwelt verlassen hatte. Aus Sorge tat er es trotzdem und verlor so seine geliebte Eurydike für immer.
Padus, -ī: der Fluss Po in Oberitalien.
Palātīnus (mōns), -ī: der Palatin, derjenige Hügel Roms (→ Roma), auf dem sich die älteste, der Sage nach von → Romulus gegründete Siedlung befand. Seit → Augustus wurden dort gewaltige Bauten als Wohnungen der Kaiser errichtet. Davon leiten sich auch die modernen Begriffe Palast, Palazzo, Palais und Pfalz ab.
Palātium, -ī: → Palatinus (mons).
Palermo: heute die größte Stadt auf Sizilien; sie wurde von den Griechen unter dem Namen Panormos gegründet.
Páris, -idis: Sohn des Königs → Priamus von → Troia. Er entschied der Sage nach den Streit der drei Göttinnen Aphrodite (→ Venus), Athene (→ Minerva) und Hera (→ Iuno), welche von ihnen die Schönste sei, zugunsten der Aphrodite. Durch den Raub der → Helena, die ihm Aphrodite als Belohnung versprochen hatte, löste er den Troianischen Krieg aus.
Parmeniōn, -ōnis: Vertrauter und General der Makedonenkönige → Philipp II. und → Alexander des Großen.
Parthenon: der größte Tempel auf der Akropolis in Athen (→ Athenae). Er war der jungfräulichen Athene (*Athena parthenos*) geweiht. Im Inneren des Tempels befand sich eine zwölf Meter hohe Athene-Statue des Bildhauers →Phidias.
Patroklos: bester Freund Achills (→ Achilles). Nachdem Achill sich im Zorn vom Kampf vor → Troia zurückgezogen hatte, kämpfte Patroklos in dessen Rüstung, wurde aber von Hektor (→ Hector) besiegt und getötet. Daraufhin griff Achill wieder in den Kampf ein, um den toten Freund zu rächen.
Penelope: Frau des Odysseus (→ Ulixes).
Perikles: athenischer Staatsmann des 5. Jh.s v. Chr. Unter ihm erlebten die Demokratie, aber auch die Künste in Athen ihre höchste Blüte.
Persae, -ārum m: die Perser.
Perseus: Sohn des Zeus (→ Iuppiter) und der Danae. Er besiegte u. a. die → Medusa und befreite die Königstochter Andromeda.
Pharos: der Leuchtturm auf gleichnamiger Insel vor der Stadt → Alexandria. In der Antike galt er als eines der sieben Weltwunder.
Phidias: ca. 490–430 v. Chr., berühmter griechischer Bildhauer. Er schuf die beiden großen Statuen der Athene im → Parthenon und des Zeus (→ Iuppiter) in → Olympia. Letztere zählte zu den sieben Weltwundern.
Philipp II.: 359–336 v. Chr., König von Makedonien und Vater → Alexanders des Großen.
Philippus, -ī: einer der Ärzte → Alexanders des Großen.
Pīraeus, -ī: Piräus, der Hafen von Athen (→ Athenae).
Plutō, -ōnis (griech. Hades): der Herrscher der Unterwelt.
Poenī, -ōrum: die Punier. So bezeichneten die Römer die Einwohner von Karthago (→ Carthago).
Pollux: Bruder des Kastor (→ Castor, Dioskuren).
Polyphēmus, -ī: Polyphem, einäugiger Riese (→ Kyklopen). Er sperrte Odysseus (→ Ulixes) und dessen Gefährten in seiner Höhle ein, tötete einige von ihnen, wurde dann aber von Odysseus geblendet.
Pompēiī, -ōrum: Pompeji, Stadt in Mittelitalien am Fuß des Vulkans Vesuv (→ Vesuvius). Sie wurde, wie andere Städte der Gegend, am 24. August 79 n. Chr. durch einen gewaltigen Ausbruch des Vesuv komplett verschüttet und danach nicht mehr besiedelt. Heute liefern die ausgegrabenen Stätten einen lebendigen Eindruck vom Leben in der Antike.
Pompēius, -ī: Gnaeus Pompeius Magnus, Pompejus (106–48 v. Chr.), römischer Politiker und Feldherr. Mit Cäsar (→ Caesar) war er zunächst durch das 1. Triumvirat politisch verbunden; bei Ausbruch des Bürgerkrieges 49 v. Chr. trat er im Auftrag des Senats Cäsar gegenüber, wurde aber von diesem besiegt. Auf der Flucht vor Cäsar wurde er 48 v. Chr. bei seiner Landung in → Alexandria ermordet.
Pontus, -ī: das Schwarze Meer.
Porsenna, -ae: etruskischer König, Freund des vertriebenen → Tarquinius Superbus, den er vergeblich in Rom wieder an die Macht bringen wollte.
Príamus, -ī: sagenhafter König von → Troia, musste die Zerstörung und den Untergang seiner Stadt nach zehn Jahren Krieg erleben.
Prosérpina, -ae (griech. Persephone): Gemahlin des → Pluto, des Herrn des Totenreiches.
Protagoras: griechischer Philosoph des 5. Jh.s v. Chr.; er versprach seinen Schülern, sie zu solch tüchtigen Rednern auszubilden, dass sie die „schwächere Sache zur stärkeren machen" konnten.
Prūsiās, -ae: König von Bithynien.
Ptolemaeus, -ī: 1) Ptolemäus I. (Beiname *Soter*), König von Ägypten (→ Aegyptus); er gründete in → Alexandria die größte Bibliothek der Antike, das → Mouseion.
2) Ptolemäus XIII., König von Ägypten (→ Aegyptus), jüngerer Bruder Kleopatras (→ Cleopatra). Auf seinen Befehl hin wurde Pompejus (→ Pompeius) ermordet.
Pyrrhus, -ī: 319–272 v. Chr., König von Epirus, einer Landschaft in Nordwestgriechenland. Er kam der Griechenstadt Tarent (→ Tarentum) gegen die Römer zu Hilfe; einer seiner Siege war aber so verlustreich, dass er den Kampf nicht zu Ende führen konnte.
Pȳthia, -ae: die Priesterin des Apollo im Orakel von → Delphi. Sie verkündete wenig verständliche Sprüche, aus denen die Orakelpriester des Heiligtums die begehrten Voraussagen über die Zukunft formulierten.
Rēa Silvia, -ae: die Tochter des → Numitor; von dessen Bruder → Amulius wurde sie gezwungen, → Vestalin zu werden und damit jungfräulich zu bleiben. Als sie von → Mars Mutter von → Romulus und → Remus wurde, ließ Amulius sie ertränken.
Remus, -ī: der Sage nach Zwillingsbruder des → Romulus. Dieser erschlug ihn im Zorn, weil er über die noch sehr niedrigen Mauern der eben gegründeten Stadt Rom (→ Roma) gesprungen war.
Rōma, -ae: Rom, die Hauptstadt des Römischen Reiches, der Sage nach 753 v. Chr. von → Romulus und → Remus gegründet.

Rōmulus, -ī: der Sage nach Zwillingsbruder des → Remus, Sohn des → Mars und der → Vestalin → Rea Silvia. Die Zwillinge wurden auf dem Tiber (→ Tiberis) ausgesetzt, aber auf wunderbare Weise gerettet und von einer Wölfin gesäugt. Sie gründeten später die Stadt Rom (→ Roma). Romulus wurde, nachdem er seinen Bruder Remus im Streit erschlagen hatte, erster König von Rom.
Rutulī, -ōrum: die Rutuler, Volksstamm in → Latium.
Sabīnī, -ōrum: die Sabiner, Bewohner des Berglands nördlich von Rom (→ Roma). → Romulus lud sie zu Spielen in seine Stadt ein, um eine List anzuwenden; da es nämlich in Rom an Frauen fehlte, raubten die Römer während der Festlichkeiten alle Sabinerinnen.
Saguntum, -ī: Sagunt, Stadt an der spanischen Ostküste, deren Einwohner mit Rom (→ Roma) verbündet waren.
Salamīs, -īnis: Insel vor der Küste Attikas (→ Attica). In der Meerenge zwischen der Insel und dem Festland fand 480 v. Chr. die berühmte Schlacht statt, in der die Griechen die persische Flotte entscheidend besiegten.
Sardinia, -ae: die Insel Sardinien.
Schiller, Friedrich: 1759–1805, deutscher Dichter; er verfasste zahlreiche Theaterstücke, Gedichte und Prosawerke.
Schliemann, Heinrich: 1822–1890, deutscher Kaufmann und Archäologe aus Leidenschaft; er entdeckte u. a. 1870 im → Hissarlîk die Überreste des antiken → Troia.
Scīpiō, -ōnis: Publius Cornelius Scipio Africanus Maior, römischer Heerführer und Sieger über → Hannibal.
Scylla, -ae: Skylla, ein Ungeheuer an der Meerenge zwischen Sizilien und dem Festland (→ Charybdis).
Selinunt: griechische Kolonie auf der Insel Sizilien.
Seneca, -ae: Lucius Annaeus Seneca, römischer Philosoph und Schriftsteller (4 v.–65 n. Chr.). Er war der Erzieher des jungen Kaisers → Nero, wurde von diesem aber später zum Selbstmord gezwungen. Seine philosophischen Werke und die an seinen Freund Lucilius gerichteten Briefe wirken bis in die Neuzeit fort.
Sibylla, -ae: Sibylle; die Antike kannte sieben Sibyllen, die als Einsiedlerinnen lebten und Prophezeiungen machten. Eine von ihnen begleitete Äneas (→ Aeneas) in die Unterwelt.
Sicilia, -ae: die Insel Sizilien.
Simōnidēs, -is: ca. 557–468 v. Chr., griechischer Dichter von der Insel Keos.
Sinōn, -ōnis: ein Grieche, der die Troianer überredete, das hölzerne Pferd in die Stadt zu ziehen, anschließend in der Nacht die im Inneren des Pferdes verborgenen Griechen herausließ und so die Eroberung → Troias ermöglichte.
Sīrēnēs, -um: die Sirenen; Fabelwesen in der Gestalt von Vögeln mit Mädchenköpfen, die durch ihren wunderschönen Gesang die vorbeifahrenden Seeleute anlockten, dann aber deren Schiffe an Felsenklippen zerschellen ließen. Einzig Odysseus (→ Ulixes) schaffte es, mit seinem Schiff an ihnen vorbeizufahren.
Sīsyphus, -ī: im griechischen Mythos verschlagener und gewalttätiger König von Korinth (→ Corinthus), der sogar die Götter betrog. In der Unterwelt musste er zur Strafe einen Felsblock, der immer wieder herunterrollte, auf einen hohen Berg wälzen.
Sōcratēs, -is: Sokrates (470–399 v. Chr.), ein bedeutender griechischer Philosoph, der von den Athenern zu Unrecht der Gottlosigkeit beschuldigt und hingerichtet wurde.
Sophokles: griechischer Tragödiendichter (497–406 v. Chr.) aus Athen (→ Athenae). Seine Tragödien, wie z. B. *König Ödipus, Antigone,* dienten vielen späteren Dichtern als Vorbild.
Sparta, -ae: Ort auf der Halbinsel Peloponnes, durch Zusammenlegung mehrerer Dörfer entstanden; Zentrum des Militärstaats Sparta.
Sperlonga: Höhle an der italienischen Küste in der Nähe von Neapel. Hier hatte sich Kaiser → Tiberius ein prächtiges Triklinium einrichten lassen, in dem er verschiedene monumentale Statuengruppen aufstellen ließ; diese zeigten Szenen aus dem Odysseusmythos.
Styx, Stygis f: der Styx; Quelle und Fluss der Unterwelt, bei dessen eiskaltem, todbringendem Wasser die Götter schworen.
Suētōnius, -ī: Gaius Suetonius Tranquillus, Sueton (ca. 75–150 n. Chr.), römischer Biograph; er stellte in zwölf Lebensbeschreibungen die römischen Herrscher von Cäsar (→ Caesar) bis Domitian dar.
Sūsa, -ōrum: die Winterresidenz der persischen Großkönige, im heutigen Iran gelegen.
Syrācūsae, -ārum: Syrakus, griechische Großstadt an der Ostküste Siziliens mit eindrucksvollen Befestigungen und Hafenanlagen.
Syrācūsānī, -ōrum: die Einwohner von Syrakus (→ Syracusae).
Syria, -ae: die Provinz Syrien, zwischen dem heutigen Syrien und Israel gelegen.
Taormina: Stadt auf Sizilien.
Tarentum, -ī: Tarent, reiche und mächtige Handelsstadt an der Südküste Italiens, das heutige Taranto.
Tarpēia, -ae: Tochter des Spurius Tarpeius. Sie öffnete durch ihren Verrat den Sabinern den Weg zur Burg auf dem Kapitol (→ Capitolium), wurde von ihnen daraufhin aber getötet.
Tarquinia, -ae: die wichtigste Stadt der Etrusker (→ Etrusci) in → Latium, südwestlich von Rom (→ Roma).
Tarquinius, -ī: Tarquinius Superbus, letzter etruskischer König in Rom (→ Roma); wegen seiner tyrannischen Herrschaft wurde er auf Betreiben des → Brutus 510 v. Chr. gestürzt und aus Rom vertrieben.
Tártarus, -ī (griech. Tartaros): der Tartarus, nach antiker Vorstellung das Reich der Toten.
Themistoclēs, -is: Themistokles (ca. 527–460 v. Chr.); athenischer Staatsmann und Politiker. Ihm gelang es 480 v. Chr., die Perser in der Seeschlacht bei → Salamis zu schlagen.
Thermopylae, -ārum: die Thermopylen, Gebirgspass in Nordgriechenland. Hier gelang es einem kleinen Kontingent spartanischer Soldaten, das riesige persische Heer so lange aufzuhalten, bis sich der Rest des griechischen Heeres und der Flotte auf die Schlacht bei → Salamis (480 v. Chr.) vorbereiten konnte.
Thēseus, -eī: Königssohn aus Athen (→ Athenae); er besiegte auf Kreta (→ Creta) mithilfe Ariadnes (→ Ariadna) den → Minotaurus und befreite damit Athen von der Pflicht, regelmäßig junge Mädchen und Jungen zu Minotaurus in den Tod zu schicken.
Thymoētēs, -is: Troianer, der die Bewohner der Stadt dazu überredete, das hölzerne Pferd in die Stadt zu ziehen.
Tiberis, -is: der Fluss Tiber in Rom (→ Roma).
Tiberius, -ī: Tiberius Iulius Caesar (42 v.–37 n. Chr.), Stiefsohn des → Augustus, römischer Feldherr; nach dem Tod des Augustus wurde er 14 n. Chr. dessen Nachfolger.
Tigellīnus, -ī: Vertrauter → Neros.
Trāiānus, -ī: Trajan, römischer Kaiser, der von 98–117 n. Chr. regierte. Unter ihm erreichte das Römische Reich seine größte Ausdehnung. In Rom (→ Roma) errichtete er u. a. das gewaltige Trajansforum.
Trasimēnus (lacus), -ī: der Trasimenische See in Umbrien, der viertgrößte See in Italien. An seinem Ostufer besiegte → Hannibal 217 v. Chr. das römische Heer.
Trōia, -ae: Troia, eine uralte Stadt im Nordwesten von Kleinasien. Nach der Überlieferung Homers (→ Homerus) wurde sie von einem griechischen Heer nach zehnjähriger Belagerung erobert und zerstört. Die moderne Archäologie bestätigt die Existenz und große Bedeutung Troias; Adj.: *Trōiānus, -a, -um*: troianisch, aus Troia; Subst.: der Troianer.
Tullia, -ae: der Sage nach Tochter des sechsten Königs von Rom, Servius Tullius. Zusammen mit → Tarquinius Superbus stürzte sie ihren Vater und ließ ihn töten.
Turnus, -ī: König der Rutuler (→ Rutuli); er widersetzte sich den nach langen Irrfahrten an der Küste → Latiums angekommenen Troianern, wurde aber von Äneas (→ Aeneas) im Zweikampf getötet.
Tūscī, -ōrum: → Etrusci.
Tyrrhener: uraltes Volk, dessen Herkunft bereits in der Antike unbekannt war. Sie galten als die Vorfahren der Etrusker (→ Etrusci).
Ubiī, -ōrum: die Ubier, ein keltisch-germanischer Stamm im Gebiet des heutigen Nordrhein-Westfalen mit dem Hauptort *Colonia Agrippina* (Köln).
Ulixēs, -is: die lateinische Bezeichnung für Odysseus, den mythischen König von Ithaka (→ Ithaca). Er nahm am Troianischen Krieg teil und überlistete die Troianer mit dem hölzernen Pferd. Auf seinen zehn Jahre dauernden Irrfahrten musste er, verfolgt vom Zorn des Gottes Poseidon, viele Abenteuer bestehen, bis er endlich nach Hause zu seiner Frau → Penelope zurückkehren konnte.
Vārus, -ī: Publius Quin(c)tilius Varus, Feldherr des → Augustus; er fiel 9 n. Chr. in der sog. Schlacht im Teutoburger Wald.
Vēiī, -ōrum: Veji, alte etruskische Stadt nördlich von Rom (→ Roma). In der Frühzeit Roms war sie die große Rivalin der Stadt, wurde aber im Jahr 396 v. Chr. erobert und zerstört.
Venus, -eris (griech. Aphrodite): die Göttin der Liebe. Sie war die Gemahlin des Schmiedegottes Vulcanus.
Vergilius, -ī: Publius Vergilius Maro, Vergil (70–19 v. Chr.); bedeutender römischer Dichter, Verfasser der *Aeneis*, in der er die Taten des Äneas (→ Aeneas) nach dem Vorbild Homers (→ Homerus) darstellt.
Vespasiānus, -ī: Vespasian, römischer Kaiser, Vater von Titus und Domitian. Er regierte von 69–79 n. Chr.
Vesta, -ae (griech. Hestia): die Göttin des Herdfeuers; dieses wurde als symbolisches Herdfeuer des Staates in einem Rundtempel auf dem → Forum Romanum von den → Vestalinnen gehütet.
Vestalin: eine von sechs Priesterinnen der → Vesta, die für die 30 Jahre ihrer Priesterschaft das Gelübde ablegen mussten, unverheiratet zu bleiben. Sie lebten in einer klosterähnlichen Gemeinschaft direkt neben dem Vesta-Tempel auf dem → Forum Romanum.
Vesuvius (mōns), -ī: der Vesuv, Vulkan in Mittelitalien nahe der Stadt Neapel. Bei seinem verheerenden Ausbruch am 24. August 79 n. Chr. begrub er mit seinen Asche- und Lavamassen u. a. die Kleinstädte Pompeji (→ Pompeii) und Herculaneum. Auch in späteren Jahrhunderten brach er immer wieder aus. Heute gilt der Vesuv als ruhender, aber nicht erloschener Vulkan.
Veturia, -ae: die Mutter des Coriolan (→ Coriolanus).
Volscī, -ōrum: die Volsker, Volk in → Latium; sie wurden von den Römern erst nach langen Kämpfen unterworfen.
Volumnia, -ae: die Ehefrau des Coriolan (→ Coriolanus).
Xerxēs, -is: persischer Großkönig; er herrschte von 486–465 v. Chr. 480 v. Chr. wurde er in der Schlacht bei → Salamis mit seiner Flotte von den Griechen vernichtend geschlagen.
Zama, -ae: Stadt in der Nähe des antiken Karthago (→ Carthago). Hier wurde 202 v. Chr. → Hannibal von → Scipio entscheidend geschlagen (Ende des Zweiten Punischen Krieges).
Zeus: → Iuppiter.

Die Zahlen bezeichnen die jeweilige Lektion, in der die Vokabel zum ersten Mal auftaucht.
So sind die Vokabeln angegeben:
Substantive: Nom. Sg., Gen. Sg., Genus (Gen. Pl. auf *-ium*)
Adjektive und Pronomina: Maskulinum, Femininum, Neutrum (Gen. Sg. bei einendigen Adjektiven der Kons. Dekl.)
Verben: Inf. Präs., 1. P. Sg. Präs., 1. P. Sg. Perf., PPP (auf die Nennung der Stammformen der ā-/ī-Konj., die das Perfekt mit *-v-* bilden, sowie die Stammformen der ē-Konj., die das Perfekt mit *-u-* und das PPP mit *-itum* bilden, wurde verzichtet); ausgefallene Perfekt- bzw. PPP-Formen sind als Stichwörter aufgeführt.
Deutsche Bedeutungen: Fett gedruckt sind die Grundbedeutungen; die anderen Bedeutungen benötigt man in bestimmten Textzusammenhängen.

a

ā/ab (*m. Abl.*)	**von (… her)**, von … weg; **seit**	12
abdūcere, abdūcō, abdūxī, abductum	**wegführen**; (weg)bringen; verschleppen	6
abesse, absum, āfuī	**abwesend sein**, fehlen; entfernt sein	20
abīre, abeō, abiī, abitum	**(weg)gehen**	20
(sē) abstinēre, abstineō, abstinuī, –	**sich enthalten**	29
abundāre (*m. Abl.*)	(*etw.*) **im Überfluss haben**	36
accēdere, accēdō, accessī, accessum	**herantreten**; hingehen	16
accendere, accendō, accendī, accēnsum	**in Brand setzen**; entflammen, aufregen	31
accidere, áccidit, áccidit	**sich ereignen, zustoßen**	22
accipere, accipiō, accēpī, acceptum	**annehmen**, empfangen; aufnehmen	20
accurrere, accurrō, accurrī, accursum	**herbeilaufen**, angelaufen kommen	5
accūsāre	**anklagen**, beschuldigen	34
ācer, ācris, ācre	**heftig; hitzig**; hart; scharf	15
aciēs, aciēī *f*	der/**das** (*kampfbereite*) Trupp/**Heer**; die Schlachtordnung	26
ad (*m. Akk.*)	**zu; zu … hin; an; bei**	6
addere, addō, addidī, additum	**hinzufügen**	10
addūcere, addūcō, addūxī, adductum	**heranführen; veranlassen**	28
adeō (*Adv.*)	**so sehr**	33
adesse, adsum, adfuī/affuī	**anwesend sein**, da sein; (*m. Dat.*) **helfen**	20
adhibēre	**anwenden; hinzuziehen**	32
adhūc	**noch** (immer); **bis jetzt**, bis dahin	10
adīre, adeō, adiī, aditum	**hingehen; herantreten**; ansprechen	23
aditus, aditūs m	**der Zugang; der Zutritt**	31
adiungere, adiungō, adiūnxī, adiūnctum	anschließen; **hinzufügen**	29
administrāre	**verwalten**	3
admīrātiō, admīrātiōnis *f*	**die Bewunderung**, die Begeisterung	31
adulēscēns, adulēscentis *m*; *Gen. Pl.* adulēscēntium	**der junge Mann**	36
adventus, adventūs *m*	**die Ankunft**	31
adversārius, adversāriī *m*	**der Gegner; der Feind**	27
adversus, adversa, adversum	**ungünstig**, widrig; feindlich	13
aedificāre	**bauen**	21
aedificium, aedificiī *n*	**das Gebäude**, das Bauwerk	35
aedis, aedis *f*; *Gen. Pl.* aedium	**der Tempel**; *Pl. auch* das Haus	28
aequus, aequa, aequum	**gleich; angemessen**; gerecht	8
aetās, aetātis *f*	**das Alter; das Zeitalter**	19
afferre, afferō, attulī, allātum	**(herbei)bringen; melden**	33
afficere, afficiō, affēcī, affectum (*m. Abl.*)	**versehen (*m. etw.*)**	25
affirmāre	**behaupten, versichern**	31
ager, agrī *m*	**der Acker**, das Feld; **das Gebiet**	9
agere, agō, ēgī, āctum	**tun; handeln**; aufführen; (*m. Adv. und* cum) umgehen (*m. jmdm.*)	9
id agere, ut	sich dafür einsetzen/ **alles darauf anlegen, dass**	30
agitāre	**(an)treiben**	25
agmen, agminis *n*	**der (Heeres-)Zug**, die Schar	29
alacritās, alacritātis *f*	**die Fröhlichkeit;** der Eifer	34
alere, alō, aluī, altum	**ernähren**; großziehen	29
aliēnus, aliēna, aliēnum	**fremd**	18
aliquandō	**irgendwann (einmal); einst**	25
aliter	**sonst; anders**	32
alius, alia, aliud; *Gen.* alterīus, *Dat.* aliī	**ein anderer**	6
allātum s. afferre		
alter, altera, alterum; *Gen.* alterīus, *Dat.* alterī	**der eine; der andere** (*von zwei Personen*)	24
altum s. alere		
altus, alta, altum	**hoch; tief**	13
amāre	**lieben**; verliebt sein	7
ambō	**beide**	24
ambulāre	**(spazieren) gehen**	7
amīca, amīcae *f*	**die Freundin**	1
amīcitia, amīcitiae *f*	**die Freundschaft**	28
amīcus, amīcī *m*	**der Freund**	2
amor, amōris *m*	**die Liebe**	4
an	**oder (etwa)**	29

angustus, angusta, angustum	**eng; schwierig**	26
animadvertere, animadvertō, animadvertī, animadversum (in *m. Akk.*)	**bemerken**, entdecken; vorgehen (*gegen jmdn.*)	26
animus, animī *m*	**das Herz; der Sinn; der Mut**; der Geist	15
annus, annī *m*	**das Jahr**	17
ante (*Adv.*)	**vorher**	30
ante (*m. Akk.*)	**vor**	5
aperīre, aperiō, aperuī, apertum	**öffnen**; aufdecken	14
appārēre, appāreō, appāruī, –	**erscheinen**, sich zeigen; offensichtlich sein	2
appellāre	(*jmdn.*) **anreden**; sich (*an jmdn.*) wenden; (er)**nennen**	16
appellere, appellō, áppulī, appulsum	**herantreiben**, heranbringen; *Pass.* **landen**	34
apportāre	**herbeitragen**, (mit)bringen	2
appropinquāre	**sich nähern**, näher kommen	2
áppulī/appulsum s. appellere		
apud (*m. Akk.*)	**bei; in der Nähe von**	11
aqua, aquae *f*	**das Wasser**	7
āra, ārae *f*	**der Altar**	12
arbor, arboris *f*	**der Baum**	14
arcēre, arceō, arcuī, –	**abwehren; fernhalten**	28
arcessere, arcessō, arcessīvī, arcessītum	**herbeirufen, holen**	15
ārdēre, ārdeō, ārsī, –	(ver)**brennen**; entbrannt sein	1
ārdor, ārdōris *m*	**die Hitze**; die Begeisterung; das Temperament	4
arma, armōrum *n*	**die Waffen**	6
ars, artis *f*; *Gen. Pl.* artium	**die Kunst**; die Geschicklichkeit; das Handwerk	17
arx, arcis *f*; *Gen. Pl.* arcium	**die Burg**	26
ascendere, ascendō, ascendī, ascēnsum	**hinaufsteigen, -klettern**	26
asinus, asinī *m*	**der Esel**	1
asper, aspera, asperum	**hart; grob**, beleidigend; rau	9
aspicere, aspiciō, aspexī, aspectum	**anblicken**, ansehen	20
at	**aber, (je)doch; dagegen**	28
atque/ac	**und, und auch**	2
attulī s. afferre		
auctor, auctōris *m*	**der (Be-)Gründer; der Anstifter**, der Veranlasser; **der Verfasser**	35
auctōritās, auctōritātis *f*	**das Ansehen; der Einfluss**	21
audācia, audāciae *f*	**die Frechheit; die Kühnheit**	24
audēre, audeō	**wagen**	30
audīre	(an-, er-, zu)**hören**	3
aureus, aurea, aureum	**golden, aus Gold**	35
auris, auris *f*; *Gen. Pl.* aurium	**das Ohr**	30
aurum, aurī *n*	**das Gold**	28
aut	**oder**	13
aut … aut	**entweder … oder**	21
autem (*nachgestellt*)	**aber, (je)doch**	11
auxilium, auxiliī *n*	**die Hilfe**, die Unterstützung	6
avāritia, avāritiae *f*	**die Gier**, die Habsucht; **der Geiz**	28
avē!	**sei gegrüßt!**	4
āvertere, āvertō, āvertī, āversum	**abwenden; vertreiben**	29
avis, avis *f*; *Gen. Pl.* avium	**der Vogel**	24
avus, avī *m*	**der Großvater**	4
b		
bárbarus, bárbara, bárbarum	**barbarisch**, wild; *Subst.* **der Barbar**, der Nichtrömer, der Nichtgrieche	10
beātus, beāta, beātum	**glücklich; reich**	32
bellum, bellī *n*	**der Krieg**	17
bellus, bella, bellum	**hübsch**; schön	8
bene (*Adv.*)	**gut**	9
bibere, bibō, bibī, –	**trinken**	20
blandus, blanda, blandum	**schmeichlerisch**	22
bonus, bona, bonum	**gut; tüchtig**; gütig	9
brevī (*Adv.*)	**bald darauf, nach kurzer Zeit**	29
brevis, brevis, breve	**kurz**	15
c		
cadere, cadō, cécidī, –	**fallen**, sinken	14
caedere, caedō, cecīdī, caesum	**niederschlagen; töten**	33
caelum, caelī *n*	**der Himmel**; das Klima	14
calamitās, calamitātis *f*	**das Unglück; der Verlust**; die Niederlage	33
canere, canō, cecinī, cantātum	**(be)singen**	35
canis, canis *m*	**der Hund**	1
capere, capiō, cēpī, captum	(ein)**nehmen, erobern**; (er)**fassen**, (er)**greifen**	20
captīvus, captīva, captīvum	**gefangen**; *Subst.* **der/die Kriegsgefangene**	29
caput, capitis *n*	**der Kopf**; die Hauptstadt	12
carēre, careō, caruī, – (*m. Abl.*)	**frei sein** (*von etw.*), (*etw.*) **nicht haben**	10
castra, castrōrum *n* (*Pluralwort*)	**das Lager**	28
causā (*m. Gen.; nachgestellt*)	**wegen; um … zu**	36
causa, causae *f*	**der Grund; der Prozess**, der Streitfall	5
cavēre, caveō, cāvī, cautum (*m. Akk.*)	**sich hüten (*vor*); Acht geben (*auf*)**	32

cécidī s. cadere		
cecīdī s. caedere		
cēdere, cēdō, cessī, cessum	**(weg)gehen; nachgeben**; überlassen	9
celer, celeris, celere	**schnell**	32
cēna, cēnae *f*	**das (Abend-)Essen**; die Mahlzeit	10
cēnāre	**essen**	18
cēnsēre, cēnseō, cēnsuī, cēnsum	(ein)**schätzen**; der Ansicht sein; (*m. doppeltem Akk.*) **halten für**	19
cernere, cernō, –, –	**erkennen**; sehen	28
certāre	**streiten; wetteifern**, kämpfen	24
certē	**sicher, bestimmt**	2
cessāre	**zögern**; sich Zeit lassen	1
cessī/cessum s. cēdere		
cēterī, cēterae, cētera	**die Übrigen**	11
cibus, cibī *m*	**die Speise**; die Nahrung	16
circum (*m. Akk.*)	**um ... herum, ringsum**	36
circumdare, circumdō, circumdedī, circumdatum	**umgeben; umzingeln**	24
circumstāre, circumstō, circumstetī, –	**um ... herum stehen**	31
circumvenīre, circumveniō, circumvēnī, circumventum	**umzingeln, umringen**	30
citō	**schnell**, rasch	2
cīvis, cīvis *m/f*; *Gen. Pl.* cīvium	**der/die Bürger(in), der/die Mitbürger(in)**	13
cīvitās, cīvitātis *f*	**der Staat; der Stamm; die Gemeinschaft der Bürger**	18
clādēs, clādis *f*; *Gen. Pl.* clādium	**die Niederlage; der Verlust**	27
clāmāre	**schreien**, rufen	1
clāmor, clāmōris *m*	**der Schrei**, der Ruf; das Geschrei	4
clārus, clāra, clārum	**hell, klar; berühmt**	31
classis, classis *f*; *Gen. Pl.* classium	**die Flotte**	23
claudere, claudō, clausī, clausum	(ab-, ein)**schließen**	31
clēmēns; *Gen.* clēmentis	**sanft**(mütig), mild	19
coepī/coeptum s. incipere		
cōgere, cōgō, coēgī, coāctum	**sammeln**; **zwingen**	23
cōgitāre	**denken** (an); **nachdenken** (über); (*m. Inf.*) beabsichtigen	4
cognōscere, cognōscō, cognōvī, cognitum	**erfahren; erkennen**; kennen lernen	13
colere, colō, coluī, cultum	**pflegen; verehren; bebauen**	12

collātum s. cōnferre		
collocāre	**(auf-, hin)stellen**, (hin)setzen, legen	20
collum, collī *n*	**der Hals**	36
comes, comitis *m/f*	**der/die Begleiter(in)**	25
committere, committō, commīsī, commissum	**veranstalten; zustande bringen; anvertrauen**	27
commovēre, commoveō, commōvī, commōtum	**erregen**; bewegen, **veranlassen**	24
commūnis, commūnis, commūne	**gemeinsam; allgemein**	27
comperīre, comperiō, cómperī, compertum	**erfahren**, in Erfahrung bringen	17
compōnere, compōnō, composuī, compositum	**zusammenstellen**, ordnen; **verfassen**; vergleichen	32
comprehendere, comprehendō, comprehendī, comprehēnsum	**ergreifen**, festnehmen; **begreifen**	31
concēdere, concēdō, concessī, concessum	**erlauben, zugestehen, einräumen**	30
condere, condō, condidī, conditum	**gründen**; aufbewahren; bestatten	24
cōnferre, cōnferō, contulī, collātum	**zusammentragen, -bringen**; -fassen	34
sē cōnferre	sich begeben	34
coniūnx, coniugis *f/m*	**die (Ehe-)Frau/ der (Ehe-)Mann**	29
coniūrātiō, coniūrātiōnis *f*	**die Verschwörung**	30
cōnsentīre, cōnsentiō, cōnsēnsī, cōnsēnsum	**übereinstimmen**	24
cōnsīdere, cōnsīdō, cōnsēdī, –	**sich setzen**, sich niederlassen	16
cōnsilium, cōnsiliī *n*	**der Rat(schlag); der Plan; der Entschluss; die Absicht**	19
cōnsistere, cōnsistō, cōnstitī, –	**stehen bleiben**; sich hinstellen; bestehen (aus)	14
cōnspectus, cōnspectūs *m*	**der Anblick**	29
cōnspicere, cōnspiciō, cōnspexī, cōnspectum	**erblicken**	20
cōnstituere, cōnstituō, cōnstituī, cōnstitūtum	**beschließen; festsetzen**	23
cōnsul, cōnsulis *m*	**der Konsul**	4
cōnsulere, cōnsulō, cōnsuluī, cōnsultum	(*m. Akk.*) **um Rat fragen, befragen**; (*m. Dat.*) **sorgen für**	25
cōnsultum, cōnsultī *n*	**der Beschluss**	30
contendere, contendō, contendī, contentum	**sich anstrengen; eilen; kämpfen; behaupten**	21
contentus, contenta, contentum	**zufrieden**	32
contrā (*m. Akk.*)	**gegen**	28
contulī s. cōnferre		

convenīre, conveniō, convēnī, conventum	**zusammenkommen**; -passen; (*m. Akk.*) **treffen**	8
convocāre	**zusammenrufen; versammeln**	30
cōpia, cōpiae *f*	**der Vorrat; die Menge**; *Pl. auch* **die Truppen**	34
corpus, corporis *n*	**der Körper**; der Leib	12
corripere, corripiō, corripuī, correptum	**(an)packen; an sich reißen**	21
corrumpere, corrumpō, corrūpī, corruptum	**bestechen; verderben**	32
cottīdiē	**täglich**, Tag für Tag	30
crēdere, crēdō, crēdidī, crēditum	**glauben**; (an)**vertrauen**	17
crēscere, crēscō, crēvī, –	**wachsen**, zunehmen	18
crīmen, crīminis *n*	**der Vorwurf; das Verbrechen**	35
crūdēlis, crūdēlis, crūdēle	**grausam**	23
cucurrī s. currere		
cum (*m. Abl.*)	(zusammen) **mit**	7
cum (*m. Ind.*)	**als**; als plötzlich; (immer) **wenn**	11 19
cum (*m. Konj.*)	**als, nachdem**; da, **weil**; **obwohl**	30
cūnctī, cūnctae, cūncta	**alle**	8
cupere, cupiō, cupīvī, cupītum	**wünschen**, begehren, verlangen	20
cupiditās, cupiditātis *f*	**der Wunsch, das Verlangen**	23
cūr?	**warum?**	1
cūra, cūrae *f*	**die Sorge; die Sorgfalt**	13
cūrāre (*m. Akk.*)	**sorgen** (*für*), **sich kümmern** (*um*)	14
currere, currō, cucurrī, cursum	**laufen**; eilen	7
cursum s. currere		
custōdia, custōdiae *f*	**die Bewachung; die Wachen**	36
custōdīre	**bewachen**	26
custōs, custōdis *m/f*	**der/die Wächter(in), die Wache**	31
d		
damnāre	**verurteilen**	34
dare, dō, dedī, datum	(von sich) **geben**; gestatten	4
dē (*m. Abl.*)	**von; von ... herab; über**; in Bezug auf	8
dēbēre	(*m. Inf.*) **müssen; verdanken; schulden**	3
dēcēdere, dēcēdō, dēcessī, dēcessum	**weggehen**, gehen (aus)	5
decem	**zehn**	20
decimus, decima, decimum	**der zehnte**	20
dēcipere, dēcipiō, dēcēpī, dēceptum	**täuschen**	23

dēdūcere, dēdūcō, dēdūxī, dēductum	**abbringen; wegführen**; hinführen	29
dēfendere, dēfendō, dēfendī, dēfēnsum	**verteidigen; abwehren**	6
dēficere, dēficiō, dēfēcī, dēfectum	**verlassen; ausgehen**	21
deinde	**dann, darauf**; von da an	13
dēlectāre	**erfreuen**, Freude machen	16
dēlēre, dēleō, dēlēvī, dēlētum	**zerstören, vernichten**	27
dēlīberāre	**überlegen**	31
dēmōnstrāre	**darlegen, beweisen; zeigen**	36
dēnique	**schließlich, zuletzt**	29
dēpōnere, dēpōnō, dēposuī, dēpositum	**niederlegen; aufgeben**	31
dēprehendere, dēprehendō, dēprehendī, dēprehēnsum	**entdecken; ergreifen**; überraschen	32
dēscendere, dēscendō, dēscendī, dēscēnsum	**herabsteigen**; hinuntergehen, herabkommen	12
dēserere, dēserō, dēseruī, dēsertum	**im Stich lassen, verlassen**	34
dēsinere, dēsinō, dēsiī, dēsitum	**aufhören**	11
dēspērāre	**verzweifeln, die Hoffnung aufgeben**	11
dēspicere, dēspiciō, dēspexī, dēspectum	**(auf etw.) herabblicken; verachten**	35
dēstināre	**bestimmen**; ausersehen	19
deus, deī *m*; *Nom. Pl. auch* dī/ dea, deae *f*	**der Gott/ die Göttin**	4
dexter, dext(e)ra, dext(e)rum	**rechts**; *Subst.* die rechte Hand; die rechte Seite	9
dīcere, dīcō, dīxī, dictum	**sagen; sprechen**; nennen	5
diēs, diēī *m*	**der Tag**	25
differre, differō, distulī, dīlātum	**aufschieben**, verschieben; **sich unterscheiden**	33
difficilis, difficilis, difficile	**schwierig**	16
dīgnitās, dīgnitātis *f*	**die Würde; das Ansehen**	28
dīgnus, dīgna, dīgnum (*m. Abl.*)	(*einer Sache/Person*) **würdig**; angemessen	10
dīlātum s. differre		
dīligēns; *Gen.* dīligentis	**gewissenhaft, sorgfältig**	26
dīligentia, dīligentiae *f*	**die Gewissenhaftigkeit, die Sorgfalt**	30
dīligere, dīligō, dīlēxī, dīlēctum	**schätzen, lieben**	32
dīmittere, dīmittō, dīmīsī, dīmissum	**entlassen, wegschicken**; freilassen	16
discēdere, discēdō, discessī, discessum	**weggehen, verschwinden**	21

disserere, disserō, disseruī, dissertum	**sprechen über**, erörtern	18
distulī s. differre		
diū	**lange**, lange Zeit	4
dīves; *Gen.* dīvitis, *Abl. Sg.* dīvite, *Nom./Akk. Pl. n* dīvita, *Gen. Pl.* dīvitum	**reich**	35
dīvitiae, dīvitiārum *f* (*Pluralwort*)	**der Reichtum**	36
docēre, doceō, docuī, doctum	**unterrichten; lehren**	23
dolor, dolōris *m*	**der Schmerz; die Trauer**	23
dolus, dolī *m*	**die List**	21
dominus, dominī *m*/ domina, dominae *f*	**der (Haus-)Herr/ die (Haus-)Herrin**	5
domum	**nach Hause**	16
domus, domūs *f*	**das Haus** (*in der Stadt*)	29
dōnāre	**(be)schenken**	34
dōnum, dōnī n	**das Geschenk**; die Gabe	2
dormīre	**schlafen**	5
dubitāre	**zögern; zweifeln**	20
dūcere, dūcō, dūxī, ductum	**führen; ziehen**; (*m. doppeltem Akk.*) halten für	17
dum (*m. Ind. Präs.*)	**während**	5
duo, duae, duo	**zwei**	19
dūrus, dūra, dūrum	**hart**; hartherzig	9
dux, ducis *m/f*	**der/die Führer(in); der Feldherr**	23
e		
ē/ex (*m. Abl.*)	(her)**aus**; von (... an); entsprechend	7
ecce!	**schau!/schaut!** sieh da! seht!	1
ēdere, ēdō, ēdidī, ēditum	**verkünden; herausgeben**	12
efferre, efferō, extulī, ēlātum	**heraustragen; herausheben**; hervorbringen	33
ego/mē	**ich/mich**	3
ēgregius, ēgregia, ēgregium	**hervorragend**, ausgezeichnet	17
ēlātum s. efferre		
emere, emō, ēmī, ēmptum	**kaufen**	8
enim (*nachgestellt*)	**denn, nämlich**	11
eō (*Adv.*)	**dorthin**	25
epistula, epistulae *f*	**der Brief**	5
eques, equitis *m*	**der Reiter**; der Ritter	3
equus, equī *m*	**das Pferd**	2
ergō	**also**	32
ēripere, ēripiō, ēripuī, ēreptum	**entreißen**	28
errāre	(umher)**irren**; (sich) irren	10
esse, sum, fuī	**sein**	1
et	**und; auch**	1
et ... et	**sowohl ... als auch; einerseits ... andererseits**	23
etiam	**auch; sogar**	1
etsī	**auch wenn**, obwohl	9

ēvādere, ēvādō, ēvāsī, – (*m. Akk./ex*)	**entkommen, entgehen**	22
excitāre	(auf)**wecken**; erregen; **ermuntern**	26
exemplum, exemplī *n*	**das Beispiel**	8
exercēre, exerceō, exercuī, –	(aus)**üben**; ausbilden	18
exercitus, exercitūs *m*	**das Heer**	27
exīre, exeō, exiī, –	**hinausgehen**	31
exīstimāre	**meinen; schätzen**	32
explānāre	**erklären**	17
expōnere, expōnō, exposuī, expositum	**ausstellen; aussetzen**; darlegen	8
expūgnāre	**erobern, erstürmen**	26
exspectāre	**warten (auf)**, erwarten	1
exstruere, exstruō, exstrūxī, exstrūctum	**errichten**, erbauen	17
extulī s. efferre		
f		
fābula, fābulae *f*	**die Geschichte**, die Erzählung; das Theaterstück	12
facere, faciō, fēcī, factum	**machen**	23
facilis, facilis, facile	**leicht**, mühelos; umgänglich	15
fallere, fallō, fefellī, –	**täuschen, betrügen**	26
fāma, fāmae *f*	**das Gerücht; der Ruf**	35
familia, familiae *f*	**die Familie**	2
familiāris, familiāris, familiāre	**vertraut, freundschaftlich**; *Subst.* **der Freund**	29
fātum, fātī *n*	**das Schicksal**	23
favēre, faveō, fāvī, fautum (*m. Dat.*)	**gewogen sein**; (*jmdn.*) begünstigen	16
fefellī s. fallere		
fēlīx; *Gen.* fēlīcis	**glücklich**; vom Glück begünstigt	15
fēmina, fēminae *f*	**die Frau**	6
fenestra, fenestrae *f*	**das Fenster**	35
ferē	beinahe, **fast; ungefähr**	32
ferre, ferō, tulī, lātum	**bringen, tragen; ertragen**; berichten	33
ferunt	**man berichtet**	33
fidēs, fideī *f*	**das Vertrauen; der Glaube; die Treue**	21
fīgere, fīgō, fīxī, fīxum	(an)**heften, befestigen**; auf etw. richten	36
fīlia, fīliae *f*	**die Tochter**	19
fīlius, fīliī *m*	**der Sohn**	9
fīnīre	**(be)enden**	25
fīnis, fīnis *m*; *Gen. Pl.* fīnium	**das Ende; die Grenze**; der Zweck; *Pl.* **das Gebiet**	28
flamma, flammae *f*	**die Flamme**, das Feuer	16
flēre, fleō, flēvī, flētum	**weinen**; beklagen	12
flōrēre, flōreō, flōruī, –	**blühen**; hervorragend sein	36
focus, focī *m*	**der Herd**	16
forās	**hinaus, heraus, nach draußen**	22

fōrma, fōrmae *f*	die Form, **die Gestalt; die Schönheit**	15
fortāsse	**vielleicht**	19
fortis, fortis, forte	**tapfer**, mutig; **kräftig**	26
fortūna, fortūnae *f*	**das Schicksal; das Glück**; die Lage	8
forum, forī *n*	**das Forum, der Marktplatz**	7
frangere, frangō, frēgī, frāctum	**(zer)brechen**	14
frāter, frātris *m*	**der Bruder**	11
fraus, fraudis *f*; *Gen. Pl.* fraud(i)um	**der Betrug, die Täuschung**	21
frequēns; *Gen.* frequentis	**zahlreich; häufig**	29
frūmentum, frūmentī *n*	**das Getreide**	35
fuga, fugae *f*	**die Flucht**	5
fugere, fugiō, fūgī, –	**fliehen**	23
fundere, fundō, fūdī, fūsum	**(aus)gießen**; befeuchten	16
fūr, fūris *m*	**der Dieb**	5
furor, furōris *m*	**das Toben**; der Wahnsinn; die Raserei	4
g		
gaudēre, gaudeō	**sich freuen**	2
gaudium, gaudiī *n*	**die Freude**	25
genitum s. gignere		
gēns, gentis *f*; *Gen. Pl.* gentium	**das Volk; das Geschlecht**	23
genus, generis *n*	**das Geschlecht; die Art**; die Gattung	12
gerere, gerō, gessī, gestum	(aus)**führen; tragen**	34
sē gerere	sich benehmen	34
gignere, gignō, genuī, genitum	**(er)zeugen, hervorbringen**	29
gladius, gladiī *m*	**das Schwert**	9
grātia, grātiae *f*	**der Dank**; die Beliebtheit; die Gunst	16
gravis, gravis, grave	**schwer**(wiegend), gewichtig; **ernst**	15
h		
habēre	**haben; halten**	18
haud	**nicht**	14
hīc	**hier**	2
hic, haec, hoc	**dieser, diese, dieses**	22
hinc	**von hier**	22
hodiē	**heute**	8
homō, hominis *m*	**der Mensch**; der Mann; *Pl. auch* die Leute	4
honōs/honor, honōris *m*	**die Ehre; das Ehrenamt**	17
hōra, hōrae *f*	**die Stunde**	14
horrēre, horreō, horruī, – (*m. Akk.*)	**erschrecken (*vor*)**, schaudern	9
hortus, hortī *m*	**der Garten**	35
hospes, hospitis *m*	**der Gast; der Gastgeber**	11
hostis, hostis *m*; *Gen. Pl.* hostium	**der Feind**	21
hūc	**hierher**	17

hūmānitās, hūmānitātis *f*	**die Menschlichkeit; die Bildung**	10
hūmānus, hūmāna, hūmānum	**menschlich; gebildet**	10
i		
iacēre, iaceō, iacuī, –	(da)**liegen**	1
iam	**schon**; bereits	2
ibī	**dort**, da	2
idōneus, idōnea, idōneum	**geeignet**; fähig	19
igitur	**also, folglich**	36
īgnis, īgnis *m*; *Gen. Pl.* īgnium	**das Feuer, der Brand**	35
īgnōrāre	**nicht wissen, nicht kennen**	11
īgnōscere, īgnōscō, īgnōvī, īgnōtum	**verzeihen**	33
illātum s. īnferre		
ille, illa, illud	**jener, jene, jenes (berühmte/berüchtigte); der, die, das zuerst genannte**	27
immō	**ja sogar; im Gegenteil**	26
impendēre, impendeō, –, –	**hängen über; drohen**	36
imperāre	**befehlen; herrschen**	25
imperātor, imperātōris *m*	**der Kaiser; der Feldherr**	3
imperium, imperiī *n*	**der Befehl; die Herrschaft; das Reich**	18
impetus, impetūs *m*	**der Angriff; der Schwung**	27
impōnere, impōnō, imposuī, impositum	**setzen, stellen, legen** (an, auf, in); bringen; auferlegen	10
in (*m. Abl.*)	**in, an, auf**; während	7
in (*m. Akk.*)	**in, an, auf**; nach; gegen(über)	3
incēdere, incēdō, incessī, incessum	**befallen; einhergehen**	31
incendere, incendō, incendī, incēnsum	**anzünden**; entflammen, in Aufregung versetzen	23
incendium, incendiī *n*	**der Brand, das Feuer**	27
incertus, incerta, incertum	**unsicher, ungewiss**; unschlüssig	21
incipere, incipiō, coepī, coeptum/inceptum	**anfangen**, beginnen	20
incitāre	**antreiben**, anfeuern	4
incolumis, incolumis, incolume	**unversehrt, heil**	22
īnfēlīx; *Gen.* īnfēlīcis	**unglücklich**	29
īnferre, īnferō, intulī, illātum	**hineintragen; zufügen**	36
ingenium, ingeniī *n*	**die Begabung;** der Charakter	34
ingēns; *Gen.* ingentis	**gewaltig**, ungeheuer	17
inhūmānus, inhūmāna, inhūmānum	**unmenschlich**	13
inimīcus, inimīca, inimīcum	**feindlich**; *Subst.* **der Feind**	25

inīquus, inīqua, inīquum	**ungünstig; ungerecht; ungleich**	27
inīre, ineō, iniī, initum	**(hin)eingehen; beginnen**	30
iniūria, iniūriae *f*	**das Unrecht**; die Gewalttat; **die Ungerechtigkeit**	25
inōpia, inōpiae *f*	**der Mangel**	26
inquit	**sagt/sagte (er, sie)**	22
īnsidiae, īnsidiārum *f* (*Pluralwort*)	**der Hinterhalt, die Falle; der Anschlag**	22
īnstāre, īnstō, īnstitī, –	**drohen, bevorstehen**	21
īnstituere, īnstituō, īnstituī, īnstitūtum	**beginnen**; einrichten; **unterrichten**	28
īnsula, īnsulae *f*	**die Insel**; der Wohnblock	3
intellegere, intellegō, intellēxī, intellēctum	**verstehen; erkennen, einsehen**	27
inter (*m. Akk.*)	**zwischen; unter; während**	8
interdum	**manchmal, bisweilen**	28
interesse, intersum, interfuī (*m. Dat.*)	**teilnehmen** (*an etw.*)	20
interficere, interficiō, interfēcī, interfectum	**töten**	24
interim	**inzwischen**	32
interitus, interitūs *m*	**der Untergang**	30
interrogāre	(be)**fragen**	11
interrumpere, interrumpō, interrūpī, interruptum	**unterbrechen**	33
intrā (*m. Akk.*)	**innerhalb**	29
intrāre	**eintreten**; (hinein)gehen (in); betreten	4
intulī s. īnferre		
invādere, invādō, invāsī, invāsum	**eindringen, angreifen**	5
invenīre, inveniō, invēnī, inventum	**(er)finden**	24
invidia, invidiae *f*	**der Neid**; der Hass	34
invitāre	**einladen**	18
invītus, invīta, invītum	**unwillig, gegen den Willen**	36
ipse, ipsa, ipsum	**selbst, persönlich**; gerade; schon	36
īra, īrae *f*	**der Zorn, die Wut**	21
īrātus, īrāta, īrātum	**zornig, wütend**	24
īre, eō, iī, itum	**gehen**	18
irrīdēre, irrīdeō, irrīsī, irrīsum	**verspotten**	24
is, ea, id	**er, sie, es;**	16
	dieser, diese, dieses; der(jenige), die(jenige), das(jenige)	18
iste, ista, istud; *Gen.* istīus, *Dat.* istī	**dieser, diese, dieses (da); der, die, das (da); dein, euer**	30
ita	**so**; auf diese Weise	19
itaque	**deshalb**, daher	7
item	**ebenfalls**, ebenso	16
iter, itineris *n*	**der Weg; die Reise**; der Marsch	14
iterum	**wieder**, zum zweiten Mal	7
iubēre, iubeō, iussī, iussum (*m. Akk.*)	(*jmdm.*) **befehlen**, (*jmdn.*) **beauftragen**	3
iūcundus, iūcunda, iūcundum	**angenehm**, erfreulich; **liebenswürdig**	7
iūdex, iūdicis *m*	**der Richter**	5
iūdicāre	(be)**urteilen**; richten	15
iūdicium, iūdiciī *n*	**das Urteil; das Gericht**, der Gerichtshof	15
iūrāre	**schwören**	22
iūs, iūris *n*	**das Recht**	19
iūstitia, iūstitiae *f*	**die Gerechtigkeit**	33
iuvenis, iuvenis *m*	**der junge Mann**	15
iūxtā (*m. Akk.*)	**neben**	20
l		
labor, labōris *m*	**die Arbeit; die Anstrengung**, die Mühe; das Leid	10
labōrāre	**arbeiten; sich anstrengen**; leiden	10
lacrima, lacrimae *f*	**die Träne**	3
laedere, laedō, laesī, laesum	**verletzen**; kränken	19
laetus, laeta, laetum	**froh**; fröhlich	6
latēre, lateō, latuī, –	**verborgen sein**	21
lātum s. ferre		
laudāre	**preisen; loben**	36
laus, laudis *f*	**das Lob; der Ruhm**	33
lectus, lectī *m*	**das Bett; das Liegesofa**	30
lēgātus, lēgātī *m*	**der Gesandte**	33
legere, legō, lēgī, lēctum	**lesen**; sammeln; auswählen	5
legiō, legiōnis *f*	**die Legion**	33
libēns; *Gen.* libentis	**gern**; (bereit)willig	16
līber, lībera, līberum	**frei**; unabhängig	10
līberāre	**befreien**	16
līberī, līberōrum *m* (*Pluralwort*)	**die Kinder**	26
lībertās, lībertātis *f*	**die Freiheit**	20
libīdō, libīdinis *f*	**das** (heftige) **Verlangen**, die Lust; **die Willkür**	31
licēre/licet, licuit (*m. Dat.*)	**es ist möglich; es ist erlaubt, (*jmd.*) darf**	12
litterae, litterārum *f*	**der Brief; die Wissenschaften**; die Literatur; *Sg.* der Buchstabe	19
lītus, lītoris *n*	**der Strand**	21
loca, locōrum *n* (*Pluralwort*)	**die Gegend**	24
locus, locī *m*	**der Ort**	22
longus, longa, longum	**lang**, weit; lang andauernd	14
lūdere, lūdō, lūsī, lūsum	**spielen**, scherzen	5
lūmen, lūminis *n*	**das Licht; das Auge(nlicht)**	28

lūx, lūcis *f*	**das** (Tages-)**Licht**	8
m		
maestus, maesta, maestum	**traurig**	6
māgnitūdō, māgnitūdinis *f*	**die Größe**	28
māgnus, māgna, māgnum	**groß**(artig); bedeutend	6
malus, mala, malum	**schlecht, schlimm**	33
mandāre	**auftragen**; übergeben, **anvertrauen**	23
mandātum, mandātī *n*	**der Auftrag**	25
manēre, maneō, mānsī, –	**bleiben**; erwarten	7
manus, manūs *f*	**die Hand; die Schar**	28
mare, maris *n*; *Abl. Sg.* marī, *Nom./Akk. Pl.* maria, *Gen. Pl.* marium	**das Meer**	13
marītus, marītī *m*	**der Ehemann**	29
māter, mātris *f*	**die Mutter**	6
mātrōna, mātrōnae *f*	**die** (*verheiratete*) **Frau**	2
medicus, medicī *m*	**der Arzt**	7
medius, media, medium	**der mittlere; in der Mitte (von)**	27
memorāre	**erwähnen**; sagen	36
mēns, mentis *f*; *Gen. Pl.* mentium	**der Geist**; das Bewusstsein; die Denkweise; das Gemüt	7
mēnsa, mēnsae *f*	**der Tisch**, die Tafel	36
mēnsis, mēnsis *m*; *Gen. Pl.* mēns(i)um	**der Monat**	20
metuere, metuō, metuī, –	**sich fürchten; befürchten**	22
metus, metūs *m*	**die Angst, die Furcht**	27
meus, mea, meum	**mein**	15
mīles, mīlitis *m*	**der Soldat**	28
mīlle (*indekl.*); *Pl.* mīlia, mīlium (*m. Gen.*)	**tausend**	32
minuere, minuō, minuī, minūtum	vermindern, **verringern**; schmälern	35
mīrus, mīra, mīrum	**wunderbar; erstaunlich**	31
miser, misera, miserum	**elend, unglücklich**, armselig	9
mittere, mittō, mīsī, missum	**schicken**; gehen lassen; werfen	11
mōbilis, mōbilis, mōbile	**beweglich; unbeständig**	34
modo	**gerade** (eben); **nur**; (ein)mal	14
modus, modī *m*	**die Art, die Weise; das Maß**	22
moenia, moenium *n* (*Pluralwort*)	**die (Stadt-)Mauer**	24
mollis, mollis, molle	**freundlich; weich, angenehm**	25
mōmentum, mōmentī *n*	**die Entscheidung; die Wichtigkeit**	24

monēre	**erinnern; mahnen, auffordern**	23
mōns, montis *m*; *Gen. Pl.* montium	**der Berg**	12
monumentum, monumentī *n*	**das Denkmal**	17
mora, morae *f*	**die Verzögerung; der Aufenthalt**	31
morbus, morbī *m*	**die Krankheit**	32
mors, mortis *f*; *Gen. Pl.* mortium	**der Tod**	9
mortālis, mortālis, mortāle	**sterblich**	15
mortuus, mortua, mortuum	**tot; gestorben**	7
mōs, mōris *m*	**die Art; die Sitte**, der Brauch	10
movēre, moveō, mōvī, mōtum	**bewegen; beeinflussen**	12
mox	**bald** (darauf)	14
mulier, mulíeris *f*	**die Frau**	22
multī, multae, multa/multum	**viele**; zahlreich/**viel**	6
multitūdō, multitūdinis *f*	**die große Anzahl, die Menge**	27
mūnīre	**befestigen**	26
mūnus, mūneris *n*	**das Amt, die Aufgabe; das Geschenk**	25
mūrus, mūrī *m*	**die Mauer**	21
mūtāre	(ver)**ändern**; verwandeln	10
n		
nam	**denn**	2
nārrāre	**erzählen**, berichten	16
nātūra, nātūrae *f*	**die Beschaffenheit, die Natur; das Wesen**	26
nātus, nāta, nātum	**geboren**	8
nauta, nautae *m*	**der Seemann**; der Matrose	6
nāvigāre	**segeln**; mit dem Schiff fahren	3
nāvis, nāvis *f*; *Gen. Pl.* nāvium	**das Schiff**	6
nē (*m. Konj.*)	**dass/damit nicht**; (*nach Ausdrücken des Fürchtens*) **dass**	29, 35
-ne?	*Fragesignal* (*wird nicht übersetzt*)	7
necāre	**töten**	6
necessārius, necessāria, necessārium	**notwendig**	35
necesse est	**es ist notwendig**	28
nefās *n* (*nur Nom./Akk. Sg.*)	**der Frevel, das Verbrechen**	23
negāre	**leugnen; ablehnen**, verweigern	11
neglegere, neglegō, neglēxī, neglēctum	**nicht (be)achten; vernachlässigen**	28
nēmō; *Dat.* nēminī, *Akk.* nēminem	**niemand**	10

nepōs, nepōtis *m*	**der Enkel; der Neffe**	25
neque	**und ... nicht; auch ... nicht; aber ... nicht**	4
neque ... neque	**weder ... noch**	10
nescīre, nesciō, nescīvī, –	**nicht wissen, nicht verstehen**	19
nihil	**nichts**	7
nimis	**zu; zu sehr**	34
nimius, nimia, nimium	**zu groß, übermäßig**	33
nisī	**wenn nicht; außer**	18
nōbilis, nōbilis, nōbile	**berühmt**; vornehm; **adlig**	32
nocēre, noceō, nocuī, –	**schaden**	22
nōlle, nōlō, nōluī, –	**nicht wollen**	19
nōmen, nōminis *n*	**der Name**; der Begriff	13
nōn	**nicht**	1
nōn iam	**nicht mehr**	1
nōndum	**noch nicht**	18
nōnne?	**denn nicht? etwa nicht?**	7
nōnnūllī, nōnnūllae, nōnnūlla	**einige, manche**	33
nōs	*Nom.* **wir**; *Akk.* **uns**	13
noster, nostra, nostrum	**unser**	15
novus, nova, novum	**neu**; neuartig	6
nox, noctis *f*; *Gen. Pl.* noctium	**die Nacht**	5
nūllus, nūlla, nūllum; *Gen.* nūllīus, *Dat.* nūllī	**kein**	18
num	*indir. Frage* **ob**	29
num?	**etwa?**	7
nūmen, nūminis *n*	**die (göttliche) Macht; die Gottheit**	12
numerus, numerī *m*	**die Zahl**, die Menge	18
numquam	**niemals**	13
nunc	**nun**; jetzt	2
nūntiāre	**melden**	27
nūntius, nūntiī *m*	**der Bote; die Botschaft**	3
nūper	**vor kurzem; neulich**	34
nūptiae, nūptiārum *f* (*Pluralwort*)	**die Heirat**; die Hochzeit	19
o		
ob (*m. Akk.*)	**wegen**	21
oblātum s. offerre		
obscūrus, obscūra, obscūrum	(ziemlich) **dunkel**, finster	28
obsecrāre	**anflehen, bitten**	29
obsidēre, obsideō, obsēdī, obsessum	**belagern; bedrängen**	30
obtinēre, obtineō, obtinuī, obtentum	**erlangen; behaupten**	24
obtulī s. offerre		
occāsiō, occāsiōnis *f*	**die Gelegenheit**	32
occidere, óccidō, óccidī, –	**untergehen; umkommen**	32
occultus, occulta, occultum	**heimlich, geheim**; verborgen	31
occupātus, occupāta, occupātum (in *m. Abl.*)	**beschäftigt** (*m. etw.*)	24
occurrere, occurrō, occurrī, occursum	**entgegenkommen, begegnen**	22
oculus, oculī *m*	**das Auge**	7
odium, odiī *n*	**der Hass**	28
offendere, offendō, offendī, offēnsum	**stoßen** (auf); schlagen (an); beleidigen	14
offerre, offerō, obtulī, oblātum	**entgegenbringen; anbieten**	34
omnīnō	**überhaupt; insgesamt**	31
omnis, omnis, omne	**jeder; ganz**; *Pl.* **alle**	15
onus, oneris *n*	**die Last**	31
opera, operae *f*	die Arbeit; **die Tätigkeit; die Mühe**	34
oportēre/oportet, oportuit	**es ist nötig, es gehört sich**; man darf	33
oppidum, oppidī *n*	**die** (*befestigte*) **Stadt**	14
opportūnus, opportūna, opportūnum	**günstig; geeignet**	27
opprimere, opprimō, oppressī, oppressum	**unterdrücken; überfallen**, überwältigen	13
oppūgnāre	**angreifen; bestürmen**	26
ops, opis *f*	**die Hilfe**; die Kraft; *Pl.* **die Macht, der Einfluss**; der Reichtum	36
opus, operis *n*	**das Werk**, die Arbeit	17
(*m. Dat.*) opus est (*m. Abl.*)	**es ist nötig; (*jmd.*) braucht (*etw.*)**	24
ōrāculum, ōrāculī *n*	**das Orakel**, der Götterspruch; die Orakelstätte	12
ōrāre	**beten; bitten**	17
ōrātor, ōrātōris *m*	**der Redner**	5
orbis, orbis *m*; *Gen. Pl.* orbium	**der (Erd-)Kreis**	23
ōs, ōris *n*	**der Mund; das Gesicht**	25
ostendere, ostendō, ostendī, –	**zeigen**	19
p		
pācāre	**unterwerfen**	33
pār; *Gen.* paris	**ebenbürtig; gleich**	27
parāre	(vor-, zu)**bereiten**; (*m. Inf.*) **vorhaben**	3
parātus, parāta, parātum	**bereit**	14
parcere, parcō, pepercī, – (*m. Dat.*)	(*jmdn.*) **schonen**	25
parcus, parca, parcum	**spärlich; sparsam**	28
parentēs, parent(i)um *m*	**die Eltern**	20
pārēre, pāreō, pāruī, –	**gehorchen**; befolgen	3
parere, pariō, peperī, partum	**erwerben**; gewinnen; **hervorbringen**	27

pars, partis *f*; *Gen. Pl.* partium	**der Teil; die Seite, die Richtung**	33
partum s. parere		
parvus, parva, parvum	**klein**	24
pater, patris *m*	**der Vater**	5
patēre, pateō, patuī, –	**offenstehen**; klar sein; sich erstrecken	30
patrēs, patrum *m*	**die Patrizier; die Senatoren**	25
patria, patriae *f*	**das Vaterland, die Heimat**	13
patrōnus, patrōnī *m*	**der Anwalt**, der Verteidiger; **der Schutzherr**	5
paucī, paucae, pauca	**(nur) wenige**	26
paulō	**(ein) wenig**	24
pauper; *Gen.* pauperis, *Abl. Sg.* paupere, *Nom./Akk. Pl. n* paupera, *Gen. Pl.* pauperum	**arm**	35
pāx, pācis *f*	**der Frieden**	33
pellere, pellō, pépulī, pulsum	**schlagen, stoßen; vertreiben**	25
pepercī s. parcere		
peperī s. parere		
pépulī s. pellere		
per (*m. Akk.*)	**durch (... hindurch)**; über ... hin; mithilfe	12
perferre, perferō, pertulī, perlātum	**ertragen; (über)bringen**	33
perficere, perficiō, perfēcī, perfectum	**ausführen; vollenden**	25
pergere, pergō, perrēxī, perrēctum	**weitermachen**, (*etw.*) weiter (*tun*)	29
perīculum, perīculī *n*	**die Gefahr**	3
perīre, pereō, periī, –	**zugrunde gehen**, umkommen	18
perlātum s. perferre		
permovēre, permoveō, permōvī, permōtum	**beunruhigen; veranlassen**	34
perniciēs, perniciēī *f*	**die Vernichtung; das Verderben**	29
perrēctum/perrēxī s. pergere		
perspicere, perspiciō, perspexī, perspectum	**erkennen**, genau sehen, durchschauen	25
persuādēre, persuādeō, persuāsī, persuāsum (*m. Dat.*)	(*m. AcI*) (*jmdn.*) **überzeugen;** (*m.* ut *m. Konj.*) (*jmdn.*) **überreden**	21
perterrēre	einschüchtern; **heftig erschrecken**	32
pertulī s. perferre		
perturbāre	(völlig) **verwirren; beunruhigen**	17
pervenīre, perveniō, pervēnī, perventum	**hinkommen**, ankommen; (hin)gelangen	26
pēs, pedis *m*	**der Fuß**	22
petere, petō, petīvī, petītum	**bitten**, verlangen; **angreifen; aufsuchen**; gehen/fahren nach	9

pīrāta, pīrātae *m*	**der Pirat**, der Seeräuber	6
pius, pia, pium	**fromm**; gewissenhaft	12
placēre	**gefallen**; Spaß machen	1
plaudere, plaudō, plausī, plausum	**Beifall klatschen**, applaudieren	5
plēbs, plēbis *f*	**das** (*einfache*) **Volk**	25
pōculum, pōculī *n*	**der Becher**	32
poena, poenae *f*	**die Strafe**	35
pōnere, pōnō, posuī, positum	**setzen; stellen; legen**	14
pōns, pontis *m*; *Gen. Pl.* pontium	**die Brücke**	17
poposcī s. poscere		
populus, populī *m*	**das Volk; das Publikum**	4
porrigere, porrigō, porrēxī, porrēctum	**ausstrecken;** ausbreiten, ausdehnen	36
porta, portae *f*	**das Tor, die Tür**	22
portāre	**tragen; bringen**	7
portus, portūs *m*	**der Hafen**	34
poscere, poscō, poposcī, –	**fordern**, verlangen	20
posse, possum, potuī, –	**können**	20
post (*Adv.*)	**später; danach**	24
post (*m. Akk.*)	**nach; hinter**	12
posteā	**später; nachher**	23
postquam (*m. Ind. Perf.*)	**nachdem**	21
postrēmō	**schließlich**, zuletzt	16
postulāre	**fordern**	28
potentia, potentiae *f*	**die Macht; die Herrschaft**	36
praebēre	(dar)**reichen**, gewähren	11
sē praebēre	**sich zeigen**, sich erweisen (als)	15
praeceps; *Gen.* praecipitis	schnell, **überstürzt; steil**	32
praecipitāre	**stürzen**; stoßen; (sich kopfüber) hinabstürzen	6
praeclārus, praeclāra, praeclārum	herrlich, **ausgezeichnet; sehr bekannt**	36
praeesse, praesum, praefuī (*m. Dat.*)	**an der Spitze** (*von etw.*) **stehen,** (*etw.*) **leiten**	27
praesentia, praesentiae *f*	**die Gegenwart**	30
praesidium, praesidiī *n*	**der Schutz**; *Pl.* **die Schutztruppe**	30
praestāre, praestō, praestitī, –	(*m. Dat.*) **übertreffen**; (*m. Akk.*) **leisten**; zeigen	34
praeter (*m. Akk.*)	**außer**	22
praetereā	**außerdem**	32
praetermittere, praetermittō, praetermīsī, praetermissum	**verstreichen lassen**	32
precēs, precum *f* (*Pluralwort*)	**die Bitten**; das Gebet	12
premere, premō, pressī, pressum	**(unter)drücken; bedrängen**	35
pretium, pretiī *n*	**der Preis**	11
prīmō	**zuerst**, zunächst	7

prīmus, prīma, prīmum	**der erste**	8
prīnceps, prīncipis *m*	**der Angesehenste, der führende Mann, der Herrscher**	25
prior; *Gen.* priōris	**der erste; der frühere**	24
prius	**zuerst; früher**	31
priusquam	**bevor**; (*nach verneintem Satz*) bevor nicht	20
prīvāre (*m. Abl.*)	(*einer Sache*) **berauben, (*um etw.*) bringen**	26
prīvātus, prīvāta, prīvātum	**persönlich**; privat	10
prō (*m. Abl.*)	**vor; für; anstelle (von)**	15
probāre	**gutheißen, billigen**	21
procul	**von weitem; in der Ferne,** weit weg	2
proelium, proeliī *n*	**der Kampf, die Schlacht**	27
profectō	**tatsächlich**; auf alle Fälle	11
profugere, profugiō, profūgī, –	Zuflucht suchen, **sich flüchten**	34
prohibēre	**abhalten, hindern**	18
prōicere, prōiciō, prōiēcī, prōiectum	**(nieder-, vor)werfen**	22
proinde	**also**; daher	11
prōmittere, prōmittō, prōmīsī, prōmissum	**versprechen**	15
properāre	**eilen; sich beeilen**	2
prōpōnere, prōpōnō, prōposuī, prōpositum	**in Aussicht stellen; vorschlagen**	32
prōtinus	**sofort**	31
prōvincia, prōvinciae *f*	**die Provinz**; der Amtsbereich	3
proximus, proxima, proximum	**der nächste; der letzte**	30
prūdentia, prūdentiae *f*	**die Klugheit; die Vorsicht**	21
pūblicus, pūblica, pūblicum	**öffentlich, staatlich**	10
puella, puellae *f*	**das Mädchen**	10
puer, puerī *m*	**der Junge**	9
pūgna, pūgnae *f*	**der Kampf**	9
pūgnāre	**kämpfen**	6
pulcher, pulchra, pulchrum	**schön**	9
pulchritūdō, pulchritūdinis *f*	**die Schönheit**	35
pulsum s. pellere		
putāre	**glauben, meinen**; (*m. doppeltem Akk.*) **halten für**	10
q		
quaerere, quaerō, quaesīvī, quaesītum	**suchen**; erwerben; **fragen**	5
quaesō	**ich bitte dich; bitte**	16
quālis, quālis, quāle	**wie (beschaffen), was für ein**	36
quam	**wie; wie sehr**	9
quamquam	**obwohl**, obgleich	11

quandō?	**wann?**	18
quantopere	**wie sehr**	31
quantus, quanta, quantum	**wie groß; was für ein**	30
quārē?	**weshalb? wodurch?**	13
quattuor	**vier**	20
-que (*angehängt*)	**und**	14
quemádmodum	**wie, auf welche Weise**	24
quī, quae, quod	**der, die, das; wer, was**	18
quī, quae, quod?	**welcher, welche, welches?**	28
quī?	**wie?**	22
quia	**weil**	25
quidem	**allerdings; zwar**	23
quiēs, quiētis *f*	**die Ruhe, die Erholung**	33
quiēscere, quiēscō, quiēvī, –	(aus)**ruhen**; schlafen	30
quīnque	**fünf**	20
quis?/quid?	**wer?/was?**	1
quō?	**wohin?**	17
quod (*Subjunktion*)	**weil**	9
quondam	**einst**	10
quoniam	**da ... ja, wo ... doch**	24
r		
rapere, rapiō, rapuī, raptum	**(an sich, weg)reißen; rauben**	26
ratiō, ratiōnis *f*	**die Art und Weise**; **die Vernunft**; **der (*vernünftige*) Grund**	30
recipere, recipiō, recēpī, receptum	**aufnehmen; zurücknehmen**	27
sē recipere	**sich zurückziehen**	27
recitāre	**vortragen, vorlesen**	35
rēctus, rēcta, rēctum	**gerade**, direkt; **richtig**	18
recūsāre	**verweigern; sich weigern**	19
reddere, reddō, reddidī, redditum	**zurückgeben; machen zu**	22
redīre, redeō, rediī, reditum	**zurückgehen**, zurückkehren	18
redūcere, redūcō, redūxī, reductum	**zurückführen**; zurückbringen	13
referre, referō, rettulī, relātum	**(zurück)bringen; berichten**	33
regere, regō, rēxī, rēctum	**(be)herrschen**	23
rēgīna, rēgīnae *f*	**die Königin**	4
rēgius, rēgia, rēgium	**königlich**	35
rēgnum, rēgnī *n*	**das (König-)Reich; die Königsherrschaft**	15
relātum s. referre		
relinquere, relinquō, relīquī, relictum	**zurücklassen, verlassen**	21
remedium, remediī *n*	**das Heilmittel**	22
repente	**plötzlich, unerwartet**	31
rēs, reī *f*	**die Sache; das Ereignis**	21
resistere, resistō, restitī, –	**Widerstand leisten**	27
respicere, respiciō, respexī, respectum	**denken an, berücksichtigen**	23

respondēre, respondeō, respondī, respōnsum	**antworten**, entgegnen	3
restāre, restō, restitī, –	**übrig sein**, übrig bleiben; **überleben**	12
restitī s. resistere oder restāre		
reus, reī *m*	**der Angeklagte**	5
rēx, rēgis *m*	**der König**	10
rīdēre, rīdeō, rīsī, rīsum	**lachen**	2
rīpa, rīpae *f*	**das Ufer**	18
rōbustus, rōbusta, rōbustum	**kräftig**, stark	8
rogāre	**fragen; bitten**	3
ruere, ruō, ruī, –	(*auf jmdn.*) **losstürzen, zustürmen**	26
rumpere, rumpō, rūpī, ruptum	**(zer)brechen**	31
S		
sacer, sacra, sacrum	**heilig, geweiht**	26
sacerdōs, sacerdōtis *m/f*	**der/die Priester(in)**	21
sacrificāre	**opfern**	10
saepe	**oft**	17
saevīre, saeviō, –, saevītum	**wüten, toben**	35
salūs, salūtis *f*	**die Rettung; das Wohl,** die Gesundheit; (*in Verbindung m.* dīcere) der Gruß	11
salūtāre	**(be)grüßen**	2
salvē!/salvēte!	**sei/seid gegrüßt!** hallo!	2
salvus, salva, salvum	**wohlbehalten, gesund**	22
sapientia, sapientiae *f*	**die Weisheit**; der Verstand	8
satis	**genug**	17
saxum, saxī *n*	**der Stein; der Fels**(brocken)	12
scelus, sceleris *n*	**das Verbrechen**	30
scīre	**wissen, verstehen**	14
scrībere, scrībō, scrīpsī, scrīptum	**schreiben**, verfassen	13
sē (*Akk.*), sibī (*Dat.*), sēcum (*Abl.*)	**sich/sich/ mit sich, bei sich**	15
secundus, secunda, secundum	**der zweite, der folgende; günstig**	6
sed	**aber, (je)doch; sondern**	2
sedēre, sedeō, sēdī, sessum	(da)**sitzen**	4
sēdēs, sēdis *f*; *Gen. Pl.* sēd(i)um	**der Sitz**; das Siedlungsgebiet, die Heimat	18
sēditiō, sēditiōnis *f*	**der Aufruhr, der Aufstand**	35
semper	**immer**	5
senātor, senātōris *m*	**der Senator**	4
senātus, senātūs *m*	**der Senat; die Senatsversammlung**	28
senectūs, senectūtis *f*	**das Alter**	29
sententia, sententiae *f*	**die Meinung, die Ansicht**	21
sentīre, sentiō, sēnsī, sēnsum	**fühlen; merken**; meinen	14
sermō, sermōnis *m*	**das Gespräch; das Gerede; die Sprache**	36
servāre	**retten**, bewahren	11
servitūs, servitūtis *f*	**die Sklaverei**; die Knechtschaft	8
servus, servī *m*/ serva, servae *f*	**der Sklave/die Sklavin**; der Diener/die Dienerin	2
sī	**wenn; falls**	11
sīc	**so**, auf diese Weise	11
sīgnificāre	**bezeichnen; anzeigen**	27
sīgnum, sīgnī *n*	**das Zeichen**; das Merkmal	4
silentium, silentiī *n*	**die Ruhe**, die Stille; das Schweigen	1
simul	**gleichzeitig, zugleich**	35
simulācrum, simulācrī *n*	**das Bild**	4
simulāre	**vortäuschen; so tun, als ob**	19
sīn	**wenn aber**	27
sine (*m. Abl.*)	**ohne**	7
sinere, sinō, sīvī, situm	**(zu)lassen, erlauben**	22
singulus, singula, singulum	**jeweils einer; jeder einzeln(e)**	27
sinister, sinistra, sinistrum	**links**; *Subst.* die linke Hand; die linke Seite	9
situs, sita, situm	**gelegen**, befindlich	13
socius, sociī *m*	**der Gefährte; der Verbündete**	22
sōl, sōlis *m*	**die Sonne**	1
solēre, soleō	**gewohnt sein,** (*etw.*) normalerweise (*tun*), (*etw. zu tun*) pflegen	5
sollicitāre	**beunruhigen**; aufhetzen, aufwiegeln	13
sōlus, sōla, sōlum; *Gen.* sōlīus, *Dat.* sōlī	**allein**; bloß	6
somnus, somnī *m*	**der Schlaf**	26
soror, sorōris *f*	**die Schwester**	32
sors, sortis *f*; *Gen. Pl.* sortium	**das Schicksal**, das Los	11
spargere, spargō, sparsī, sparsum	**bespritzen**; verbreiten	16
spectāculum, spectāculī *n*	**das Schauspiel; die Veranstaltung**; die Vorführung	4
spectāre	**(an)schauen**; betrachten	7
spērāre	(er)**hoffen**; erwarten	8
spēs, speī *f*	**die Hoffnung,** die Erwartung	21
sponte	**freiwillig, aus eigenem Antrieb**	23
stāre, stō, stetī, statum	(da)**stehen**	1
statim	**sofort**, auf der Stelle	3
statuere, statuō, statuī, statūtum	**beschließen**, entscheiden; **aufstellen**; festsetzen	10

strēnuus, strēnua, strēnuum	**kräftig; entschlossen**, munter	32
stringere, stringō, strīnxī, strictum	**ziehen**; streifen	22
studēre, studeō, studuī, – (*m. Dat.*)	**sich bemühen (*um*); wollen; sich bilden**	9
studium, studiī *n*	**der Eifer, die Bemühung**	24
stultus, stulta, stultum	**dumm**, einfältig; *Subst.* der Dummkopf	16
suādēre, suādeō, suāsī, suāsum	**raten, zureden**	35
sub (*m. Abl.*)	**unter**	18
subitō	**plötzlich**	1
sublātum s. tollere		
succēdere, succēdō, successī, successum	anrücken (gegen); **(nach)folgen**, nachrücken	26
sūmere, sūmō, sūmpsī, sūmptum	**nehmen**	5
summus, summa, summum	**der höchste**, der oberste, der äußerste	17
super (*m. Akk./Abl.*)	**über; oben auf**	36
superāre	**(be)siegen; übertreffen**	6
superbus, superba, superbum	**hochmütig**, stolz	25
supplicium, suppliciī *n*	**die Hinrichtung; die (Todes-)Strafe**	30
surgere, surgō, surrēxī, surrēctum	**aufstehen**, sich erheben	14
suscipere, suscipiō, suscēpī, susceptum	**unternehmen**; sich (*einer Sache*) annehmen; **auf sich nehmen**	31
suspīciō, suspīciōnis *f*	**der Argwohn, der Verdacht**	33
sustinēre, sustineō, sustinuī, –	**aushalten**, ertragen	13
sústulī s. tollere		
suus, sua, suum	**sein; ihr**	15
t		
tabula, tabulae *f*	das Gemälde; **die Tafel**; die Aufzeichnung	36
tacēre, taceō, tacuī, –	**schweigen**, still sein	1
tāctum s. tangere		
tālis, tālis, tāle	**derartig, (ein) solcher; so beschaffen**	31
tam	**so**	13
tamen	**dennoch, trotzdem**	17
tamquam	**wie; wie wenn, als ob**	34
tandem	**endlich, schließlich**	4
tangere, tangō, tétigī, tāctum	**berühren**	12
tantum (*Adv.*)	**nur**	30
tantus, tanta, tantum	**so groß, so viel**	23
tempestās, tempestātis *f*	**der Sturm**; das (schlechte) Wetter	14
temptāre	prüfen, **versuchen; angreifen**	26
tempus, temporis *n*	**die Zeit**; der Zeitpunkt	15
tendere, tendō, tetendī, tentum	**(aus)strecken; spannen**; sich anstrengen	33
tenēre, teneō, tenuī, –	(zurück)**halten**; sich erinnern	3
tentum s. tendere		
tergum, tergī *n*	**der Rücken**	12
terra, terrae *f*	**die Erde; das Land**	6
terrēre	(*jmdn.*) **erschrecken**	12
terribilis, terribilis, terribile	**schrecklich**	25
terror, terrōris *m*	**der Schrecken**; die Schreckensnachricht	33
testis, testis *m*; *Gen. Pl.* testium	**der Zeuge**	20
tetendī s. tendere		
tétigī s. tangere		
timēre, timeō, timuī, –	**(sich) fürchten**, Angst haben (vor)	3
timor, timōris *m*	**die Angst, die Furcht**	21
tollere, tollō, sústulī, sublātum	**hochheben**; aufheben, **beseitigen**; vernichten	14
tot (*indekl.*)	**so viele**	26
tōtus, tōta, tōtum; *Gen.* tōtīus, *Dat.* tōtī	**ganz**	8
tractum s. trahere		
trādere, trādō, trādidī, trāditum	**übergeben, überliefern**	17
trahere, trahō, trāxī, tractum	**ziehen**; schleppen	11
trāicere, trāiciō, trāiēcī, trāiectum	**hinüberbringen, *über*setzen**	28
trāns (*m. Akk.*)	**über (... hinüber); jenseits**	18
trānsīre, trānseō, trānsiī, trānsitum	**hinübergehen**, herüberkommen; **überschreiten**	18
trāxī s. trahere		
trēs, trēs, tria	**drei**	17
tribuere, tribuō, tribuī, tribūtum	**zuteilen**; schenken; **erweisen**	34
tribūnus, tribūnī *m*	**der (Militär-)Tribun**	33
tū/tē	**du/dich**	3
tulī s. ferre		
tum	**da; dann, darauf; damals**	2
turba, turbae *f*	**die** (Menschen-)**Menge; das Durcheinander**	34
turris, turris *f*; *Akk. Sg.* turrim, *Abl. Sg.* turrī, *Gen. Pl.* turrium	**der Turm**	35
tūtus, tūta, tūtum	**sicher, geschützt**	25
tuus, tua, tuum	**dein**	15
u		
ubī (*m. Ind. Perf.*)	**sobald**	22

ubī?	**wo?**	1
ubīque	**überall**	6
ultrō	**darüber hinaus**, noch dazu; **von sich aus**	36
umerus, umerī *m*	der Oberarm; **die Schulter**	31
ūnā (cum) (*Adv.*)	**zusammen (mit)**; gemeinsam	13
unde?	**woher?**	3
ūniversus, ūniversa, ūniversum	**ganz, gesamt**; *Pl.* **(alle) zusammen**	27
ūnus, ūna, ūnum; *Gen.* ūnīus, *Dat.* ūnī	**ein; ein einziger**	7
urbs, urbis *f*; *Gen. Pl.* urbium	**die Stadt**	8
ūsus, ūsūs *m*	**der Gebrauch, der Nutzen**; die Erfahrung	34
ut	**wie**	8
ut (*m. Konj.*)	**dass, damit; sodass**	29
uter, utra, utrum?; *Gen.* utrīus, *Dat.* utrī	**wer?** (*von zwei Personen*)	24
uterque, utraque, utrumque; *Gen.* utrīusque, *Dat.* utrīque	**jeder** (*von zwei Personen*), **beide**	24
ūtilis, ūtilis, ūtile	**nützlich; brauchbar**	19
utrum	*dir. Frage: unübersetzt; indir. Frage* **ob**	29
uxor, uxōris *f*	**die Ehefrau**, die Gattin	17
V		
vacāre (*m. Abl.*)	**frei sein** (*von*), (*etw.*) nicht haben	8
valdē	**sehr**	3
valē!/valēte!	**leb/lebt wohl!**	13
valēre, valeō, valuī, –	**gesund sein; Einfluss haben**	8
varius, varia, varium	**verschieden(artig); wankelmütig**	34
vās, vāsis *n*; *Pl.* vāsa, vāsōrum	**das Gefäß**	36
vāstāre	**verwüsten**	29
vehemēns; *Gen.* vehementis	**heftig**	23
vel	**oder**	19
velle, volō, voluī, –	**wollen**	19
vendere, vendō, vendidī, venditum	**verkaufen**	13
venīre, veniō, vēnī, ventum	**kommen**	1
ventus, ventī *m*	**der Wind**; der Sturm	6
verbum, verbī *n*	**das Wort**	4
vertere, vertō, vertī, versum	**wenden**; drehen; **verwandeln**	12
vērus, vēra, vērum	**wahr**, echt	16

vester, vestra, vestrum	**euer**	15
vetus; *Gen.* veteris, *Abl. Sg.* vetere, *Nom./Akk. Pl. n* vetera, *Gen. Pl.* veterum	**alt**; ehemalig; erfahren	35
via, viae *f*	**der Weg, die Straße**	14
vīcī s. vincere		
victor, victōris *m*	**der Sieger**	9
victōria, victōriae *f*	**der Sieg**	27
victum s. vincere		
vīcus, vīcī *m*	**die Gasse; das (Stadt-)Viertel; das Dorf**	35
vidēre, videō, vīdī, vīsum	**sehen**	4
vigilia, vigiliae *f*	**die Nachtwache**	26
vīlla, vīllae *f*	**das (Land-)Haus**; das Landgut	1
vincere, vincō, vīcī, victum	**(be)siegen**; übertreffen	27
vindicāre	**beanspruchen**	15
vīnum, vīnī *n*	**der Wein**	16
vir, virī *m*	**der Mann**	9
virgō, virginis *f*	**die junge** (*unverheiratete*) **Frau**; die Jungfrau	19
virtūs, virtūtis *f*	**die Tüchtigkeit; die Tapferkeit**; die Tugend; *Pl. auch* **gute Eigenschaften**	34
vīs, *Akk.* vim, *Abl.* vī *f*; *Pl.* vīrēs, vīrium	**die Gewalt; die Kraft; die Menge**; *Pl. auch* **(Streit-)Kräfte**	13
vīsere, vīsō, –, –	**besichtigen; besuchen**	34
vīta, vītae *f*	**das Leben**	9
vītāre	**(ver)meiden**	23
vitium, vitiī *n*	**der Fehler, die schlechte Eigenschaft**	8
vīvere, vīvō, vīxī, –	**leben**	11
vīvus, vīva, vīvum	**lebendig; zu Lebzeiten**	35
vix	**kaum**	14
vīxī s. vīvere		
vocāre	**rufen; nennen**	3
voluntās, voluntātis *f*	**der Wille; die Absicht**	19
voluptās, voluptātis *f*	**das Vergnügen**, der Spaß; die Lust	7
volvere, volvō, volvī, volūtum	**rollen**, wälzen; **überlegen**	30
vōs	*Nom.* **ihr**; *Akk.* **euch**	13
vōtum, vōtī *n*	**der Wunsch; das Gelübde**	16
vōx, vōcis *f*	**die Stimme**; der Laut	8
vulgus, vulgī *n*	**das Volk**	34
vultus, vultūs *m*	**das Gesicht, der Gesichtsausdruck**	32

2000 | 1500 | 1000 | 500

Stonehenge

Palast von Knossos auf Kreta

Troianischer Krieg (?)

Homer – Ilias, Odyssee

Erste Olympische Spiele: 776 (?)

Gründung Roms: 753 (?)

Rom wird Republik: 509

Themistokles (~524–~459)

Zwölftafelgesetz: 450

Alkibiades (450–404)

Dionysius I. (~430–367)

Alexander der Große (356–323)

Hannibal (246–182)

Christi Geb

Gallier erobern Rom: 390

Perserkriege: 490–479

Livius

Horaz

Vergil

Cicero

200 | 150 | 100 | 50

Hannibal

C. Iulius Caesar

27

Cannae

Tiberius und Gaius Gracchus

Catilina

Kleopatra VII.

Augus

500 1000 1500 2000

...stantin d. Gr. (280[?]–337)
Trier Kaiserresidenz
Beginn der Völkerwanderung
Ende des Weström. Reiches: 476
Mohammed (570–632)
Karl der Große (768–814)
Zeit der Kreuzzüge
Untergang des Oström. Reiches: 1453
Entdeckung Amerikas: 1492
Nikolaus Kopernikus: 1473–1543
Französische Revolution: 1789
Olympische Spiele der Neuzeit: 1896
Erste Mondlandung: 1969

Plinius d. J.

Martial

Seneca

50 100 150 200

14 - 37	41-54	54 - 68	69-79	81 - 96	98 - 117	117 - 138	138 - 161	161 - 180	-192	193 - 211	

Tiberius
Caligula
Claudius
Nero
Vespasian
Titus
Domitian
Nerva
Trajan
Hadrian
Antoninus Pius
Marc Aurel
Commodus
Septimius Severus

CURSUS – Dreibändiges Unterrichtswerk für Latein

herausgegeben von Prof. Dr. Friedrich Maier und Dr. Stephan Brenner
und bearbeitet von
Britta Boberg, Reinhard Bode, Dr. Stephan Brenner, Prof. Andreas Fritsch, Michael Hotz,
Prof. Dr. Friedrich Maier, Wolfgang Matheus, Ulrike Severa, Hans Dietrich Unger,
Dr. Sabine Wedner-Bianzano, Andrea Wilhelm

Berater: Hartmut Grosser

Illustrationen: Michael Heinrich, München

Das Papier ist aus chlorfrei gebleichtem Zellstoff hergestellt, ist säurefrei und recyclingfähig.

1. Auflage 2005 R06
Druck 12 11 10 09 08
Die letzte Zahl bezeichnet das Jahr des Drucks.
Alle Drucke dieser Auflage sind untereinander unverändert und im Unterricht nebeneinander verwendbar.

Umschlagkonzept: Mendell & Oberer, München
Umschlag: Groothuis, Lohfert, Consorten GmbH, Hamburg
Lektorat: Andrea Forster, Cornelia Franke (Assistenz)
Herstellung: Johannes Schmidt-Thomé
Satz und Reproduktionen: Setzerei Vornehm GmbH, München
Druck: Stürtz AG, Würzburg

ISBN 978-3-486-**80852**-0 (Oldenbourg Schulbuchverlag)
ISBN 978-3-637-**80852**-2 (ab 1.1.2009)
ISBN 978-3-7661-**5312**-8 (C. C. Buchners Verlag)
ISBN 978-3-87488-**352**-8 (J. Lindauer Verlag)

Imperium Romanum
(Anfang des 2. Jahrhunderts n. Chr.)